에듀윌과 함께 시작하면,
당신도 합격할 수 있습니다!

에듀윌 IT자격증은 학문을 연구하지 않습니다.
가장 효율적이고 빠른 합격의 길을 연구합니다.

IT자격증은 '사회에 내딛을 첫발'을 준비하는 사회 초년생을 포함하여
새로운 준비를 하는 모든 분들의
'시작'을 위한 도구일 것입니다.

에듀윌은
IT자격증이 여러분의 최종 목표를 앞당기는 도구가 될 수 있도록
빠른 합격을 지원하겠습니다.

누구나 합격할 수 있습니다.
시작하겠다는 '다짐', 이루겠다는 '목표'면 충분합니다.

마지막 페이지를 덮으면,

에듀윌과 함께
IT자격증 합격이 시작됩니다.

매달 선물이 팡팡!
독자참여 이벤트

교재 후기 이벤트

나만 알고 있기 아까운!
에듀윌 교재의 장단점, 더 필요한 서비스 등을 자유롭게 제안해주세요.

이벤트 참여

오타 제보 이벤트

더 나은 콘텐츠 제작을 돕는 일등 공신!
사소한 오타, 오류도 제보만 하면 매월 사은품이 팡팡 터집니다.

이벤트 참여

IT자격증 A~Z 이벤트

모르고 지나치기엔 아쉬운!
에듀윌 IT자격증에서 제공 중인 무료 이벤트를 확인해보세요.

이벤트 참여

참여 방법 | 각 이벤트의 QR 코드 스캔
당첨자 발표 | 매월 5일, EXIT 합격 서비스(exit.eduwill.net) 공지사항
사은품 | 매월 상이하며, 당첨자 발표 후 순차 발송

※ 이벤트는 공지 없이 변경되거나 종료될 수 있습니다.

가장 빠른 합격출구 EXIT

단기 합격 지원
스터디 플래너

스터디 플래너 사용법

단기간 초집중으로 합격을 노린다면?!
▶ 1주 완성 플래너

정석적인 분야별 학습으로 합격을 노린다면?!
▶ 4주 완성 플래너

공부를 완료하면 ◯ 동그라미 표시를 하세요!

구분	PART	CHAPTER	1주 완성	2주 완성	
이론끝장	01 전자계산기 일반	01 컴퓨터 시스템 구성	1일	1일	6일 (복습)
		02 논리회로			
		03 자료 표현과 연산			
		04 프로세서			
		05 명령어와 주소 지정		2일	7일 (복습)
		06 마이크로 오퍼레이션			
		07 기억장치	2일		
		08 입·출력 제어			
	02 패키지 활용	01 데이터베이스		3일	8일 (복습)
		02 관계형 데이터베이스 모델			
		03 SQL			
		04 윈도우 응용 프로그램	3일		
	03 PC 운영체제	01 운영체제		4일	9일 (복습)
		02 기억장치와 파일 시스템			
		03 운영체제의 종류			
		04 전산영어			
	04 정보 통신 일반	01 데이터 통신의 개요	4일	5일	10일 (복습)
		02 전송 제어			
		03 통신 프로토콜			
기출끝장	01 해설과 함께 푸는 기출문제 8회	제1회 기출문제	5일	11일	13일 (복습)
		제2회 기출문제			
		제3회 기출문제			
		제4회 기출문제			
		제5회 기출문제	6일	12일	
		제6회 기출문제			
		제7회 기출문제			
		제8회 기출문제			
	02 해설과 따로 푸는 모의고사 4회	제1회 모의고사	7일	14일	
		제2회 모의고사			
		제3회 모의고사			
		제4회 모의고사			

✂ 가위로 잘라서 책갈피로 사용하세요.

가장 빠른 합격출구 EXIT

도전! ____주완성
셀프 스터디 플래너

구분	PART	CHAPTER	___주	___주	___주
이론끝장	01 전자계산기 일반	01 컴퓨터 시스템 구성			
		02 논리회로			
		03 자료 표현과 연산			
		04 프로세서			
		05 명령어와 주소 지정			
		06 마이크로 오퍼레이션			
		07 기억장치			
		08 입·출력 제어			
	02 패키지 활용	01 데이터베이스			
		02 관계형 데이터베이스 모델			
		03 SQL			
		04 윈도우 응용 프로그램			
	03 PC 운영체제	01 운영체제			
		02 기억장치와 파일 시스템			
		03 운영체제의 종류			
		04 전산영어			
	04 정보 통신 일반	01 데이터 통신의 개요			
		02 전송 제어			
		03 통신 프로토콜			
기출끝장	01 해설과 함께 푸는 기출문제 8회	제1회 기출문제			
		제2회 기출문제			
		제3회 기출문제			
		제4회 기출문제			
		제5회 기출문제			
		제6회 기출문제			
		제7회 기출문제			
		제8회 기출문제			
	02 해설과 따로 푸는 모의고사 4회	제1회 모의고사			
		제2회 모의고사			
		제3회 모의고사			
		제4회 모의고사			

셀프 스터디 플래너 사용법

- 개인별 맞춤 속도로 공부하고 싶다면 활용하세요!
- 공부를 완료하면 날짜를 기재하세요!

모든 시작에는
두려움과 서투름이
따르기 마련이에요.

당신이 나약해서가 아니에요

"도전의 시작이 합격입니다!"

정보처리기능사 자격증은 정보 통신 직무 분야의 진입 관문이 되는 자격증으로, 시험의 난도가 높지는 않지만, IT 분야의 가장 기본이 되는 지식의 마중물 같은 국내 유일한 국가 기술 전문자격증입니다.

본 교재는 필기시험의 합격을 위한 핵심 기본 이론과 시험 직전 실전 감각을 익히기 위한 최종 점검을 한 권으로 마무리할 수 있도록 2025년까지의 시행처(한국산업인력공단) 필기시험 출제기준을 철저히 분석하여 반영하였습니다. 실제 시험의 문제 수준을 고려하여 기획하고 수험생의 눈높이에 맞춰 기출문제 중심으로 효율적으로 반복 학습을 진행할 수 있도록 집필하였습니다.

정보처리기능사 자격증을 준비하는 수험생 여러분!
정보처리기능사 자격증 합격이란 작은 도전의 시작이 미래의 더 큰 꿈으로의 도전에 디딤돌이 될 수 있기를 진심으로 늘 응원합니다.

저자 | 강재영

컴퓨터학 석사
런업 정보처리기사 전문강사
직업능력개발훈련교사
(정보기술개발/정보기술운영관리/정보기술전략계획)

검수 | 주리

경인대학교 인공지능융학교육 석사
서울시 동대문구 진로직업체험지원센터 강사

최신판

에듀윌 EXIT 정보처리기능사 필기

이론+기출 한권끝장

1권 | 이론끝장

EXIT 합격 서비스에서 드려요!

exit.eduwill.net

1 저자에게 묻는 실시간 질문답변

① 로그인
② 교재 구매 인증
③ 실시간 질문답변 게시판
④ 질문하기

2 기출 8회 필기CBT

① 로그인
② 교재 구매 인증
③ 필기CBT 게시판
④ 응시하기

3 더 공부하고 싶다면 PDF 학습자료

① 로그인
② 자료실 게시판
③ 다운로드

4 바로 확인하는 정오표

교재 구매 인증 방법

EXIT 합격 서비스의 [실시간 질문답변 게시판]과 [필기CBT 게시판]을 이용하기 위해서는 교재 구매 인증이 필요합니다.

❶ EXIT 합격 서비스(exit.eduwill.net) 접속 → ❷ 로그인 → ❸ 우측 구매도서 인증 아이콘 클릭 → ❹ 정답은 교재 내에서 확인

혼자 고민하지 마세요. 바로 질문하세요.

저자가 직접 답변하는 **실시간 질문답변**

실시간 질문답변 | 무료강의 | 자료실 | 필기CBT | 교사/강사 인증 | 교재보기 | 이벤트 | 고객센터

저자에게 바로 묻는다! 실시간 질의응답

교재와 관련해 궁금한 점이나 어려운 점을 문의하시면, 24시간 내에 저자가 답을 드립니다.

컴퓨터활용능력 1급

컴퓨터활용능력 1급
컴퓨터활용능력 2급
워드프로세서
ITQ
GTQ
정보처리기사

제 3회 상시시험 기출변형문제

질문공개여부 비공개 | 답변상태 답변완료 | 출간연도 2023 | 교재명 컴퓨터활용능력 1급 필기 초단기끝장 ([2022] 에듀윌 EXIT 컴퓨터활용능력 1급 필기) | 페이지 33

등록자 ale****** | 등록일 2023.05.12

51번 문제
학생 테이블에서 학과별로 그룹화하여 개수를 구하면 2/2/3까진 이해했는데요, 학생 수가 3이상인 학과는 컴공밖에 없어서 정답을 2번 1로 했는데 왜 답이 4번 3인가요?
컴공인 학생 인원이 3명이라 3인건가요?

용어가 너무 생소한가요? 문제에 대한 해설이 이해가 잘 안되시나요?
공부하다 모르는 내용은 혼자 고민하지 마세요.
교재를 집필한 저자가 직접! 자세하게! 설명해 드립니다.

실전 같은 연습이 필요하신가요?

필기CBT 서비스

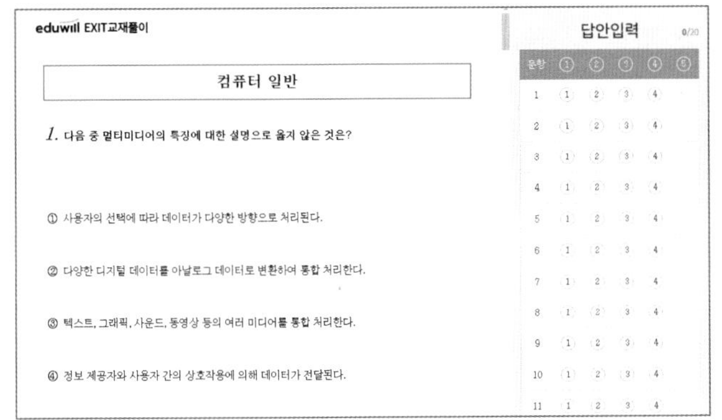

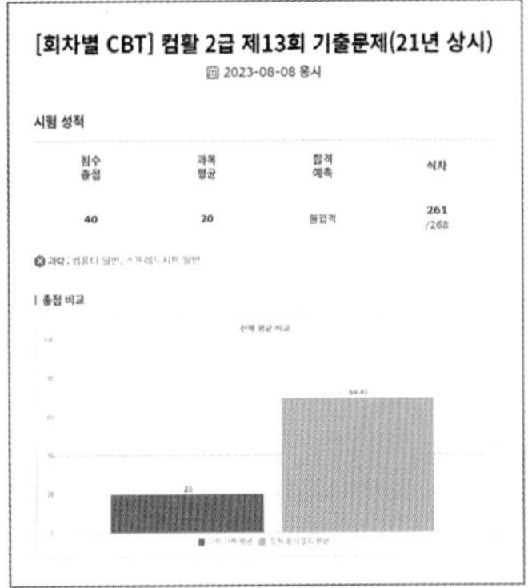

실전처럼 연습하고 싶으신가요? 문제만 집중적으로 풀고 싶으신가요?
시험장과 동일한 CBT 환경에서 실제 시험 보듯 기출문제를 풀어볼 수 있습니다.
에듀윌의 CBT 서비스를 통해 시험 합격 여부를 미리 예측해 보세요.

시험 절차

시행 기관 한국산업인력공단

개요

컴퓨터를 효과적으로 활용하기 위해서 하드웨어뿐만 아니라 정교한 소프트웨어가 필요하다. 따라서 우수한 프로그램을 개발하여 업무의 효율성을 높이기 위해서 컴퓨터에 관한 초급 수준의 지식과 기술을 갖춘 사람을 양성할 목적으로 제정된 국가 자격 시험

시험 과목

필기

1. 전자계산기 일반
2. 패키지 활용
3. PC 운영체제
4. 정보 통신 일반

실기

정보처리 실무

시험 방법

필기

- 객관식 4지 택일형, CBT 시행
- 문항 수: 60문항
- 시험 시간: 60분
- 합격 기준: 100점을 만점으로 하여 60점 이상

※ [CBT 필기시험]

  – 시험 회별 응시기회는 종목당 1회로 한함

  – CBT 시험 문제는 문제은행에서 개인별로 상이하게 출제되므로 비공개로 함

실기

- 필답형
- 시험 시간: 1시간 30분
- 합격 기준: 100점을 만점으로 하여 60점 이상

시험 접수

필기 원서접수

- 접수 기간 내에 인터넷을 이용한 원서 접수
- 수험 일시와 장소는 접수 즉시 통보됨
- 수수료: 14,500원

응시 자격

- 제한 없음(연령, 학력, 경력과 무관하게 응시 가능)

필기시험 시험일 유의사항

- 입실시간 준수
- 수험표, 신분증, 필기구(흑색 싸인펜 등) 지참

최근 5개년 합격률

연도	필기	실기
2022	62.9%	17.8%
2021	62.4%	39.3%
2020	60.1%	19.4%
2019	59.6%	57.6%
2018	57.1%	50.9%

1과목 전자계산기 일반

약 20문항 | 출제 비중 33%

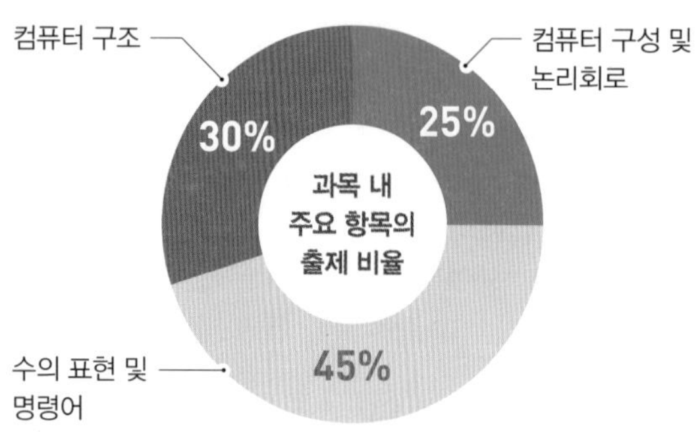

| 출제 경향 분석

1과목은 컴퓨터 시스템에 대한 기본적인 지식과 논리회로, 컴퓨터 시스템 내부에서의 수의 표현 방식과 수치 연산 및 논리 연산, 명령어의 형식과 실행 및 제어, 내부 장치(기억장치, 연산장치, 제어장치)와 외부 장치(보조기억장치, 입·출력장치)로 구성되어 있는 컴퓨터의 구조 등으로 구성되어 있습니다. 수의 표현 및 명령어가 가장 출제 비중이 높고 1과목은 전반적으로 난이도가 높은 문제가 많이 출제되나 기출문제의 출제 비중이 높은 경향을 보이고 있습니다.

| 합격 비법

1과목은 처음 접하는 컴퓨터 시스템과 관련한 낯선 IT 용어와 계산 문제들 때문에 수험생들이 학습에 어려움을 많이 호소하는 과목이기도 하지만, 다른 과목들에 비해 출제 문항 수가 많은 과목이며, 기출문제의 반복 출제 비중이 높은 과목이므로 기출문제 중심으로 반복 학습을 통해 기본 용어에 친숙해지는 것이 중요합니다. 특히 수의 표현 및 명령어가 출제 빈도가 높으며 2진수의 표현 및 연산 부분은 기출문제가 반복되어 출제되므로 차분하게 문제의 풀이를 이해하시면서 학습하시면 실제 시험에 출제될 문제도 쉽게 풀이할 수 있습니다.

2과목 패키지 활용

약 14문항 | 출제 비중 23%

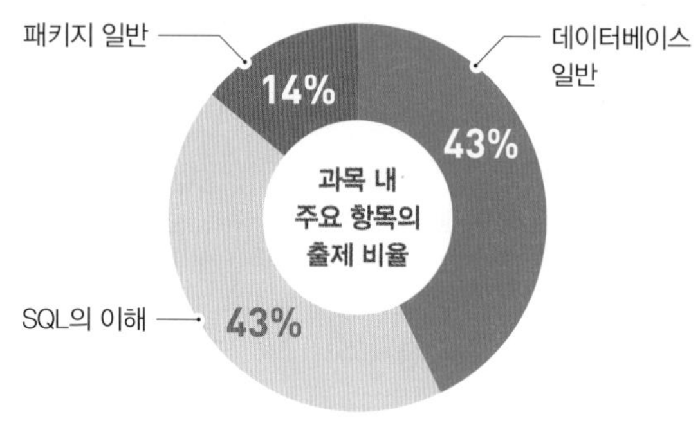

| 출제 경향 분석

2과목은 데이터베이스의 개념과 데이터베이스 시스템에 대한 데이터베이스 일반, SQL의 기본 개념 및 Query의 기본 활용에 대한 SQL의 이해, 스프레드시트 및 프레젠테이션 프로그램의 개념에 대한 패키지 일반 등으로 구성되어 있습니다. 데이터베이스 일반과 SQL의 이해는 출제 문항 수가 매회 비슷하게 출제되고 있어 출제 비중이 동등하게 높은 경향을 보이고 있습니다.

| 합격 비법

2과목은 정보처리기능사 수험생들이 필기와 실기를 학습하는 과정에서 가장 흥미롭고 쉽게 학습을 진행하고 고득점을 취득하는 과목입니다. 처음 접하는 데이터베이스 분야의 기본 용어들과 SQL 기본 문법을 암기하고 관련된 응용 문제를 기출문제 중심으로 반복 학습하시면 필기와 실기를 동시에 학습할 수 있습니다. 1~2문제 매회 출제되는 패키지 일반 문제는 교재의 기출문제와 동일한 문제가 반복 출제됩니다. 실제 시험에서는 실수하지 않도록 꼼꼼하게 학습할 필요가 있습니다.

3과목 PC 운영체제

약 16문항 | 출제 비중 27%

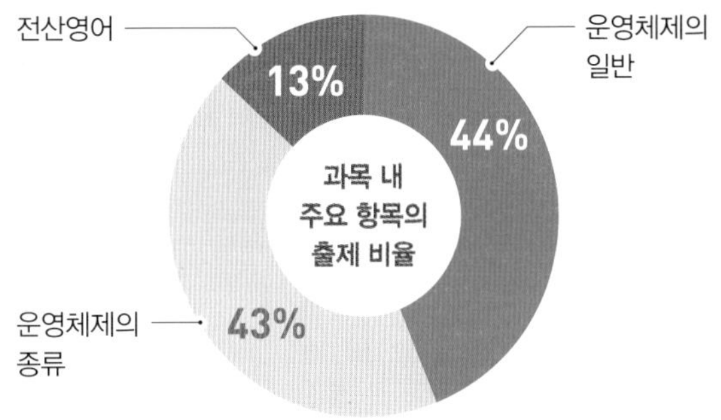

| 출제 경향 분석

3과목은 컴퓨터 시스템을 동작하게 하는 시스템 소프트웨어인 운영체제, 다양한 운영체제(MS-DOS, Windows, UNIX, LINUX)의 개요와 기능 및 시스템 환경과 기본 명령어에 대한 운영체제의 종류, 운영체제에 관련된 지식과 전산영어 등으로 구성되어 있습니다. 운영체제의 일반이 가장 출제 비중이 높고 운영체제의 종류에서도 출제 비중이 높은 경향을 보이고 있습니다.

| 합격 비법

3과목은 컴퓨터 시스템의 자원 관리를 목적으로 하는 대표적인 시스템 소프트웨어인 운영체제에 대한 개념과 발전 및 기능에 대한 학습은 기출문제 중심으로 반복 학습을 하는 것이 중요합니다. 실제 운영체제의 종류에 대한 기본적인 개요와 명령어에서는 UNIX의 경우 기출문제가 반복 출제되고 있으며, Windows와 LINUX와 관련하여서는 출제기준이 변경된 이후, 새로운 문제가 약 2~3문제 출제되고 있습니다. 난이도가 낮은 문제가 신규 LINUX 문제로 출제되고 있으므로 교재의 이론 개념을 철저히 학습할 필요가 있습니다.

4과목 정보 통신 일반

약 10문항 | 출제 비중 17%

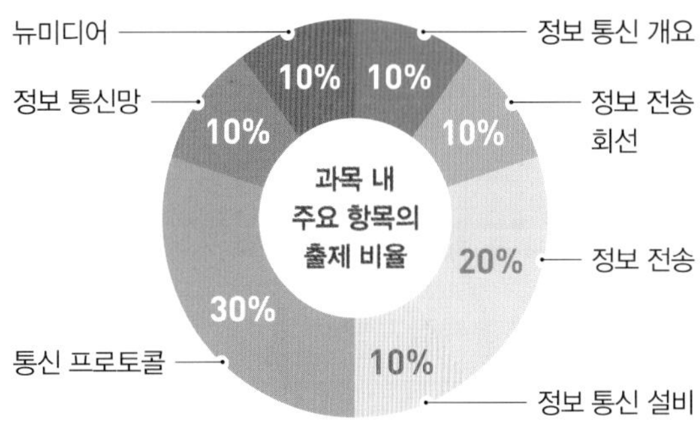

| 출제 경향 분석

4과목은 정보 통신 개요, 정보 전송 회선, 정보 전송, 정보 통신 설비, 통신 프로토콜, 정보 통신망, 뉴미디어 등으로 구성되어 있습니다. 4과목은 학습 범위에 비해 출제 문항 수가 10문제 정도로 많은 비중을 차지하고 있지 않습니다. 통신 프로토콜이 가장 출제 비중이 높고 정보 전송에서도 출제 비중이 높은 경향을 보이고 있습니다.

| 합격 비법

4과목은 정보 통신 일반에 대한 기본 용어 중심으로 출제되고 있어 문제의 난이도가 낮습니다. 학습 범위가 방대하지만 통신 프로토콜과 정보 전송에서 주로 기출문제가 반복되어 출제되고 있습니다. 반복 학습을 통해 통신 기본 용어와 영문 약어로 된 각종 통신 프로토콜에 대한 암기가 필요합니다.

이론끝장 편 기출을 완벽하게 분석, 압축한 핵심 이론 구성

시간을 전략적으로 활용하는 **우선순위 학습!**

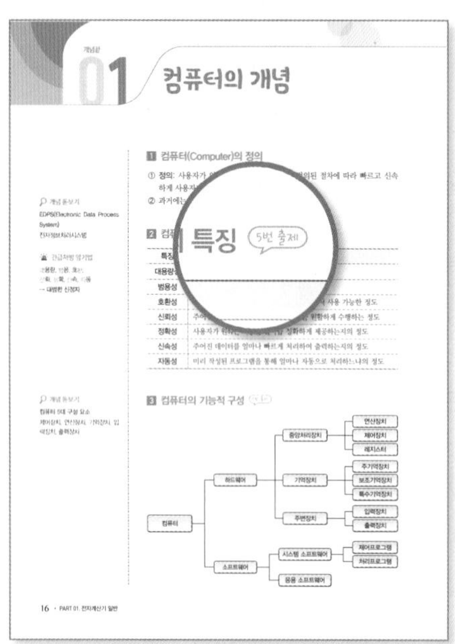

개념끝 01 컴퓨터의 개념

■1 컴퓨터(Computer)의 정의

① **정의**: 사용자가 … 정의된 절차에 따라 빠르고 신속하게 사용자 …

② 과거에는 …

■2 컴퓨터의 특징 (5번 출제)

특징	
대용량성	
범용성	
호환성	… 사용 가능한 정도
신뢰성	주어 … 원활하게 수행하는 정도
정확성	사용자가 원하는 … 정확하게 제공하는지의 정도
신속성	주어진 데이터를 얼마나 빠르게 처리하여 출력하는지의 정도
자동성	미리 작성된 프로그램을 통해 얼마나 자동으로 처리하느냐의 정도

■3 컴퓨터의 기능적 구성

개념 돋보기: EDPS(Electronic Data Process System) 전자정보처리시스템

긴급처방 암기법: 대용량, 범용, 호환, 신뢰, 정확, 신속, 자동 → 대범한 신정자

개념 돋보기: 컴퓨터 5대 구성 요소 제어장치, 연산장치, 기억장치, 입력장치, 출력장치

16 · PART 01. 전자계산기 일반

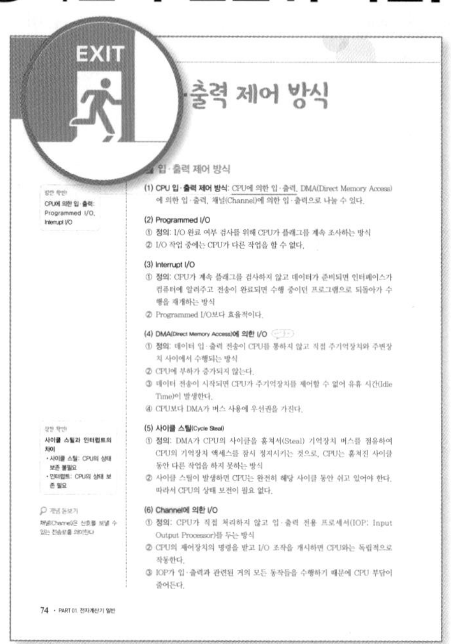

·출력 제어 방식

■ 입·출력 제어 방식

(1) CPU 입·출력 제어 방식: CPU에 의한 입·출력, DMA(Direct Memory Access)에 의한 입·출력, 채널(Channel)에 의한 입·출력으로 나눌 수 있다.

(2) Programmed I/O

① **정의**: I/O 완료 여부 검사를 위해 CPU가 플래그를 계속 조사하는 방식

② I/O 작업 중에는 CPU가 다른 작업을 할 수 없다.

(3) Interrupt I/O

① **정의**: CPU가 계속 플래그를 검사하지 않고 데이터가 준비되면 인터페이스가 컴퓨터에 알려주고 전송이 완료되면 수행 중이던 프로그램으로 되돌아가 수행을 재개하는 방식

② Programmed I/O보다 효율적이다.

(4) DMA(Direct Memory Access)에 의한 I/O

① **정의**: 데이터 입·출력 전송이 CPU를 통하지 않고 직접 주기억장치와 주변장치 사이에서 수행되는 방식

② CPU에 부하가 증가되지 않는다.

③ 데이터 전송이 시작되면 CPU가 주기억장치를 제어할 수 없어 유휴 시간(Idle Time)이 발생한다.

④ CPU보다 DMA가 버스 사용에 우선권을 가진다.

(5) 사이클 스틸(Cycle Steal)

① **정의**: DMA가 CPU의 사이클을 훔쳐서(Steal) 기억장치 버스를 점유하여 CPU의 기억장치 액세스를 잠시 정지시키는 것으로, CPU는 훔쳐진 사이클 동안 다른 작업을 하지 못하는 방식

② 사이클 스틸이 발생하면 CPU는 완전히 해당 사이클 동안 쉬고 있어야 한다. 따라서 CPU의 상태 보전이 필요 없다.

(6) Channel에 의한 I/O

① **정의**: CPU가 직접 처리하지 않고 입·출력 전용 프로세서(IOP: Input Output Processor)를 두는 방식

② CPU의 제어장치의 명령을 받고 I/O 조작을 개시하면 CPU와는 독립적으로 작동한다.

③ IOP가 입·출력과 관련된 거의 모든 동작들을 수행하기 때문에 CPU 부담이 줄어든다.

잠깐 확인! CPU에 의한 입·출력: Programmed I/O, Interrupt I/O

잠깐 확인! 사이클 스틸과 인터럽트의 차이
- 사이클 스틸: CPU의 상태 보존 불필요
- 인터럽트: CPU의 상태 보존 필요

개념 돋보기: 채널(Channel)은 신호를 보낼 수 있는 전송로를 의미한다

74 · PART 01. 전자계산기 일반

☑ 출제 기준표 및 중요도를 파악하여 꼭 알아야 할 진짜 핵심 개념만 수록하였습니다.

☑ 최빈출 개념에는 'EXIT' 표시를 하여 초단기 합격을 하고자 하는 경우 해당 개념만 찾아 먼저 학습할 수 있도록 하였습니다.

☑ 기출된 키워드에 출제횟수를 제시하여 직관적으로 중요도를 파악할 수 있도록 하였습니다.

꿀팁 3총사 본문의 날개를 확인하세요!

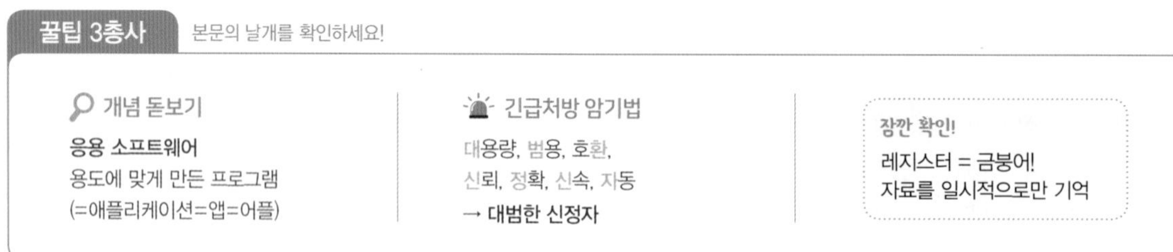

❶ **개념 돋보기** 내용의 이해를 도울 수 있는 추가 설명 수록

❷ **긴급처방 암기법** 두음암기법을 사용한 쉽고 빠른 암기법

❸ **잠깐 확인!** 자주 출제되는 개념 및 학습 접근 방법을 제시

개념을 꽉 잡는 **최빈출 문제풀이**

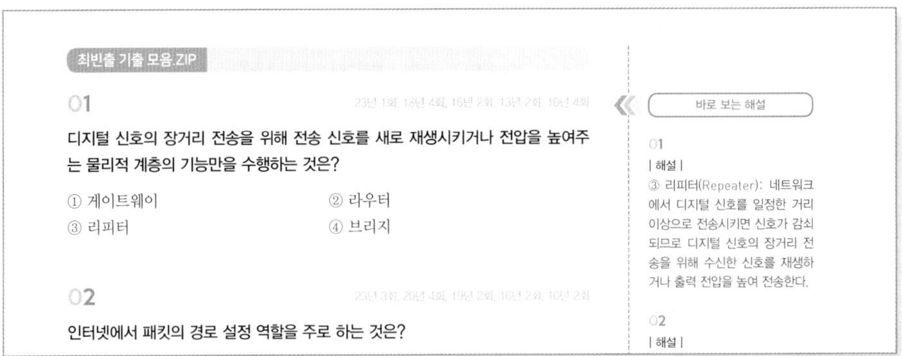

☑ 개념이 어떻게 문제화되는지 확인할 수 있도록 최빈출 기출문제를 수록하였습니다.

☑ 문제와 정답에 대한 상세한 설명을 바로 확인할 수 있습니다.

기출끝장 편 실력 최종 점검! 기출&모의고사

실전처럼 풀어본다! 해설과 함께&따로 푸는 **문제풀이**

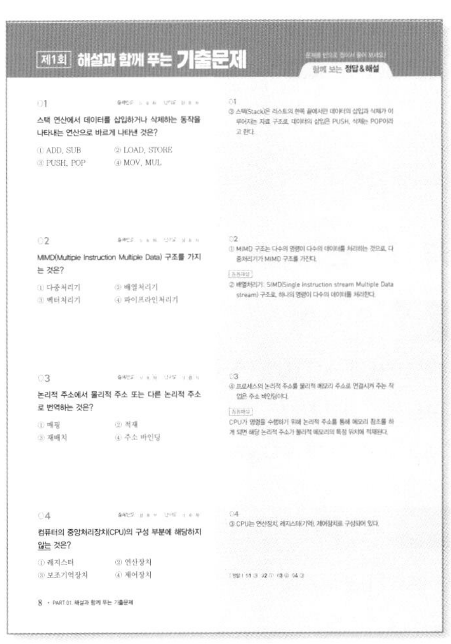

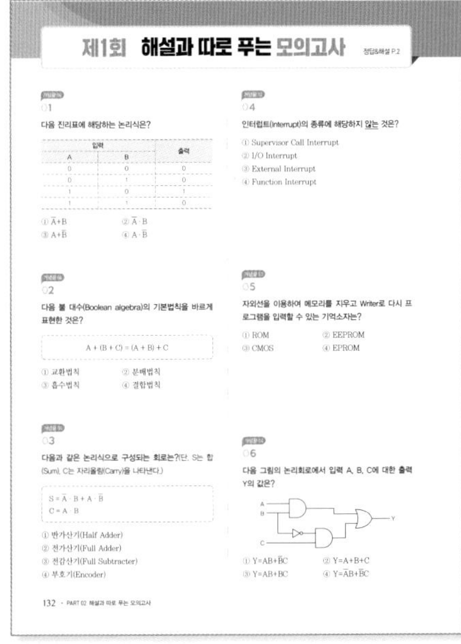

☑ 2011년 이전 공개 기출문제 중에서 최근 출제 빈도가 높은 문제들로 기출문제 8회분을 구성하였습니다.

☑ 문항별로 출제 빈도, 난이도, 개념끝 번호를 표시하여 효율적인 학습이 가능하도록 하였습니다.

1권 이론끝장

PART 01 | 전자계산기 일반

CHAPTER 01 컴퓨터 시스템 구성

개념끝 01 컴퓨터의 개념 16
개념끝 02 컴퓨터 하드웨어(Hardware) EXIT 20
개념끝 03 컴퓨터 소프트웨어(Software) 24

CHAPTER 02 논리회로

개념끝 04 논리회로 EXIT 27
개념끝 05 순서 논리회로 32
개념끝 06 불 대수 EXIT 35

CHAPTER 03 자료 표현과 연산

개념끝 07 자료의 구성과 표현 EXIT 38
개념끝 08 진수 표현 43

CHAPTER 04 프로세서

개념끝 09 중앙처리장치 EXIT 48

CHAPTER 05 명령어와 주소 지정

개념끝 10 명령어 EXIT 53
개념끝 11 주소 지정 방식 EXIT 59

CHAPTER 06 마이크로 오퍼레이션

개념끝 12 마이크로 오퍼레이션 62

CHAPTER 07 기억장치

개념끝 13 기억장치 EXIT 66

CHAPTER 08 입·출력 제어

개념끝 14 입·출력의 개요 72
개념끝 15 입·출력 제어 방식 EXIT 74
개념끝 16 인터럽트 77

PART 02 | 패키지 활용

CHAPTER 01 데이터베이스

개념끝 17 데이터베이스의 기본 82
개념끝 18 데이터베이스의 구성 EXIT 84
개념끝 19 데이터 모델링 및 설계 89
개념끝 20 데이터베이스 설계와 정규화 92

CHAPTER 02 관계형 데이터베이스 모델

개념끝 21 관계형 데이터베이스 모델 EXIT 94

CHAPTER 03 SQL

개념끝 22 관계 데이터 연산 97
개념끝 23 SQL, DDL EXIT 100
개념끝 24 DML, DCL EXIT 103

CHAPTER 04 윈도우 응용 프로그램

개념끝 25 스프레드시트 EXIT 112
개념끝 26 프레젠테이션 EXIT 116

PART 03 | PC 운영체제

CHAPTER 01 운영체제

개념끝 27 운영체제의 개요 EXIT 120
개념끝 28 프로세스 관리 EXIT 125
개념끝 29 병행 프로세스와 교착상태 130

CHAPTER 04 기억장치와 파일 시스템

개념끝 30 기억장치 관리 EXIT 132
개념끝 31 디스크 스케줄링 136
개념끝 32 파일 시스템 139

CHAPTER 03 운영체제의 종류

개념끝 33 UNIX와 LINUX EXIT 143
개념끝 34 Windows EXIT 148
개념끝 35 MS-DOS EXIT 154

CHAPTER 04 전산영어

개념끝 36 운영체제 전산영어 EXIT 161
개념끝 37 기타 전산영어 169

PART 04 | 정보 통신 일반

CHAPTER 01 데이터 통신의 개요

개념끝 38 데이터 통신 EXIT 174
개념끝 39 데이터 전송 방식 181
개념끝 40 신호 변환 방식 EXIT 184
개념끝 41 다중화와 전송 속도 EXIT 189

CHAPTER 02 전송 제어

개념끝 42 전송 제어 방식 193
개념끝 43 회선 제어, 오류 제어 EXIT 197
개념끝 44 데이터 회선망 201
개념끝 45 경로 제어 및 트래픽 제어 EXIT 205
개념끝 46 LAN 208
개념끝 47 인터넷 EXIT 212

CHAPTER 03 통신 프로토콜

개념끝 48 통신 프로토콜과 OSI 7계층 EXIT 217
개념끝 49 TCP/IP 221
개념끝 50 뉴미디어와 멀티미디어 224

2권 기출끝장

PART 01 | 해설과 함께 푸는 기출문제 8회

제1회 해설과 함께 푸는 기출문제 8
제2회 해설과 함께 푸는 기출문제 23
제3회 해설과 함께 푸는 기출문제 38
제4회 해설과 함께 푸는 기출문제 53
제5회 해설과 함께 푸는 기출문제 68
제6회 해설과 함께 푸는 기출문제 83
제7회 해설과 함께 푸는 기출문제 100
제8회 해설과 함께 푸는 기출문제 115

PART 02 | 해설과 따로 푸는 모의고사 4회

제1회 해설과 따로 푸는 모의고사 132
제2회 해설과 따로 푸는 모의고사 140
제3회 해설과 따로 푸는 모의고사 148
제4회 해설과 따로 푸는 모의고사 156

별책 해설과 따로 푸는 모의고사 정답 & 해설

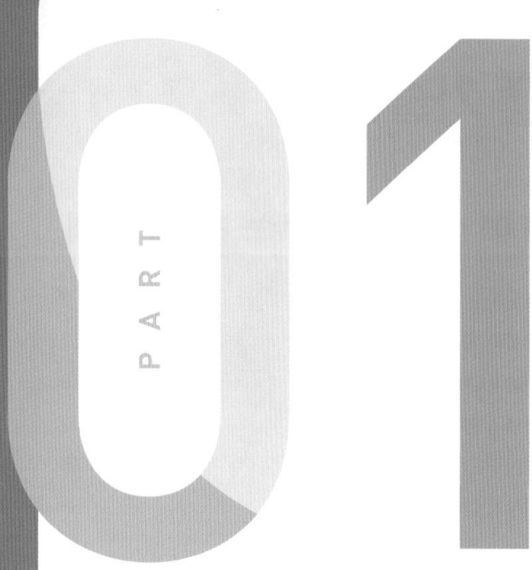

전자계산기 일반

중요 해시태그

#이해중요 #총20문제 #반복출제비중높은과목

1과목 자기주도 학습 가이드

전자계산기 일반은 컴퓨터의 기본 설계 구조와 작동 방식, 그리고 응용 프로그램의 사용에 관한 전반적인 내용을 다루게 됩니다.

암기보다는 이해를 선행하고, 이해가 어려운 부분은 기출문제를 통해 익숙해지도록 합니다. 이해만 확실히 한다면 어떻게 응용이 되더라도 쉽게 정답을 맞힐 수 있습니다. 만약, 너무 어렵다고 느껴진다면 그 부분은 잠시 뒤로 미루어 두었다가 전체 진도를 모두 마친 뒤 다시 살펴보고, 그래도 이해나 암기가 어렵다면 해당 부분은 기출문제를 통해 문제를 암기하도록 합니다.

공부시간이 부족할 때는 EXIT 를 찾아서 먼저 공부하세요!

CHAPTER 01 컴퓨터 시스템 구성

개념끝 01 컴퓨터의 개념
개념끝 02 컴퓨터 하드웨어(Hardware) EXIT
개념끝 03 컴퓨터 소프트웨어(Software)

CHAPTER 02 논리회로

개념끝 04 논리회로 EXIT
개념끝 05 순서 논리회로
개념끝 06 불 대수 EXIT

CHAPTER 03 자료 표현과 연산

개념끝 07 자료의 구성과 표현 EXIT
개념끝 08 진수 표현

CHAPTER 04 프로세서

개념끝 09 중앙처리장치 EXIT

CHAPTER 05 명령어와 주소 지정

개념끝 10 명령어 EXIT
개념끝 11 주소 지정 방식 EXIT

CHAPTER 06 마이크로 오퍼레이션

개념끝 12 마이크로 오퍼레이션

CHAPTER 07 기억장치

개념끝 13 기억장치 EXIT

CHAPTER 08 입·출력 제어

개념끝 14 입·출력의 개요
개념끝 15 입·출력 제어 방식 EXIT
개념끝 16 인터럽트

개념끝

01 컴퓨터의 개념

1 컴퓨터(Computer)의 정의

① 정의: 사용자가 입력한 데이터를 받아 미리 정의된 절차에 따라 빠르고 신속하게 사용자가 요구한 결과를 출력하는 장치
② 과거에는 EDPS란 명칭으로 주로 사용되었다.

개념 돋보기

EDPS(Electronic Data Process System)
전자정보처리시스템

2 컴퓨터의 특징 (5번 출제)

특징	설명
대용량성	많은 양의 데이터를 처리 및 보관 가능한 정도
범용성	컴퓨터를 다양한 용도로 사용할 수 있는 정도
호환성	컴퓨터의 기종에 관계없이 다양한 컴퓨터에서 사용 가능한 정도
신뢰성	주어진 환경에서 고장 없이 담당 기능을 원활하게 수행하는 정도
정확성	사용자가 원하는 기능을 얼마큼 정확하게 제공하는지의 정도
신속성	주어진 데이터를 얼마나 빠르게 처리하여 출력하는지의 정도
자동성	미리 작성된 프로그램을 통해 얼마나 자동으로 처리하느냐의 정도

긴급처방 암기법

대용량, 범용, 호환,
신뢰, 정확, 신속, 자동
→ 대범한 신정자

3 컴퓨터의 기능적 구성 (5번 출제)

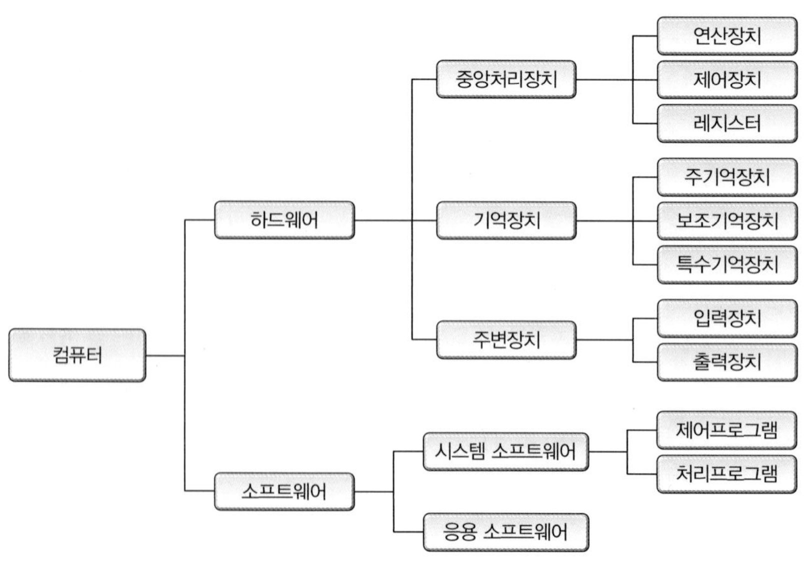

개념 돋보기

컴퓨터 5대 구성 요소
제어장치, 연산장치, 기억장치, 입력장치, 출력장치

구분	특징
하드웨어 (Hardware)	• 중앙처리장치(CPU; Central Processing Unit), 기억장치(Memory), 주변장치로 구성 • CPU는 제어장치, 연산장치, 레지스터로 구성 • 주변장치는 입력장치, 출력장치로 구성 • 시스템 버스(System Bus)를 통해 각 요소가 연결되어 있고 데이터와 명령 제어 신호를 각 장치로 전달
소프트웨어 (Software)	• 하드웨어와 반대되는 뜻으로 '소프트웨어'라고 함 • 실질적으로 하드웨어에게 사용자가 원하는 것을 전달하고 결과를 받아 사용자에게 전달

잠깐 확인!

버스가 다니는 길처럼, 컴퓨터 장치들 간의 신호를 전달

개념 돋보기

소프트웨어

기계가 아닌 '손에 잡히지 않는(Soft)'이란 개념

4 컴퓨터의 세대별 특징

구분	주요소자	연산 속도	기억소자	사용 언어	특징
1세대	진공관 (Tube)	ms(10^{-3})	자기 드럼	기계어, 어셈블리어	일괄 처리 시스템
2세대	트랜지스터 (TR)	μs(10^{-6})	자기 코어	포트란, 코볼, ALGOL	온라인 실시간 시스템
3세대	집적회로 (IC)	ns(10^{-9})	IC (RAM, ROM)	파스칼, LISP, 구조화 언어	시분할 처리 시스템
4세대	고밀도 집적회로 (LSI)	ps(10^{-12})	LSI	C, ADA, 문제지향 언어	• 개인용 컴퓨터 개발 • 마이크로프로세서 개발 • 네트워크의 발달
5세대	초고밀도 집적회로 (VLSI)	fs(10^{-15})	VLSI	C++, Java, 객체지향 언어	• 인공지능 • 전문가 시스템 • 의사 결정 지원 시스템

5 집적회로의 발전 단계 (3번 출제)

• **집적회로 발달 순서:** SSI(소규모 집적회로) → MSI(중규모 집적회로) → LSI(고밀도 집적회로) → VLSI(초고밀도 집적회로) → ULSI(극대규모 집적회로)

단계	직접도
SSI(Small Scale Integrated circuit)	100개 이하
MSI(Medium Scale Integration)	100～1,000개
LSI(Large Scale Integrated circuit)	1,000～10만 개
VLSI(Very Large Scale Integration)	10만～100만 개
ULSI(Ultra Large Scale Integration)	100만 개 이상

6 처리 속도 단위 (4번 출제)

잠깐 확인!

• 처리 속도
(느림) ms → μs → ns → ps → fs → as (빠름)

• 기억 용량
(소용량) KB → MB → GB → TB → PB → EB (대용량)

처리 속도 단위		기억 용량 단위		
ms(milli)	10^{-3}	KB(Kilo Byte)	2^{10}(Byte)	1,024(Byte)
μs(micro)	10^{-6}	MB(Mega Byte)	2^{20}(Byte)	1,024(KB)
ns(nano)	10^{-9}	GB(Giga Byte)	2^{30}(Byte)	1,024(MB)
ps(pico)	10^{-12}	TB(Tera Byte)	2^{40}(Byte)	1,024(GB)
fs(femto)	10^{-15}	PB(Peta Byte)	2^{50}(Byte)	1,024(TB)
as(atto)	10^{-18}	EB(Exa Byte)	2^{60}(Byte)	1,024(PB)

7 기억 용량 단위 (3번 출제)

단위	10진 표현	2진 표현
B(Byte)	10	2^{1}
KB(Kilo Byte)	10^{3}	2^{10}
MB(Mega Byte)	10^{6}	2^{20}
GB(Giga Byte)	10^{9}	2^{30}
TB(Tera Byte)	10^{12}	2^{40}
PB(Peta Byte)	10^{15}	2^{50}
EB(Exa Byte)	10^{18}	2^{60}
ZB(Zetta Byte)	10^{21}	2^{70}
YB(Yotta Byte)	10^{24}	2^{80}

최빈출 기출 모음.ZIP

01

22년 1회, 21년 3회, 18년 1회, 17년 1회, 12년 3회

프로그램이 컴퓨터의 기종에 관계 없이 수행될 수 있는 성질을 의미하는 것은?

① 가용성
② 신뢰성
③ 호환성
④ 안정성

02

22년 1회, 20년 1회, 18년 1회, 15년 3회, 12년 4회

컴퓨터의 중앙처리장치(CPU)의 구성 부분에 해당하지 않는 것은?

① 주기억장치
② 연산장치
③ 보조기억장치
④ 제어장치

바로 보는 해설

01

| 해설 |
③ 호환성은 프로그램이 컴퓨터 기종에 관계없이 다양한 컴퓨터에서 실행되는 성질을 의미한다.

02

| 해설 |
③ 보조기억장치는 주변장치에 해당한다.

| 정답 | 01 ③ 02 ③

개념끝

EXIT 02

컴퓨터 하드웨어(Hardware)

1 컴퓨터 하드웨어의 구성 (4번 출제)

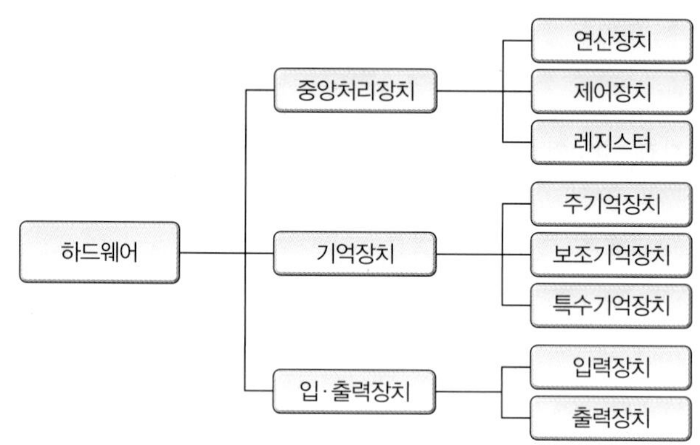

2 중앙처리장치(CPU; Central Processing Unit) (12번 출제)

(1) 개념

① 정의: 컴퓨터의 두뇌로, 컴퓨터 시스템 전체를 제어하는 장치(= 프로세서)

② 입력장치로 받은 데이터를 처리해 출력장치와 기억장치로 보내는 과정을 수행한다.

> 개념 돋보기
>
> **마이크로프로세서(Microprocessor)**
> 중앙처리장치(CPU)에 해당하는 부분을 하나의 대규모 집적회로의 칩에 내장시켜 기능을 수행하게 하는 것이다.

(2) 구성 (21번 출제)

구성	기능
산술 논리 연산장치 (ALU; Arithmetic and Logic Unit)	• 중앙처리장치를 구성하는 하나의 회로로써 산술 및 논리 연산을 수행함 • 제어장치의 명령에 따라 실제로 연산을 수행하는 장치 • 산술 연산, 논리 연산, 관계 연산, 이동(Shift) 등을 수행함 • 구성: 감산기, 보수기, 누산기, 가산기 등
제어장치 (CU; Control Unit)	• CPU 내부에서 일어나는 작업들을 통제하고 관리함 • 명령어 형식은 '연산 코드+기억장치 주소'로 전달함 • 주기억장치에 기억된 명령을 꺼내서 해독하고, 시스템 전체에 지시 신호를 발생함 • 구성: 프로그램 카운터, 명령어 레지스터, 부호기, 명령어 해독기 등

레지스터 (Register)	• CPU 내에서 데이터를 임시로 저장하는 장치 • CPU로부터 읽어온 명령어와 데이터를 임시 보관함 • ALU 처리 결과 데이터를 임시 보관하는 기억장치임 • 기억장치들 중 속도가 가장 빠름

잠깐 확인!

레지스터 = 금붕어!
자료를 일시적으로만 기억

3 기억장치 5번 출제

구성	기능
주기억장치	• 컴퓨터 내부 CPU와 함께 메인보드에 직접 장착되며, 전원이 차단되면 기억 내용이 삭제되는 휘발성을 가짐 • 컴퓨터 시스템에서 수행되는 프로그램과 수행에 필요한 데이터를 기억함 • CPU에 처리할 데이터를 직접 제공하며, 접근 속도가 빠름 • 종류: RAM(Random Access Memory), ROM(Read Only Memory)
보조기억장치	• 컴퓨터 외부에 장착되며, 전원이 차단되어도 기억 내용이 삭제되지 않는 비활성성을 가짐 • 중앙처리장치와 직접 정보 교환이 불가능해 주기억장치로 옮겨진 후에 처리됨 • 가격이 저렴하고 저장 용량이 크지만 속도가 느려 빠른 중앙처리장치와 직접적으로 정보 교환이 불가능함 • 종류: SSD, 자기 디스크, 하드 디스크, CD-ROM, DVD, Blu-Ray
특수기억장치	• 캐시 메모리 – 중앙처리장치와 주기억장치 사이에서 컴퓨터 처리의 속도를 높이는 역할을 함 – 접근 속도가 빠른 SRAM 등을 사용 – 주기억장치보다 소용량으로 구성됨 • 가상 메모리 – 보조기억장치의 일부를 주기억장치처럼 사용하는 메모리 기법 – 주기억장치보다 큰 프로그램을 실행시킬 수 있음

4 입·출력장치

(1) 입력장치

① **정의:** 사람이 사용하는 숫자, 문자, 음성, 동영상 등의 데이터를 컴퓨터가 이해할 수 있는 형태로 변환시켜 컴퓨터로 입력할 수 있게 도와주는 장치

② **종류:** 키보드, 디지타이저, 마우스, 스캐너, 바코드, OMR, OCR, MICR 등

개념 돋보기

디지타이저(Digitizer)
그림, 차트, 도표, 도면 등을 디지털 신호로 변환시켜 컴퓨터로 입력하는 장치

OMR(Optical Mark Recognizer)
데이터 통신용 단말기 중에서 인쇄되거나 또는 손으로 쓴 글씨들을 컴퓨터로 인식하는 장치

OCR(Optical Character Reader)
빛을 이용하여 문자를 읽어 들이는 방식

MICR(Magnetic Ink Character Reader)
자기 잉크를 사용하여 문자를 나타내는 방법으로 은행의 수표 처리 등에 널리 이용되는 입력 매체

(2) 출력장치

① **정의:** 중앙처리장치로부터 처리한 결과를 사용자가 볼 수 있는 형태의 정보로 변환하여 나타내는 장치

② **종류:** 플로터, 프린터, 모니터, 마이크로필름

5 처리 자료에 의한 컴퓨터 분류

구분	내용
디지털 컴퓨터 (Digital Computer)	일반적인 컴퓨터로 범용성 컴퓨터라고도 하며, 이산적 데이터 처리에 적합함
아날로그 컴퓨터 (Analog Computer)	특수 목적용 컴퓨터로, 연속적인 물리량을 이용하여 데이터를 처리함
하이브리드 컴퓨터 (Hybrid Computer)	디지털 데이터와 아날로그 데이터를 모두 처리할 수 있으며, 디지털 데이터는 복호화(Decode) 과정을 통해 아날로그 데이터로 변환 가능함

개념 돋보기 디지털 컴퓨터와 아날로그 컴퓨터의 비교

항목	디지털 컴퓨터	아날로그 컴퓨터
입력 형태	숫자, 문자	전류, 전압, 온도
출력 형태	숫자, 문자	곡선, 그래프
연산 형식	산술·논리 연산	미·적분 연산
구성 회로	논리회로	증폭회로
프로그래밍	필요	불필요
정밀도	필요한 한도까지	제한적임
기억 기능	있음	없음
적용성	범용	특수 목적용

최빈출 기출 모음.ZIP

01

21년 3회, 19년 2회, 18년 3회, 17년 3회, 16년 2회, 11년 4회

다음과 가장 관계있는 장치로 옳은 것은?

> 논리회로, 가산기, 누산기, 감산기

① 입 · 출력장치
② 제어장치
③ 연산장치
④ 기억장치

02

22년 3회, 21년 2회, 20년 1회, 19년 3회, 18년 1회, 14년 3회, 11년 5회

제어장치의 기능에 대한 설명으로 옳지 않은 것은?

① 산술 및 논리 연산을 실행하는 장치이다.
② 입 · 출력장치를 제어한다.
③ 주기억장치에 기억된 명령을 꺼내어 해독한다.
④ 프로그램 카운터와 명령 레지스터를 이용하여 명령어 처리 순서를 제어한다.

바로 보는 해설

01

| 해설 |

③ 연산장치(ALU; Arithmetic and Logic Unit): 산술 연산, 논리 연산, 관계 연산, 이동(Shift) 등을 수행하며, 연산장치에는 감산기, 보수기, 누산기, 가산기가 있다.

02

| 해설 |

제어장치(CU; Control Unit)는 주기억장치에 기억된 명령을 꺼내서 해독하고, 시스템 전체에 지시 신호를 내는 장치이다.
①은 산술 논리 연산장치에 대한 설명이다.

| 정답 | 01 ③ 02 ①

개념끝

03 컴퓨터 소프트웨어(Software)

1 소프트웨어 (4번 출제)

(1) 소프트웨어의 개념

① **정의**: 하드웨어적인 자원을 이용하여 컴퓨터를 효율적으로 활용하기 위한 프로그램과 처리 절차에 기술 및 각종 문서들을 포함하는 프로그램 체계의 총칭

② 프로그램은 프로그래밍 언어로 작성된 코드, 즉 정적인 표현을 의미하지만, 소프트웨어는 프로그램이 컴퓨터를 가동시킨다는 동적인 의미를 포함하고 있다.

(2) 구분

시스템 소프트웨어, 응용 소프트웨어, 언어 번역 프로그램, 유틸리티 등

개념 돋보기

응용 소프트웨어

용도에 맞게 만든 프로그램(= 애플리케이션 = 앱 = 어플)

2 소프트웨어의 특징

① 종이나 자기 디스크와 같은 유형의 매체에 저장되지만 개념적이고 무형적이다.

② 개발 과정이 복잡할 뿐만 아니라 전산화 대상 업무 및 소프트웨어 시스템 자체가 난해하다.

③ 적은 비용으로 복제할 수 있다.

④ 사용자가 시스템을 쉽게 사용할 수 있도록 해준다.

⑤ 언제나 시험이 가능하고 수정이 쉽다.

3 시스템 소프트웨어

① **정의**: 컴퓨터의 전반적인 운영과 각종 자원(기억장치, 입·출력장치, 데이터 등)을 관리하는 일련의 프로그램

② **종류**: 운영체제, 언어 번역기, 유틸리티

4 운영체제(OS; Operating System)

(1) 운영체제의 개념

① 사용자와 하드웨어 사이에서 중재자 역할을 하며, 하드웨어 자원을 관리하고 시스템 및 응용 프로그램의 실행에 도움을 제공한다.

② 사용자가 컴퓨터 하드웨어를 쉽고 편리하게 사용할 수 있도록 도와주는 프로그램이다.

③ 프로세서, 기억장치, 입·출력장치, 통신장치, 데이터 등과 같은 자원관리를 한다.

④ 사용자가 컴퓨터와 대화할 수 있도록 인터페이스를 제공한다.
⑤ 종류: DOS, Windows, Unix, Linux, Android, iOS

(2) 운영체제의 목적 

① 사용자 인터페이스 제공
② 자원(CPU, 기억장치, 입·출력장치 등) 스케줄링
③ 신뢰성 향상
④ 하드웨어 장치와 프로그램 수행 제어
⑤ 기억장치 관리

5 운영체제의 구성 12번 출제

(1) 제어 프로그램(Control Program): 감시 프로그램(Supervisor Program), 작업 제어 프로그램(Job Control Program), 자료 관리 프로그램(Data Management Program)

(2) 처리 프로그램(Processing Program): 언어 번역 프로그램(Language Translator Program), 서비스 프로그램(Service Program), 문제 프로그램(Problem Program)

6 언어 번역기

(1) 컴파일러

① **정의**: 사용자가 각종 프로그래밍 언어로 작성한 원시 프로그램을 기계어로 변환시켜 목적 프로그램을 생성시키는 프로그램
② 컴파일러에 입력되는 프로그램을 원시 프로그램이라 하고, 기계어로 출력되는 프로그램을 목적 프로그램이라고 한다.
③ **언어 종류**: C, C++, JAVA, COBOL, PASCAL

> 개념 돋보기
>
> **언어 번역 처리 과정**
>
> 원시 프로그램 → 컴파일러(목적 파일) → 링킹(실행 파일) → 로딩(메모리 적재) → 실행

(2) 로더(Loader)

① **정의**: 프로그램을 실행하기 위하여 프로그램을 보조기억장치로부터 컴퓨터의 주기억장치에 올려놓는 기능을 가진 프로그램
② **로더의 기능**: 할당(Allocation), 연결(Linking), 재배치(Relocation), 적재(Loading)

(3) 인터프리터

① **정의**: 고급 수준의 언어로 작성한 원시 프로그램을 문장(행) 단위로 번역하면서 곧바로 실행하는 형태의 언어 번역기(프로그램)로, 목적 파일을 만들지 않는다.
② **언어 종류**: BASIC, LISP

(4) **어셈블러**(Assembler): 어셈블리 언어는 어셈블러라고 하는 언어 번역기에 의해서 기계어로 번역된다.

(5) **유틸리티**(Utility)

① 프로그램이나 데이터를 한 매체에서 다른 매체로 옮기거나, 데이터의 내용 및 배치 순서를 바꾸는 등의 기능을 가진다.

② **종류**: 바이러스 백신, 방화벽, DRM, 작업관리자, 디스크 조각 모음, 압축 프로그램 등

최빈출 기출 모음.ZIP

01

21년 1회, 19년 2회, 15년 3회, 12년 5회, 11년 5회

운영체제의 수행 업무에 해당하지 않는 것은?

① 하드웨어 장치와 프로그램 수행 제어
② CPU 스케줄링
③ 기억장치의 할당 및 회수
④ 통신 회선 신호 변환

02

22년 3회, 21년 3회, 19년 3회, 15년 1회, 12년 3회, 06년 4회

언어 번역 프로그램(Language translator)에 해당하지 않는 것은?

① 컴파일러 ② 어셈블러
③ 인터프리터 ④ 로더

바로 보는 해설

01

| 해설 |

운영체제의 목적
- 사용자 인터페이스 제공
- 자원(CPU, 기억장치, 입·출력 장치 등) 스케줄링
- 신뢰성 향상
- 하드웨어 장치와 프로그램 수행 제어
- 기억장치 관리

02

| 해설 |

④ 로더는 컴파일 과정에서 프로그램을 실행하기 위하여 프로그램을 보조기억장치로부터 컴퓨터의 주기억장치에 올려놓는 기능을 가진 프로그램을 의미한다.

| 정답 | 01 ④ 02 ④

논리회로

1 논리 게이트(Logic Gate)

(1) 논리 게이트(Logic Gate)의 개념

① **정의:** 논리회로(Logic Circuit)를 구성하는 기본적인 전자 소자

② 0 또는 1을 입력과 출력으로 사용한다.

(2) 기본적인 논리 게이트

이름	기호	논리식	의미	진리표
AND	A, B — Y	$Y = A \cdot B$ $= AB$	입력 신호가 모두 1일 때만 1을 출력	입력: A B / 출력: Y 0 0 0 0 1 0 1 0 0 1 1 1
OR	A, B — Y	$Y = A + B$	입력 신호 중 한 개라도 1이면 1을 출력	입력: A B / 출력: Y 0 0 0 0 1 1 1 0 1 1 1 1
XOR	A, B — Y	$Y = A \oplus B$ $= \overline{A}B + A\overline{B}$	입력 신호가 모두 같으면 0, 한 개라도 다르면 1을 출력	입력: A B / 출력: Y 0 0 0 0 1 1 1 0 1 1 1 0
NOT	A — Y	$Y = \overline{A}$ $Y = A'$	입력 신호를 반대로 출력	입력: A / 출력: Y 0 1 1 0
NAND	A, B — Y	$Y = \overline{A \cdot B}$ $= \overline{AB}$	AND의 부정 (NOT + AND)	입력: A B / 출력: Y 0 0 1 0 1 1 1 0 1 1 1 0

NOR	A—B— ⊃o—Y	$Y = \overline{A+B}$	OR의 부정 (NOT + OR)	입력 A B / 출력 Y 0 0 1 0 1 0 1 0 0 1 1 0
XNOR	A—B— ⊃o—Y	$Y = A \odot B$	XOR의 부정 (NOT + XOR)	입력 A B / 출력 Y 0 0 1 0 1 0 1 0 0 1 1 1

개념 돋보기 OR 회로와 AND 회로의 전기 회로 표현

① OR 회로의 전기 회로 표현: 병렬 회로

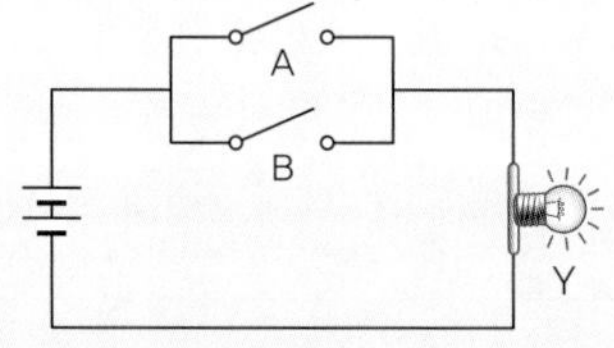

② AND 회로의 전기 회로 표현: 직렬 회로

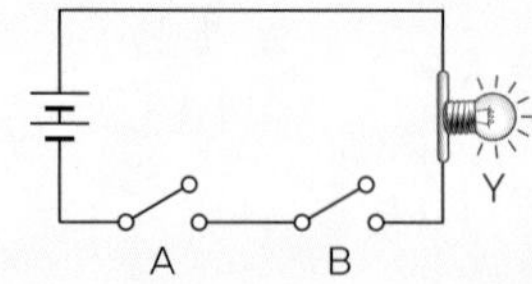

2 조합 논리회로

(1) 조합 논리회로의 개념

① 출력값이 그 시점의 입력값에 의해 결정되며, 기억 능력이 없다.

② **종류**: 반가산기, 전가산기, 병렬가산기, 반감산기, 전감산기, 디코더, 인코더, 멀티플렉서, 디멀티플렉서

(2) 반가산기(Half Adder) 12번 출제

① **정의**: 덧셈해야 할 2개의 비트를 입력받아서 2개의 출력, 즉 합(Sum)과 자리올림 수(Carry)를 구하는 회로

② XOR 회로를 이용하여 합계를 계산하고, AND 회로를 이용하여 자리올림을 처리한다.

진리표	논리회로	논리식

입력		출력	
A	B	S	C
0	0	0	0
0	1	1	0
1	0	1	0
1	1	0	1

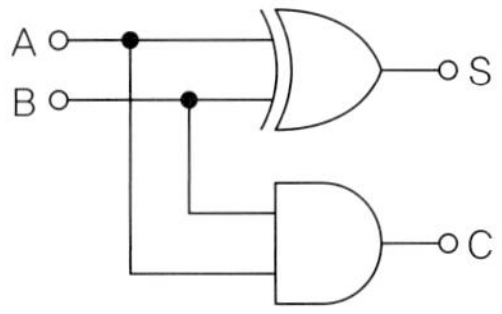

$S = \overline{A}B + A\overline{B} = A \oplus B$

$C = AB$

(3) **전가산기**(Full Adder) 5번 출제

① **정의**: 반가산기의 회로에 뒷자리에서 발생한 자리올림 수를 처리할 수 있도록 한 회로

② 회로의 논리함수가 다수결 함수(Majority Function)를 포함하고 있다.

③ 두 개의 반가산기와 OR 회로를 조합하여 구성한다.

진리표	논리회로

입력			출력	
A	B	C_i	S	C_{i+1}
0	0	0	0	0
0	0	1	1	0
0	1	0	1	0
0	1	1	0	1
1	0	0	1	0
1	0	1	0	1
1	1	0	0	1
1	1	1	1	1

반가산기 반가산기

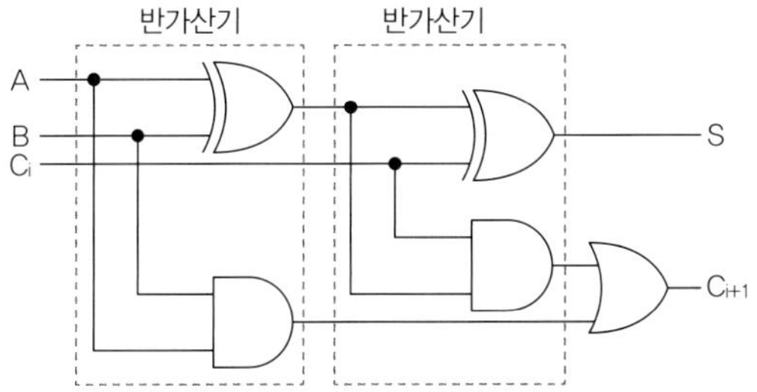

논리식

$S = (A \oplus B) \oplus C_i$

$C_{i+1} = AB + (A \oplus B)C_i$

3 기타 조합 논리회로

(1) **병렬가산기**(Parallel Adder): n비트의 2진수 A, B에 대한 덧셈을 n개의 전가산기로 구현한 실질적인 가산기 이다.

(2) **디코더**(Decoder) 6번 출제: n비트의 입력 단자를 통하여 들어온 2진 신호를 최대 2^n개의 출력 단자 중 하나를 선택하여 출력하는 회로이다.

개념 돋보기 디코더 논리회로

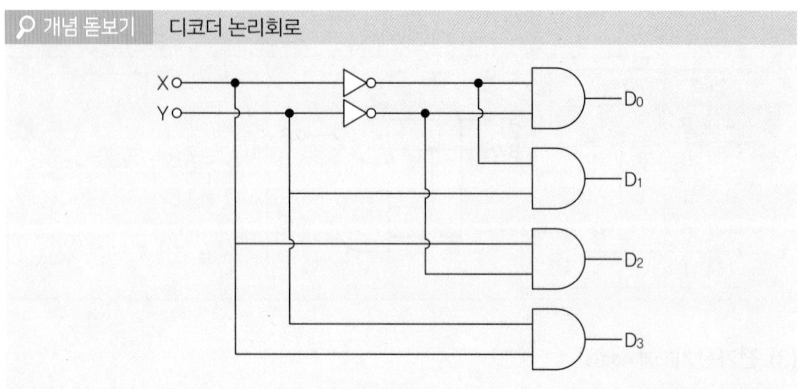

(3) 인코더(Encoder)

① 디코더의 반대 기능을 수행한다.

② 2^n개의 입력 단자를 통하여 들어온 데이터를 n개의 출력 단자로 코드화해서 출력하는 회로이다.

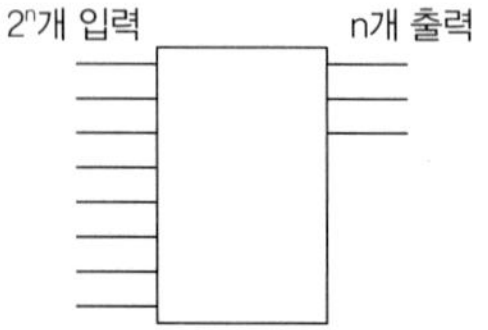

(4) 멀티플렉서(MUX, Multiplexer)

① n개의 입력 데이터에서 입력 단자를 선택하여 단일 채널로 송신하는 회로이다.

② 주로 버스(Bus)를 구성하는 데 사용 가능하다.

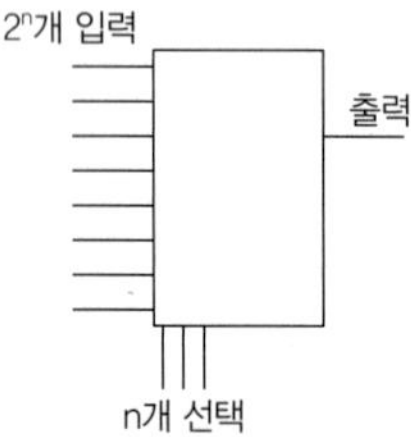

(5) 디멀티플렉서(DeMUX, DeMultiplexer)

① 멀티플렉서의 반대 기능을 수행한다.

② 1개의 입력 단자로 들어오는 데이터를 2^n개의 출력 단자 중 1개를 선택하여 출력하는 회로이다.

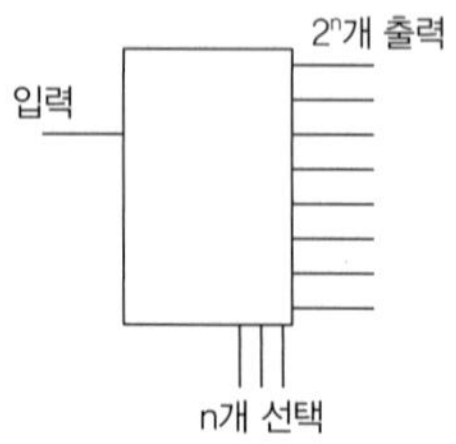

01

22년 3회, 21년 1회, 19년 2회, 17년 1회, 15년 4회, 12년 3회, 11년 5회

반가산기(Half Adder)의 논리회로도에서 자리올림이 발생하는 회로는?

① OR ② NOT
③ Exclusive OR ④ AND

02

22년 1회, 20년 2회, 18년 3회, 17년 2회, 16년 1회, 14년 2회, 13년 5회, 11년 5회

다음 진리표에 해당하는 GATE는 어느 것인가?

입력		출력
A	B	C
0	0	0
0	1	1
1	0	1
1	1	0

① 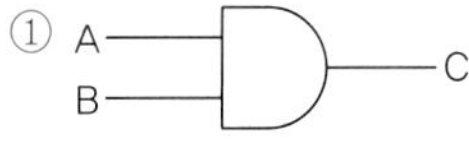

② 

③ 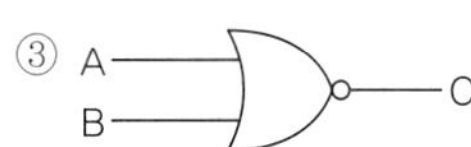

④ 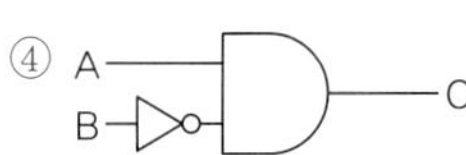

03

21년 2회, 20년 2회, 18년 2회, 15년 2회, 14년 5회, 10년 1회

다음 게이트에서 입력 A, B에 대한 설명으로 옳은 것은?

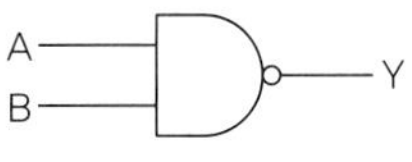

① $\overline{A} + B$ ② $A + \overline{B}$
③ $\overline{A} + \overline{B}$ ④ $A + B$

04

22년 2회, 19년 2회, 18년 4회, 15년 1회, 13년 5회, 10년 1회

n비트의 2진 코드 입력에 의해 최대 2^n개의 출력이 나오는 회로로 2진 코드를 다른 부호로 바꾸고자할 때 사용하는 회로는?

① 디코더(Decoder) ② 카운터(Counter)
③ 레지스터(Register) ④ RS 플립플롭(RS Flip-Flop)

바로 보는 해설

01

| 해설 |

④ 반가산기는 OR 회로를 이용하여 합계를 계산하고, AND 회로를 이용하여 자리올림을 처리한다.

02

| 해설 |

② XOR(배타적 논리 합): 입력되는 2진수의 값이 서로 다를(배타적) 때만 1을 출력한다.

A, B → Y

$Y = A \oplus B = \overline{A}B + A\overline{B}$

A	B	Y	
0	0	0	입력 신호가 모두 같으면 0, 한 개라도 다르면 1을 출력
0	1	1	
1	0	1	
1	1	0	

03

| 해설 |

③ 문제의 논리회로는 NAND 회로이다. NAND 회로의 기본 논리식은 $Y = \overline{A \cdot B}$이다.

[드모르간의 정리]

$\overline{A+B} = \overline{A} \cdot \overline{B}$
$\overline{A \cdot B} = \overline{A} + \overline{B}$

04

| 해설 |

① n비트 입력 단자를 통하여 들어온 2진 신호를 최대 2^n개의 출력 단자 중 하나를 선택하여 출력하는 회로는 디코더이다.

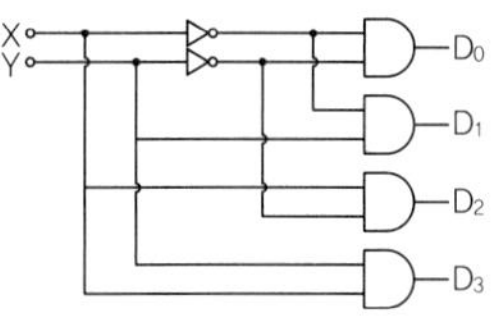

| 정답 | 01 ④ 02 ② 03 ③ 04 ①

개념끝

05 순서 논리회로

1 순서 논리회로

(1) 순서 논리회로의 개념

① 입력값과 현재의 상태에 따라 출력값이 결정되는 논리회로이며, 기억 능력을 가진다.

② 논리 게이트 외에 메모리 요소와 귀환(Feedback) 기능을 포함한다.

③ 출력은 현재 상태의 입력 상태와 전 상태에 의해 결정되며 회로의 동작은 내부 상태와 입력 등의 시간 순차에 의해 결정된다.

④ 순서 논리회로의 출력은 입력 상태와 메모리 요소들의 상태에 따라 값이 결정되므로 언제나 일정한 값을 갖지 않는다.

개념 돋보기

순서 논리회로의 종류

동기식	플립플롭, 카운터, 레지스터, RAM, CPU
비동기식	랫치

2 플립플롭(FF; Flip-Flop) 5번 출제

(1) 플립플롭의 개념

① **정의**: 전원이 공급되는 동안, 상태 변화를 위한 신호가 발생할 때까지 현재의 상태를 그대로 유지하는 논리회로

② 1비트를 기억하는 기억소자이다.

(2) 플립플롭의 종류

① **RS 플립플롭(Reset-Set FF)**: S(Set, 세트) 입력선 및 R(Reset, 리셋) 입력선이 있고, S 신호에 따라 1의 상태로, R 신호에 따라 0의 상태로 된다. S 신호와 R 신호가 동시에 인가될 때의 상태가 규정되어 있지 않은 플립플롭이다.

특성표

S	R	$Q_{(t+1)}$
0	0	$Q_{(t)}$
0	1	0
1	0	1
1	1	동작 안 됨

블록 다이어그램

S Q
CP
R $\bar{Q}$

개념 돋보기

카운터

입력 펄스에 따라 미리 정해진 순서대로 상태가 변하는 장치로, n개의 플립플롭을 가진 2진 카운터의 경우 0부터 2^n-1까지 카운트할 수 있다.

마스터-슬레이브 플립플롭(Master-Slave FF)

출력 측의 일부가 입력 측에 귀환되어 유발되는 레이스 현상을 없애기 위해 고안된 플립플롭이다.

② **D 플립플롭(Delay FF)**: RS 플립플롭의 R 입력선에 인버터(Inverter)를 추가하고 S 입력선과 묶어서 한 개의 입력선으로 구성한 플립플롭으로, 입력값을 그대로 저장하는 기능을 수행한다.

특성표

D	$Q_{(t+1)}$
0	0
1	0

블록 다이어그램

③ **JK 플립플롭(JK FF)**: RS 플립플롭에서 S=R=1일 때 동작되지 않는 문제점을 보완한 플립플롭으로, 플립플롭의 S와 R을 각각 J와 K로 사용한다.

특성표

J	K	$Q_{(t+1)}$
0	0	$Q_{(t)}$
0	1	0
1	0	1
1	1	$\overline{Q}_{(t)}$

블록 다이어그램

④ **T 플립플롭(Toggle FF)**: JK 플립플롭의 두 입력선을 묶어서 한 개의 입력선으로 구성한 플립플롭으로, T=0일 때는 변화가 없고, T=1일 때는 현재 상태를 토글(Toggle)시켜 보수로 전환시킨다.

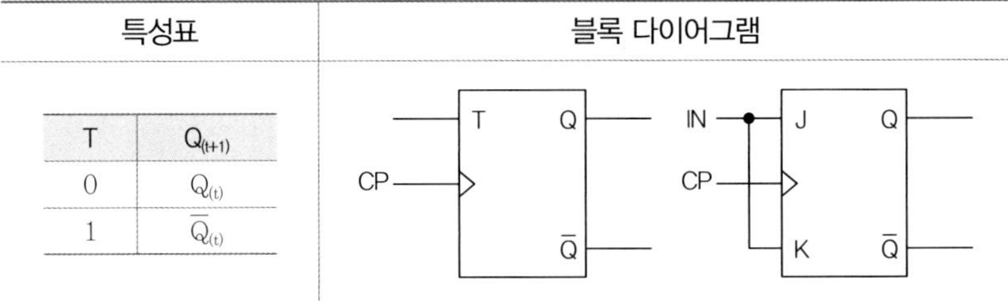
특성표

T	$Q_{(t+1)}$
0	$Q_{(t)}$
1	$\overline{Q}_{(t)}$

블록 다이어그램

⑤ **레지스터**: n비트 레지스터는 n개의 플립플롭으로 구성되어 있으며, n비트를 저장할 수 있다.

잠깐 확인!
- 플립플롭: 1bit 저장
- 레지스터: nbit 저장

최빈출 기출 모음.ZIP

01

20년 3회, 19년 2회, 18년 1회, 17년 2회, 16년 3회, 13년 2회, 10년 5회

누를 때마다 ON, OFF가 교차되는 스위치를 만들고자 할 때 사용되는 플립플롭은?

① RS 플립플롭
② D 플립플롭
③ JK 플립플롭
④ T 플립플롭

02

21년 1회, 19년 3회, 19년 2회, 18년 3회, 18년 2회, 16년 3회, 13년 2회, 10년 5회, 09년 1회

1비트(bit)를 기억할 수 있는 능력을 가진 기억의 최소 단위로 클록이 있는 순서회로에 기억된 기억소자는?

① 플립플롭(Flip−Flop)
② 전가산기(Full Adder)
③ 반가산기(Half Adder)
④ 부호기(Encoder)

03

22년 3회, 21년 2회, 20년 1회, 18년 3회, 15년 5회, 14년 2회, 10년 2회

JK 플립플롭에서 보수가 출력되기 위한 J, K의 입력 상태는?

① J=1, K=0
② J=0, K=1
③ J=1, K=1
④ J=0, K=0

바로 보는 해설

01

| 해설 |

④ JK 플립플롭의 두 입력선을 묶어서 한 개의 입력선으로 구성한 플립플롭으로, T=0일 때는 변화가 없고, T=1일 때는 현재 상태를 토글(Toggle)시켜 보수로 전환시킨다.

02

| 해설 |

① 플립플롭은 전원이 공급되는 동안, 상태 변화를 위한 신호가 발생할 때까지 현재의 상태를 그대로 유지하는 논리회로로, 1비트를 기억하는 기억소자이다.

03

| 해설 |

③ JK 플립플롭은 RS 플립플롭에서 S=R=1일 때 동작되지 않는 문제점을 보완한 플립플롭으로, RS 플립플롭의 S와 R을 각각 J와 K로 사용한다.

특성표

J	K	$Q_{(t+1)}$
0	0	$Q_{(t)}$
0	1	0
1	0	1
1	1	$\overline{Q}_{(t)}$

블록 다이어그램

J Q
CP
K $\overline{Q}$

| 정답 | 01 ④ 02 ① 03 ③

개념끝

EXIT 06 불 대수

1 불 대수(Boolean Algebra)

(1) 불 대수의 개념

① 불 대수는 x나 y의 수치적 상관관계가 아닌 논리적 상관관계를 다루며, 컴퓨터 동작의 기초가 된다.

② 디지털 회로의 설계와 분석을 쉽게 하기 위해 사용하는 이진 변수와 논리 연산을 나타낸다.

③ 불 대수는 하나의 명제에 대한 참(True)과 거짓(False), 또는 0과 1로 표현된다.

(2) 불 대수의 기본 법칙 (13번 출제)

불 대수 법칙
$0 \cdot 0 = 0$
$1 \cdot 1 = 1$
$0 + 0 = 0$
$1 + 1 = 1$
$1 \cdot 0 = 0 \cdot 1 = 0$
$1 + 0 = 0 + 1 = 1$

불 대수 기본 법칙
$A + 0 = 0 + A = A$
$A \cdot 1 = 1 \cdot A = A$
$A + 1 = 1 + A = 1$
$A \cdot 0 = 0 \cdot A = 0$
$A + A = A$
$A \cdot A = A$
$A + A = 1$
$A \cdot \overline{A} = 0$
$\overline{\overline{A}} = A$

(3) 불 대수의 기본 공식 (18번 출제)

교환법칙	$A + B = B + A$ $A \cdot B = B \cdot A$	
결합법칙	$(A + B) + C = A + (B + C)$ $(A \cdot B) \cdot C = A \cdot (B \cdot C)$	
분배법칙	$A \cdot (B + C) = (A \cdot B) + (A \cdot C)$ $A + (B \cdot C) = (A + B) \cdot (A + C)$	
멱등법칙	$A + A = A$	$A \cdot A = A$
보수법칙	$A + \overline{A} = 1$	$A \cdot \overline{A} = 0$

항등법칙	$A + 0 = A$ $A \cdot 0 = 0$	$A + 1 = 1$ $A \cdot 1 = A$
드모르간의 법칙	$\overline{A + B} = \overline{A} \cdot \overline{B}$	$\overline{A \cdot B} = \overline{A} + \overline{B}$
복원법칙	$\overline{\overline{A}} = A$	
흡수법칙	$A + A \cdot B = A$	$A \cdot (A + B) = A$

2 논리식의 간소화 (23번 출제)

① $A + A \cdot B = A \cdot (1 + B) = A \cdot 1 = A$

② $A + A \cdot \overline{B} = A \cdot (1 + \overline{B}) = A \cdot 1 = A$

③ $A + \overline{A} \cdot B = (A + \overline{A}) \cdot (A + B) = 1 \cdot (A + B) = A + B$

④ $A \cdot (\overline{A} + B) = A \cdot \overline{A} + A \cdot B = 0 + A \cdot B = A \cdot B$

⑤ $A \cdot (A + B) = A \cdot A + A \cdot B = A + A \cdot B = A \cdot (1 + B) = A \cdot 1 = A$

⑥ $A \cdot (\overline{A} + AB) = A \cdot \overline{A} + A \cdot A \cdot B = 0 + A \cdot B = A \cdot B$

⑦ $A \cdot B + A \cdot \overline{B} = A \cdot (B + \overline{B}) = A \cdot 1 = A$

⑧ $(A + B) \cdot (A + \overline{B}) = A + (B \cdot \overline{B}) = A + 0 = A$

⑨ $Y = A + AB + AC = A \cdot (1 + B + C) = A \cdot 1 = A$

⑩ $Y = AB + A\overline{B} + \overline{A}B = A(B + \overline{B}) + \overline{A}B = A \cdot 1 + \overline{A}B = A + \overline{A}B$
$= (A + A) \cdot (A + B) = 1 \cdot (A + B) = A + B$

01

21년 1회, 19년 3회, 19년 2회, 18년 3회, 18년 2회, 16년 3회, 13년 2회, 10년 5회, 09년 1회

(A + 1) • (B + 1) + C의 논리식을 간단히 했을 때의 결과값은?

① 1　　② 0
③ A　　④ C

02

22년 1회, 21년 3회, 18년 3회, 17년 2회, 15년 3회, 14년 1회, 10년 3회, 09년 5회

다음 불 대수(Boolean Algebra)의 기본 법칙을 바르게 표현한 것은?

A + (B + C) = (A + B) + C

① 교환법칙　　② 분배법칙
③ 흡수법칙　　④ 결합법칙

03

22년 3회, 21년 1회, 19년 3회, 17년 2회, 16년 3회, 14년 1회, 11년 3회, 10년 2회

다음 불(Boolean) 대수의 정리 중 옳지 않은 것은?

① 1 + A = A　　② 1 · A = A
③ 0 + A = A　　④ 0 · A = 0

바로 보는 해설

01

| 해설 |

① 불 대수 항등법칙에 의해 A+1=1, B+1=1이므로 1 · 1+C=1이 된다.

02

| 해설 |

④ 주요 불 대수 공식

결합법칙	• (A+B)+C=A+(B+C) • (A · B) · C=A · (B · C)
분배법칙	• A · (B+C)=(A · B)+(A · C) • A+(B · C)=(A+B) · (A+C)

03

| 해설 |

① 불 대수의 항등법칙

A+0=A	A+1=1
A · 0=0	A · 1=A

- 불 대수는 명제(참/거짓) 기반으로 한다.
- +(or) 연산은 두 값 중 한 개만 1이어도 결과는 항상 1이다.
- ·(and) 연산은 두 값 중 한 개만 0이어도 결과는 항상 0이다.

| 정답 | 01 ① 02 ④ 03 ①

EXIT 개념끝 07

자료의 구성과 표현

1 컴퓨터의 자료 표현

(1) 컴퓨터의 자료 표현 단위

단위	설명
비트 (Bit; Binary Digit)	• 정보 표현의 최소 단위 • 2진 자료(0 또는 1) 하나를 표현
니블 (Nibble)	• 4개의 비트가 모여 1개의 니블을 구성 • 16진수 한 자리를 표현
바이트 (Byte)	• 문자 표현의 최소 단위 • 8개의 비트가 모여 1바이트를 구성 • 주소 지정의 단위로 사용
워드 (Word)	컴퓨터가 한 번에 처리할 수 있는 명령 단위 하프 워드(Half Word): 2Byte 풀 워드(Full Word): 4Byte 더블 워드(Double Word): 8Byte
필드 (Field)	• 파일 구성의 최소 단위 • 아이템(Item), 항목이라고도 함
레코드 (Record)	• 1개 이상의 관련된 필드가 모여서 구성 • 컴퓨터 내부의 입·출력 처리 단위 • 일반적으로 레코드는 논리 레코드(Logical Record)를 의미함
블록 (Block)	• 1개 이상의 논리 레코드가 모여서 구성 • 물리 레코드(Physical Record)라고도 함
파일 (File)	• 같은 종류의 여러 레코드가 모여서 구성 • 프로그램 구성의 기본 단위
데이터베이스 (Database)	1개 이상의 관련된 파일의 집합

(2) **자료의 표현 분류**: 컴퓨터 내부에서 표현되는 자료와 외부 사용자단에서 표현하는 자료로 구분된다.

① 외부적 표현 방법

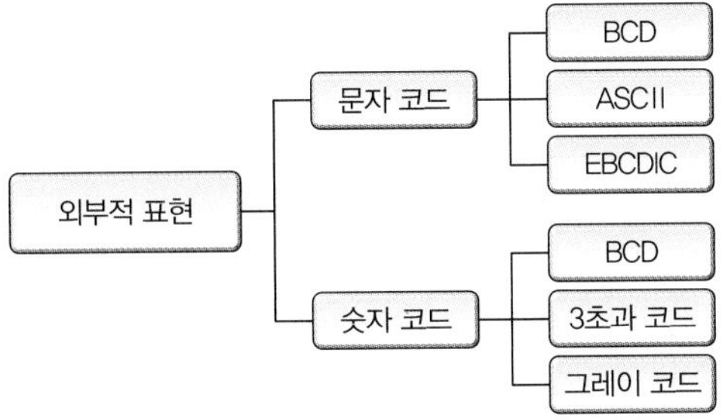

② 내부적 표현 방법

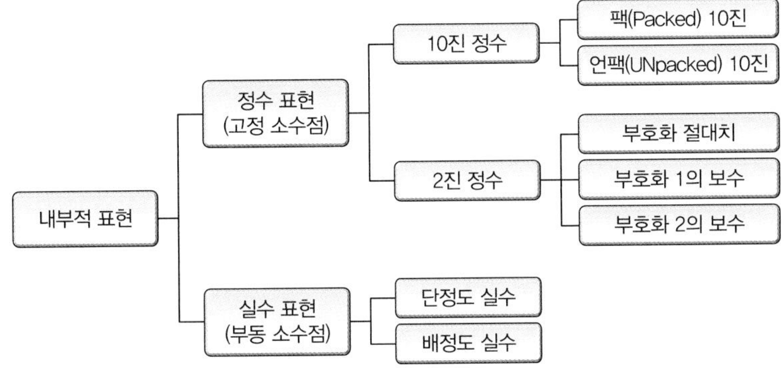

2 외부적 표현 – 문자 코드 방식 (9번 출제)

(1) BCD 코드(Binary Coded Decimal Code)

① 1개의 문자를 6비트(2개의 Zone 비트와 4개의 Digit 비트)로 표현하며, 총 문자 표현 수는 2^6=64가지이다.

② 1비트의 패리티 비트를 추가하여 7비트로 사용한다.

(2) ASCII 코드(American Standard Code for Information Interchange Code)

① 자료의 외부적 표현 방식으로 통신 제어용으로 사용된다.

② 1개의 문자를 7비트(3개의 Zone 비트와 4개의 Digit 비트)로 표현하며, 총 문자 표현 수는 2^7=128가지이다.

③ 영문자 코드에 해당한다.

(3) EBCDIC 코드(Extended BCD Interchange Code)

① 1개의 문자를 8비트(4개의 Zone 비트와 4개의 Digit 비트)로 표현하며, 총 문자 표현 수는 2^8=256가지이다.

② 1비트의 패리티 비트를 추가하여 9비트로 사용한다.

3 외부적 표현 – 숫자 코드 방식

(1) BCD 코드 (4번 출제)

① 10진수 한 자리의 수를 2진수 4비트로 표현한다.

② 4비트의 2진수가 각각 $8(2^3)$, $4(2^2)$, $2(2^1)$, $1(2^0)$의 자릿값을 가지므로 '8421 코드'라고도 한다.

(2) 3-초과 코드(Excess-3 Code): BCD 코드에 3(=0011)을 더한 것과 같다.

> 잠깐 확인!
>
> 10진수 6의 3-초과 코드
> - 10진수: 6
> - BCD 코드: 0110
> - 3-초과 코드: 1001

(3) 그레이 코드(Gray Code) (9번 출제)

① BCD 코드의 인접하는 비트를 XOR 연산하여 표현한다.

② 변환 방법(2진 코드 → 그레이 코드)

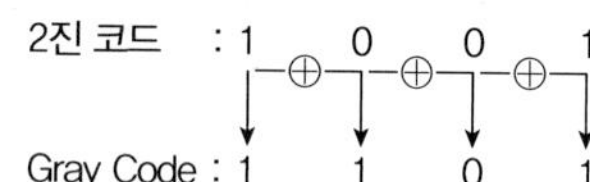

4 내부적 표현 – 고정 소수점(Fixed Point) 표현 (5번 출제)

(1) 10진 정수: 10진수 한 자리의 수를 2진수 4비트로 표현하며, 부호는 4비트로 양수 C(1100)와 음수 D(1101)로 구별하여 4비트로 표현한다.

구분	설명
팩 10진 연산	• 정수의 각 자릿수를 4비트로 나타내므로 1바이트에 숫자 2자리씩 표현 • Sign은 부호 비트로 양수는 C(1100), 음수는 D(1101)로 표현 예 +1234를 팩 10진 연산으로 표현하시오. 0001 | 0010 | 0011 | 0100 | 1100 (1 2 3 4 C) Digit | Digit | Digit | Digit | Sign (← 1바이트 →)
언팩 10진 연산	• 4개의 Zone Bit와 4개의 Digit Bit로 구성된 8비트로 나타내며, 숫자 표현 시 Zone 부분을 F(1111)로 채움 • Sign은 부호 비트로 양수는 C(1100), 음수는 D(1101)로 표현 예 −1234를 언팩 10진 연산으로 표현하시오. Zone | Digit | Zone | Digit | Zone | Digit | Sign | Digit (← 1바이트 →) 1111 | 0001 | 1111 | 0010 | 1111 | 0011 | 1101 | 0100 (F 1 F 2 F 3 D 4)

(2) 2진 정수

① 10진수를 2진수로 변환하여 표현한다.

② 음수 표현 방법

구 분	표현 방법	표현 범위
부호화 절대치	양수 표현 값에서 부호 비트 0을 1로 변환	$-(2^{n-1}-1) \sim +(2^{n-1}-1)$
부호화 1의 보수	양수 표현 값에서 1의 보수 표현으로 변환	$-(2^{n-1}-1) \sim +(2^{n-1}-1)$
부호화 2의 보수	양수 표현 값에서 2의 보수 표현으로 변환	$-(2^{n-1}) \sim +(2^{n-1}-1)$

5 내부적 표현 – 부동 소수점(Floating Point) 표현

(1) 부동 소수점(Floating Point) 표현 방식

① 고정 소수점 표현보다 매우 작은 실수와 매우 큰 실수의 표현에 적합하다.

② 표현의 정밀도를 높일 수 있으며, 과학이나 공학, 수학적인 응용에 주로 사용된다.

③ 표현 구조

부호	지수부	가수부

개념 돋보기

+는 0, −는 1로 표현

부동 소수점 표현 방식에서 실수의 소수점(.)은 자릿수에 포함되지 않는다.

(2) 부동 소수점 종류

① 단정도(Single Precision): 32bit

0	1	31
부호	지수부(8bit)	가수부(23bit)

가상 소수점

② 배정도(Double Precision): 64bit

0	1	63
부호	지수부(11bit)	가수부(52bit)

가상 소수점

6 오류 검출 및 교정 코드

(1) 패리티 체크 코드(Parity Check Code) 14번 출제

① 전송된 코드의 오류(Error)를 검사하기 위해 데이터 비트 외에 1비트의 패리티 체크 비트를 추가한다.

② 1비트의 오류만 검출 가능하다.

③ 패리티 비트 항목에 체크 방식에 따라 1의 개수를 홀수 또는 짝수 개로 맞춰 입력한다.

패리티 비트

기수(홀수)	1	0	1	1	0	0	0	0
우수(짝수)	1	1	0	0	0	1	1	0

(2) 해밍 코드(Hamming Code) 8번 출제

① 오류 검출 및 교정이 가능하다.

② 2비트의 오류를 검출하고, 1비트의 오류를 교정할 수 있다.

③ 1, 2, 4, 8, 16 …번째 비트에 패리티 비트를 삽입한다.

최빈출 기출 모음.ZIP

01

22년 1회, 21년 3회, 18년 3회, 17년 2회, 16년 2회, 15년 3회, 14년 1회, 12년 3회, 11년 2회, 10년 3회, 09년 5회

ASCII 코드에 대한 설명으로 옳지 않은 것은?

① 3개의 Zone 비트를 가지고 있다.

② 16비트 코드로 미국 표준협회에서 개발하였다.

③ 통신 제어용으로 사용한다.

④ 128가지의 문자를 표현한다.

02

22년 2회, 22년 1회, 21년 3회, 20년 3회, 17년 3회, 15년 5회, 13년 1회, 12년 3회, 10년 5회

패리티 검사에 대한 설명으로 옳지 않은 것은?

① 패리티 검사는 주로 저속 비동기 방식에서 이용된다.

② 패리티 비트는 짝수(Even) 혹은 홀수 (Odd) 패리티로 사용된다.

③ 전송 중 짝수 개의 에러 비트가 발생해도 에러 검출이 가능하다.

④ 패리티 검사를 통하여 전송 신뢰를 높일 수 있다.

03

22년 3회, 21년 1회, 19년 3회, 19년 2회, 18년 2회, 15년 4회, 10년 3회, 10년 1회

연속되는 2개의 숫자를 표현한 코드에서 한 개의 비트를 변경하면 새로운 코드가 되기 때문에 아날로그-디지털 변환, 데이터 전송 등에 주로 사용되는 코드는?

① EBCDIC Code ② Hamming Code

③ ASCII Code ④ Gray Code

04

17년 1회, 16년 2회, 15년 3회, 15년 2회, 12년 4회, 11년 5회, 10년 3회, 09년 1회

에러를 검출하고 검출된 에러를 교정하기 위하여 사용되는 코드는?

① BCC 코드 ② Hamming 코드

③ 8421 코드 ④ ASCII 코드

바로 보는 해설

01

| 해설 |

② ASCII 코드(American Standard Code for Information Interchange Code): 7비트로, 자료의 외부적 표현 방식으로 가장 흔히 사용되며, 영문자 코드에 해당한다.

02

| 해설 |

③ 패리티 검사(Parity Check): 데이터 블록에 1비트의 패리티 비트(Parity Bit)를 추가하여 오류를 검출하는 방식으로, 주로 저속 비동기 방식에서 이용되며 패리티 검사를 통하여 전송 신뢰를 높일 수 있다.
종류에는 짝수(Even, 우수), 홀수(Odd, 기수) 패리티가 있다.

03

| 해설 |

④ 그레이 코드(Gray Code): BCD 코드의 인접하는 비트를 XOR 연산하여 표현한다.

04

| 해설 |

② 해밍 코드(Hamming Code) 방식: 자기 정정 부호로서 오류를 검출하여 1비트의 오류를 수정하는 방식으로, 1, 2, 4, 8, 16 …번째 비트 위치에 패리티 비트를 삽입해 에러 검출 및 교정을 수행한다.

| 정답 | 01 ② 02 ③ 03 ④ 04 ②

개념끝

08 진수 표현

1 진수 변환 (12번 출제)

(1) 10진수 → 2진수/8진수/16진수

① **정수 부분**: 변환할 진수로 더 이상 나눠지지 않을 때까지 나누고, 나머지를 역순으로 표시한다.

② **소수 부분**: 소수 부분이 0 또는 반복되는 수가 나올 때까지 변환할 진수로 곱하기를 반복하면서 결과의 정수 부분만 차례대로 표시한다.

개념 돋보기 16진수 대치표

1부터 9까지는 10진수와 동일하지만 10 이상(2자리 이상) 값은 알파벳 A~F를 이용하여 표시한다.

10진수	1	~	9	10	11	12	13	14	15
16진수	1	~	9	A	B	C	D	E	F

예제로 확실히 알기

10진수 → 2진수	2 | 10 몫 나머지 2 | 5 …… 0 2 | 2 …… 1 1 …… 0	10진수를 2로 나누어 몫과 나머지를 그림과 같이 구하고, 나머지를 그림과 같은 순서로 옮겨 적는다. 답 $1010_{(2)}$
10진수 → 8진수	8 | 50 몫 나머지 6 …… 2	10진수를 8로 나누어 몫과 나머지를 그림과 같이 구하고, 나머지를 그림과 같은 순서로 옮겨 적는다. 답 $62_{(8)}$
10진수 → 16진수	16 | 90 몫 나머지 5 …… 10	• 10진수를 16으로 나누어 몫과 나머지를 그림과 같이 구하고, 나머지를 그림과 같은 순서로 옮겨 적는다. • 16진수 대치표를 참고하여 10 이상의 값은 해당 숫자의 알파벳으로 변경한다. 답 $5A_{(16)}$

(2) 2진수/8진수/16진수 → 10진수

정수 부분과 소수 부분의 각 자릿값에 자리의 지수 승을 곱한 결괏값을 모두 더한다.

예제로 확실히 알기

2진수 → 10진수

가중치	256	128	64	32	16	8	4	2	1
2진수	1	0	1	0	1	1	0	0	0
가중치 ×2진수	256	0	64	0	16	8	0	0	0

답 256+64+16+8=344

2진수의 각 자리 가중치 값과 2진수를 곱한 값을 구하고 모두 합하면 10진수가 된다.

8진수 → 10진수

8진수	5			3			1		
2진수 자릿값	101			011			001		
2진수	101011001								
2진수	1	0	1	0	1	1	0	0	1
2진수 가중치	256	128	64	32	16	8	4	2	1
가중치 ×2진수	256	0	64	0	16	8	0	0	1

답 256+64+16+8+1=345

8진수의 각 자릿값을 2진수 3자리로 변환한 뒤, 변환된 2진수를 10진수로 변환한다.

16진수 → 10진수

가중치	16	1
16진수	3	D(13)
곱	48	13

답 48+13=61

16진수의 각 자리 가중치 값과 곱하고 결과를 합하면 된다.

개념 돋보기 2진수와 16진수의 가중치 표현

• 2진수 가중치

자리별 가중치	2^8	2^7	2^6	2^5	2^4	2^3	2^2	2^1	2^0
가중치(10진수)	256	128	64	32	16	8	4	2	1

• 16진수 가중치

자리별 가중치	16^4	16^3	16^2	16^1	16^0
가중치(10진수)	65,536	4,096	256	16	1

(3) 2진수/8진수/16진수 상호 변환

① **2진수 → 8진수**: 2진수 3자리를 8진수 1자리로 표현

② **2진수 → 16진수**: 2진수 4자리를 16진수 1자리로 표현

③ **8진수 → 2진수**: 8진수 1자리를 2진수 3자리로 표현

④ **8진수 → 16진수**: 8진수 1자리를 2진수 3자리로 변환 후 2진수를 4자리씩 묶어 16진수로 표현

⑤ **16진수 → 2진수**: 16진수 1자리를 2진수 4자리로 표현

⑥ **16진수 → 8진수**: 16진수 1자리를 2진수 4자리로 변환 후 2진수 3자리를 8진수 1자리로 표현

예제로 확실히 알기

<table>
<tr><td rowspan="5">2진수 → 8진수</td><td colspan="13">2진수 110010101011₍₂₎을 8진수로 변환</td><td rowspan="5">2진수 뒷자리부터 3자리씩 구분하고, 3자리씩 10진수로 변환한다.</td></tr>
<tr><td>2진수</td><td>1</td><td>1</td><td>0</td><td>0</td><td>1</td><td>0</td><td>1</td><td>0</td><td>1</td><td>0</td><td>1</td><td>1</td></tr>
<tr><td>3자리</td><td>1</td><td>1</td><td>0</td><td>0</td><td>1</td><td>0</td><td>1</td><td>0</td><td>1</td><td>0</td><td>1</td><td>1</td></tr>
<tr><td>8진수</td><td colspan="3">6</td><td colspan="3">2</td><td colspan="3">5</td><td colspan="3">3</td></tr>
<tr><td colspan="13">답 6253₍₈₎</td></tr>
<tr><td rowspan="5">2진수 → 16진수</td><td colspan="13">2진수 110010101011₍₂₎을 16진수로 변환</td><td rowspan="5">2진수 뒷자리부터 4자리씩 구분하고, 4자리씩 10진수로 변환한다.</td></tr>
<tr><td>2진수</td><td>1</td><td>1</td><td>0</td><td>0</td><td>1</td><td>0</td><td>1</td><td>0</td><td>1</td><td>0</td><td>1</td><td>1</td></tr>
<tr><td>4자리</td><td>1</td><td>1</td><td>0</td><td>0</td><td>1</td><td>0</td><td>1</td><td>0</td><td>1</td><td>0</td><td>1</td><td>1</td></tr>
<tr><td>16진수</td><td colspan="4">12 → C</td><td colspan="4">10 → A</td><td colspan="4">11 → B</td></tr>
<tr><td colspan="13">답 CAB₍₁₆₎</td></tr>
</table>

2 보수 (7번 출제)

(1) 보수의 개념

① 각 자리 숫자에 대해 N + N′ = r일 때, N′을 N에 대한 r의 보수(Complement)라고 한다.

② 덧셈과 뺄셈을 덧셈 회로로 처리하기 위해 사용된다.

예제로 확실히 알기

10진법의 수 274의 9의 보수를 구하시오.

274 + ??? = 999
∴ 274의 9의 보수는 725

(2) 진수 보수 연산

① 2진수 1의 보수: 1 → 0, 0 → 1로 변경한다.

② 2진수 2의 보수: 1의 보수를 구한 뒤 오른쪽 끝에 1을 더한다.

예제로 확실히 알기

$10001010_{(2)}$의 2의 보수를 구하시오.

2진수 1의 보수를 구한 뒤 결과에 +1(2^0)을 더한다.

2진수	1	0	0	0	1	0	1	0
1의 보수	0	1	1	1	0	1	0	1
+1(2^0)								+1
2의 보수	0	1	1	1	0	1	1	0

올림 수 발생

∴10001010의 2의 보수는 01110110

(3) 보수를 이용한 뺄셈

① A−B는 A+(−B)이므로 B의 보수를 구한 뒤 덧셈으로 뺄셈을 수행한다.

② 10진법의 계산 결과를 2진수로 변환한 뒤 r의 보수를 구한다.

최빈출 기출 모음.ZIP

01

22년 1회, 21년 3회, 18년 3회, 12년 3회, 11년 2회, 10년 3회, 09년 5회

2진수 $101010101010_{(2)}$을 10진수로 변환하면?

① $2730_{(10)}$　② $2630_{(10)}$
③ $2740_{(10)}$　④ $2640_{(10)}$

02

18년 1회, 16년 2회, 15년 2회, 14년 3회, 14년 1회, 09년 1회

8bit 컴퓨터에서 부호화 절대치 방식으로 수치 자료를 표현했을 때, 기억된 값은 얼마인가?

1	0	0	0	1	0	1	1

① −11　② −12
③ 11　④ 12

03

22년 1회, 20년 1회, 19년 3회, 18년 1회, 16년 1회, 14년 3회, 12년 1회, 10년 3회

십진수 '−2001'을 팩 10진 연산(Packed Decimal) 표시법으로 나타내면?

① F2 F0 F0 F1　② F2 F0 F0 D1
③ 00 02 00 1C　④ 00 02 00 1D

04

16년 1회, 14년 3회, 13년 1회, 12년 3회, 10년 2회

2진수 1011의 1의 보수는?

① 0100　② 1000
③ 0010　④ 1010

바로 보는 해설

01

| 해설 |

① 2진수 각 자리에 가중치 값을 대입하고 가중치와 2진수를 곱한 값을 더하면 된다.

2048	1024	512	256	128	64	32	16	8	4	2	1
1	0	1	0	1	0	1	0	1	0	1	0
2048		512		128		32		8		2	

따라서 2048+512+128+32+8+2 $=2730_{(10)}$

02

| 해설 |

①

가중치	부호	64	32	16	8	4	2	1
2진수	1	0	0	0	1	0	1	1
곱	음수	0	0	0	8	0	2	1
합	−(8+2+1) = −11							

03

| 해설 |

④ 팩 10진 연산: 정수의 각 자릿수를 4비트로 나타내므로 1바이트에 숫자 2자리씩 표현한다.
Sign은 부호 비트로 양수는 C(1100), 음수는 D(1101)로 표현한다.

Digit	Digit	Digit	Digit	Digit	Digit	Digit	Sign
0	0	0	2	0	0	1	D
0000	0000	0000	0010	0000	0000	0001	1101

04

| 해설 |

① 1의 보수는 2진수 1과 0이 1이 되기 위해 필요한(보충) 수이다.
1의 보수는 0 → 1, 1 → 0으로 표현한다.
따라서 2진수 1011의 1의 보수는 0100이다.

| 정답 | 01 ① 02 ① 03 ④ 04 ①

개념끝

EXIT 09

중앙처리장치

1 중앙처리장치(CPU; Central Processing Unit)

(1) 중앙처리장치의 개념

① **정의:** 컴퓨터의 모든 장치의 동작을 제어하고 명령을 실행하는 장치

② **구성 요소:** 제어장치, 연산장치, 레지스터, 버스

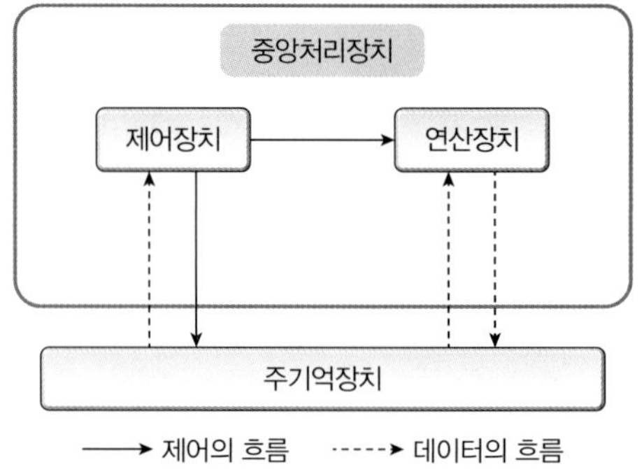

2 제어장치(Control Unit) 12번 출제

① **정의:** 주기억장치에 기억된 명령을 꺼내서 해독하고, 시스템 전체에 지시 신호를 내는 장치

② **구성 요소:** 프로그램 카운터, 명령어 레지스터, 부호기, 명령어 해독기

3 연산장치(ALU; Arithmetic and Logic Unit) 16번 출제

① **정의:** 제어장치의 명령에 따라 실제로 연산을 수행하는 장치

② 산술 연산, 논리 연산, 관계 연산, 이동(Shift) 등을 수행한다.

4 CPU 설계방법에 따른 구분

구분	CISC	RISC
명령어 수	명령어 개수가 많고, 명령어 길이가 다양	명령어 개수가 적고, 명령어 길이가 고정적
회로 구성	복잡	단순
프로그램적 특성	명령어를 적게 사용해 프로그램 길이가 짧음	상대적으로 많은 명령어를 사용해 프로그램이 길

개념 돋보기

CISC(Complex Instruction Set Computer)
복잡하고 다양한 명령어 집합으로 설계된 CPU

RISC(Reduced Instruction Set Computer)
간단하고 적은 수의 명령어 집합으로 설계된 CPU

제어 방식	마이크로 프로그램	하드와이어
레지스터 수	적음	많음
처리 속도	느림	빠름
전력 소모	많음	적음
사용 프로세서	Intel, AMD	ARM, MIPS

5 레지스터

(1) 레지스터(Register)의 개념

① 정의: CPU 내의 처리에 필요한 명령어나 연산의 중간 결괏값 등을 일시적으로 기억하는 고속 메모리

② 레지스터에 새로운 데이터를 전송하면 먼저 있던 내용은 지워지고 새로운 내용만 기억된다.

잠깐 확인!
레지스터는 nbit 기억소자

(2) 레지스터의 종류

① 제어장치 레지스터

프로그램 카운터 (PC; Program Counter)	다음에 실행할 명령의 주소를 기억하는 레지스터
명령어 레지스터 (IR; Instruction Register)	현재 실행 중인 명령을 기억하는 레지스터
해독기(Decoder)	명령어 레지스터에 있는 명령어를 해독하는 회로
부호기(Encoder)	해독기에서 전송되어 온 명령을 실행하기 적합한 신호로 변환하는 회로
기억 번지 레지스터 (MAR; Memory Address Register)	기억장소의 번지를 기억하는 레지스터
기억 버퍼 레지스터 (MBR; Memory Buffer Register)	기억장치에 출입하는 자료를 기억하는 레지스터
베이스 레지스터 (Base Register)	명령이 시작되는 최초의 번지를 기억하는 레지스터

개념 돋보기

그 외 제어 레지스터
- **인덱스 레지스터(Index Register)**: 주소 변경, 서브 루틴 연결, 반복 연산 등을 수행
- **시프트 레지스터(Shift Register)**: 데이터를 왼쪽/오른쪽으로 1비트씩 자리 이동시킴
- **메이저 스테이트 레지스터(Major State Register)**: CPU의 메이저 스테이트를 기억함

② 연산장치 레지스터 (16번 출제)

누산기 (ACC; Accumulator)	연산 결과를 임시로 기억하는 레지스터
가산기(Adder)	2진수들의 더하기를 수행하는 회로
보수기(Complement)	입력 데이터의 보수를 출력하는 회로

데이터 레지스터 (Data Register)	연산에 필요한 자료를 보관하는 레지스터
프로그램 상태 레지스터 (PSWR; Program Status Word Register)	• 시스템 내부의 순간순간의 상태를 기록하고 있는 정보인 PSW(Program Status Word)를 기억하는 레지스터 • '플래그 레지스터(Flag Register)' 또는 '상태 레지스터(Status Register)'라고도 함

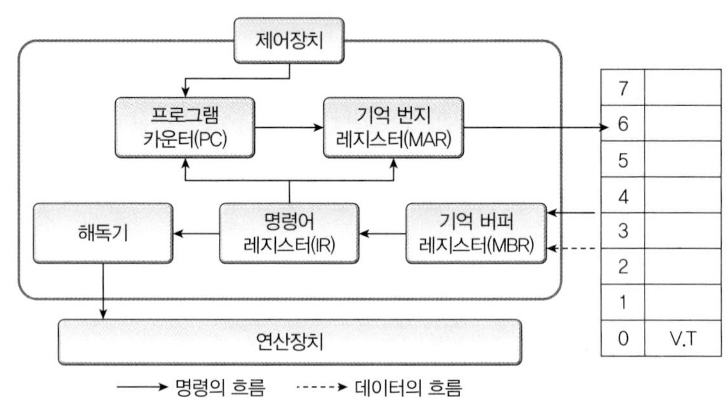

6 버스(Bus) 5번 출제

① **정의**: 컴퓨터 내부의 CPU나 메모리, 입·출력장치 간의 필요한 정보를 교환하기 위해 연결하는 공동의 전송 선로

② **종류**: 주소 버스, 데이터 버스, 제어 버스

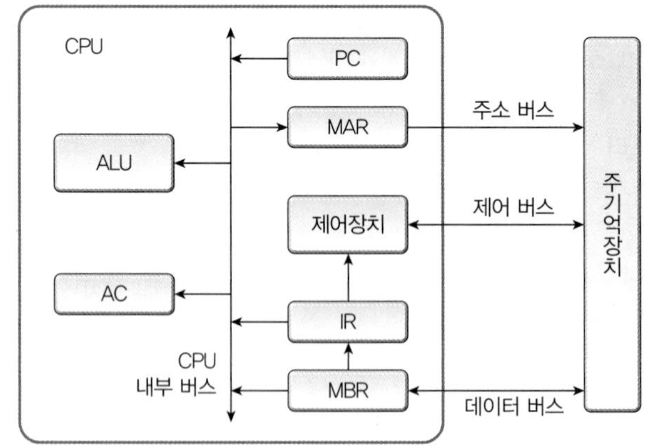

③ **연결방식에 따른 분류**

- **내부 버스**: CPU 내부에서 연산장치와 레지스터 간의 데이터 전송 통로
- **외부 버스**: CPU와 주기억장치, 입·출력장치 간의 데이터 전송 통로

개념 돋보기

신호의 형태에 따른 버스의 분류

- **데이터 버스**: CPU가 메모리 또는 입·출력기기에 데이터를 전송하는 양방향 버스이다.
- **주소 버스**: CPU가 메모리나 입·출력기기의 주소를 지정할 때 사용되는 단방향 버스이다.
- **제어 버스**: CPU의 현재 상태나 상태 변경을 메모리나 입·출력장치에 알리거나 데이터 전송 시 제어 신호를 전달하는 통로이다.

최빈출 기출 모음.ZIP

01

22년 1회, 20년 1회, 19년 3회, 18년 1회, 16년 1회, 14년 3회, 12년 1회, 10년 3회

레지스터에 새로운 데이터를 전송하면 먼저 있던 내용은 어떻게 되는가?

① 기억된 내용에 아무런 변화가 없다.
② 먼저 내용은 지워지고 새로운 내용만 기억된다.
③ 먼저 내용은 다른 곳으로 전송되고 새로운 내용만 기억된다.
④ 누산기(Accumulator)에서 덧셈이 이루어진다.

02

22년 3회, 18년 3회, 16년 3회, 15년 3회, 13년 1회, 10년 1회, 09년 3회

CPU에서 처리된 데이터나 기억장치에 저장된 데이터들이 전달되는 양방향의 전송 통로는?

① 입·출력모듈　② ALU
③ 버스(Bus)　④ SDRAM

03

21년 3회, 19년 3회, 17년 3회, 16년 3회, 14년 1회, 12년 1회, 09년 3회

PC 내에서 데이터를 이동하는 데 사용하는 버스(Bus)의 종류로 옳지 않은 것은?

① 내부 버스　② 데이터 버스
③ 어드레스 버스　④ 제어 버스

04

22년 3회, 21년 2회, 20년 4회, 19년 1회, 17년 1회, 13년 1회, 12년 1회, 11년 3회, 09년 3회

기억장치에서 읽어낸 명령을 받고 이것을 실행하기 위하여 일시 기억하는 레지스터는?

① 명령어(Instruction)
② 누산기(Accumulator)
③ 저장(Storage)
④ 인덱스(Index)

바로 보는 해설

01
| 해설 |
② 레지스터에 새로운 데이터를 전송하면 먼저 있던 내용은 지워지고 새로운 내용만 기억된다.

02
| 해설 |
③ 버스(Bus): CPU나 메모리, 입·출력장치 간의 필요한 정보를 교환하기 위해 연결하는 공동의 전송 선로이다.

03
| 해설 |
① 신호의 형태에 따라 데이터 버스, 주소 버스, 제어 버스로 분류하기도 한다.
- 데이터 버스: CPU가 메모리 또는 입·출력기기에 데이터를 전송하는 양방향 버스
- 주소 버스: CPU가 메모리나 입·출력기기의 주소를 지정할 때 사용되는 단방향 버스
- 제어 버스: CPU의 현재 상태나 상태 변경을 메모리나 입·출력장치에 알리거나 데이터 전송 시 제어 신호를 전달하는 통로

04
| 해설 |
① 명령어 레지스터(IR; Instruction Register): 현재 실행 중인 명령을 기억한다. 기억장치에서 읽어낸 명령을 받고 이것을 실행하기 위하여 일시 기억한다.

| 정답 | 01 ② 02 ③ 03 ① 04 ①

바로 보는 해설

05

| 해설 |

② 프로그램 카운터(PC; Program Counter): 다음에 실행할 명령의 주소를 기억한다.

06

| 해설 |

② 누산기(Accumulator): 연산기의 입·출력 데이터를 일시적으로 기억하는 연상용 레지스터이다.

| 정답 | 05 ② 06 ②

05

22년 3회, 21년 2회, 20년 4회, 19년 3회, 19년 1회, 18년 2회, 17년 1회, 16년 3회, 13년 1회, 12년 1회, 11년 3회, 09년 3회

일반적으로 명령어의 페치 사이클 중에는 현재 수행하고 있는 명령어의 위치를 가리키고, 실행 사이클 중에는 바로 다음에 실행할 명령어의 위치를 가리키는 레지스터는?

① 누산기(Accumulator)
② 프로그램 카운터(Program Counter)
③ 명령어 레지스터(Instruction Register)
④ 범용 레지스터(General Purpose Register)

06

23년 2회, 22년 3회, 22년 1회, 21년 2회, 20년 4회, 19년 3회, 19년 1회, 13년 4회, 12년 4회, 11년 5회, 09년 3회

산술 및 논리 연산의 결과를 일시적으로 기억하는 것은?

① 가산기 ② 누산기
③ 보수기 ④ 감산기

개념끝

EXIT 10 명령어

1 명령어의 구성 (24번 출제)

명령어 코드	주소부(Operand)		
OP – Code	Mode	Register	Address

(1) 명령어 코드(OP–Code, Operation Code)

① 실행할 명령어가 입력되어 있다.

② 연산자부의 비트 수가 n비트이면 명령어는 최대 2^n개의 연산자의 종류를 가진다.

③ $2^3 = 8$

(2) 주소부(Operand)

① 명령어의 주소가 입력되어 있다.

② 실제 데이터가 들어 있다.

③ 자료부가 n비트이면 메모리 용량은 최대 2^nword이다.

④ Mode: 주소 지정 방식을 결정한다.(1: 간접 주소 지정 방식, 0: 직접 주소 지정 방식)

⑤ Register: 사용 레지스터를 결정한다.

2 명령어 형식 (5번 출제)

(1) 0 – 주소 명령어

OP – Code

① Operand부가 없이 OP – Code부만으로 구성된다.

② 모든 연산은 스택(Stack)에 있는 자료를 이용하여 수행하며, '스택 머신(Stack Machine)'이라고도 한다.

③ 원래의 자료가 남지 않는다.

④ Instruction Cycle Time이 가장 짧은 명령어 형식이다.

(2) 1 – 주소 명령어

OP – Code	Operand1

① Operand부가 1개로 구성되며, 연산의 결과는 Operand1에 기록된다.

② 하나의 Operand가 누산기 속에 포함되고, 연산 결과가 항상 누산기에 저장된다.

개념 돋보기

명령어 설계 시 고려 사항

- 컴파일러 기술의 사용
- 메모리 접근 횟수 감소
- 많은 범용 레지스터의 사용
- 제한이 없고, 단순한 명령어 세트

(3) 2 – 주소 명령어

OP – Code	Operand1	Operand2

① Operand부가 2개로 구성되며, 연산 결과는 Operand1에 기록된다.
② 계산 결과를 시험할 필요가 있을 때 계산 결과가 기억장치에 기억될 뿐 아니라 중앙처리장치에도 남아 있어서 중앙처리장치 내에서 직접 시험이 가능하므로 시간이 절약된다.
③ Operand1에 있던 원래 자료가 파괴되며 전체 프로그램의 길이가 길어진다.

(4) 3 – 주소 명령어

OP – Code	Operand1	Operand2	Operand3

① Operand부가 3개로 구성되며, 연산 결과는 Operand3에 기록된다.
② 연산 후에 입력 자료가 변하지 않고 보존된다.
③ 프로그램의 길이가 짧아지지만, 한 개의 명령을 수행하려면 4번 이상 기억장소에 접근해야 하므로 전체적인 수행 시간이 길어진다.

> 개념 돋보기
>
> **산술 연산**
> 산술 법칙에 따라서 결과가 얻어지는 연산 조작을 말한다.
>
> **논리 연산**
> 논리적인 명제의 참과 거짓 관계를 연산 형식으로 다룬다.

3 연산자의 기능 (2번 출제)

(1) 함수 연산 기능: 산술 연산과 논리 연산이 있다.

연산	종류
산술 연산	ADD, SUB, MUL, DIV
논리 연산	AND, OR, XOR, Rotate, Complement, NOT

> 개념 돋보기
>
> **레지스터 내용을 메모리로 전달하는 기능의 명령**
> - Store: 레지스터의 내용을 메모리에 전달하는 명령
> - Load: 메모리의 내용을 레지스터에 전달하는 명령
> - Move: 레지스터 간에 자료를 전달하는 명령
> - Push: 스택에 자료를 저장하는 명령
> - POP: 스택에서 자료를 꺼내오는 명령

(2) 자료 전달 기능

① 중앙처리장치와 주기억장치 간의 정보 이동을 담당한다.
② **명령**: Load, Store, Move, Push, POP

(3) 입·출력 기능: CPU와 입·출력장치 또는 메모리와 입·출력장치 사이에서 데이터를 입력하고 처리된 결과를 출력하는 기능을 담당한다.

> 개념 돋보기
>
> - GOTO: 무조건 분기 명령
> - IF 조건: 조건 분기 명령
> - Call 명령: 컴퓨터 프로그램, 루틴 또는 서브 루틴을 실행에 옮긴다.
> - Return 명령: 오류가 발생했을 때 계획된 위치로 되돌아가게 함으로써 프로그램을 다시 수행할 수 있다.

(4) 제어 기능: 프로그램 순서를 바꾸는 분기(Branch) 명령을 담당한다.

명령	내용
JMP X(X로 무조건 분기)	AC ← X
SPA(Skip on Positive Accumulator)	if AC 〉 0 then AC ← AC + 1
SNA(Skip on Negative Accumulator)	if AC 〈 0 then AC ← AC + 1
SZA(Skip on Zero Accumulator)	if AC = 0 then AC ← AC + 1

4 연산

(1) 논리/관계/산술 연산

① **논리 연산**: 연산의 대상이나 결과가 0이나 1 중 하나의 값을 가지는 비수치적 연산

② **관계 연산**: 2개 이상의 값이나 식을 비교하여 그 대소 관계를 나타내는 연산

③ **산술 연산**: 연산의 대상을 수치 데이터로 간주하고 수행하는 수치적 연산

(2) 단항/이항 연산자 (5번 출제)

① **단항 연산자**: 피연산자가 1개만 필요한 연산자(Complement, Shift, Rotate, Move 등)

② **이항 연산자**: 피연산자가 2개 필요한 연산자(AND, OR 등)

(3) AND 연산자 (2번 출제)

① **정의**: 비수치 데이터에서 마스크 비트(Mask bit)를 이용하여 불필요한 부분을 제거하는 연산

② 두 수가 모두 1(참)일 때만 전체 값이 1(참)이 된다.

③ Mask bit를 이용하여 데이터의 일부분을 삭제하고자 할 때 이용된다.

개념 돋보기 마스크 비트(Mask Bit)

AND 연산은 삭제할 부분의 비트를 0과 AND시켜서 삭제하고자 할 때 사용한다. 이때 대응시키는 0인 비트를 말한다.

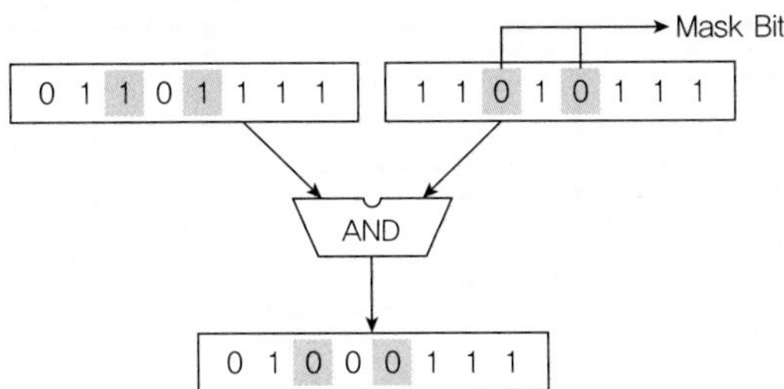

(4) OR(Selective-Set) (2번 출제)

① **정의**: 두 개의 데이터를 섞거나 일부에 삽입하는 연산

② 두 수 중 하나 이상만 1(참)이면 전체 값이 1(참)이 된다.

③ 데이터의 특정 비트를 추가하거나 두 개 이상의 데이터를 결합하는 데 사용한다.

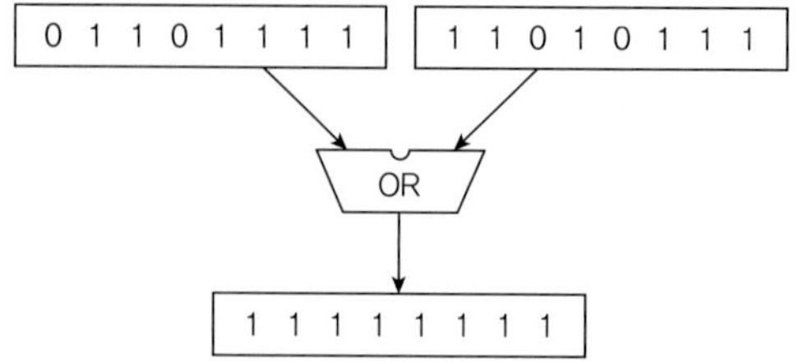

(5) XOR(Exclusive OR)

① **정의**: 각 비트 및 자료의 특정 비트를 반전시키는 연산

② 두 개의 입력 신호가 서로 다를 때 1이 된다.

③ 두 개의 데이터를 비교할 때나 데이터의 특정 비트를 반전시키고자 할 때 사용한다.

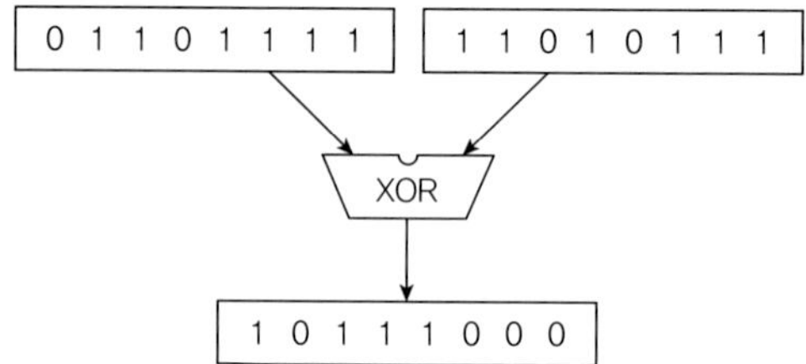

(6) Shift

① **정의**: 레지스터 내에서 비트 값들을 왼쪽이나 오른쪽으로 한 자리씩 이동하게 하는 연산이다. 시프트 연산이 수행되면 이동 방향에 따라 1비트가 삭제(버림)되고 그 반대 끝의 비어 있는 비트 자리에 0이 채워진다.

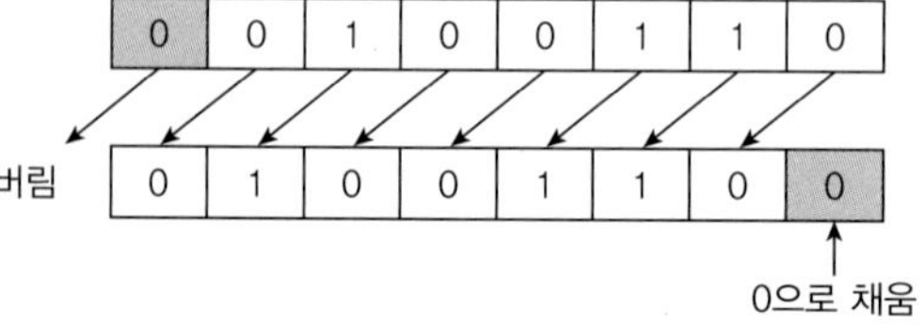

▲ 왼쪽 Shift

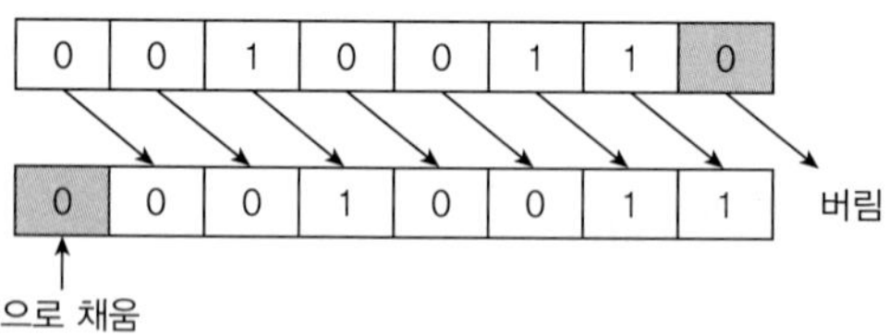

▲ 오른쪽 Shift

② **논리 Shift**: 왼쪽 또는 오른쪽으로 1비트씩 자리 이동시키는 연산

③ **산술 Shift**: 왼쪽으로 n비트 Shift($\times 2^n$), 오른쪽으로 n비트 Shift($\div 2^n$)

(7) Rotate

① **정의**: 논리 Shift에서 밀려난 비트를 반대편 값으로 입력하는 연산

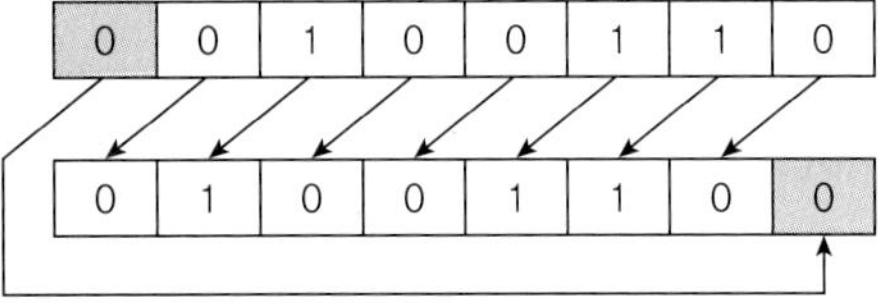

▲ 왼쪽 Rotate

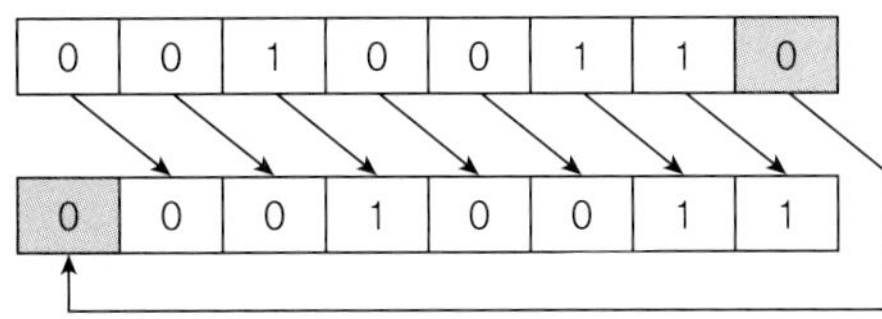

▲ 오른쪽 Rotate

최빈출 기출 모음.ZIP

01
22년 3회, 20년 4회, 19년 3회, 19년 1회, 15년 4회, 14년 1회, 12년 1회, 09년 3회, 08년 1회

명령어의 구성이 연산자부가 3bit, 주소부는 5bit로 되어 있을 때, 이 명령어를 사용하는 컴퓨터는 최대 몇 가지의 동작이 가능한가?

① 256　　② 16
③ 8　　④ 32

02
22년 3회, 22년 1회, 21년 1회, 20년 4회, 19년 3회, 19년 1회, 13년 4회, 12년 4회, 11년 5회, 09년 3회

기계어의 Operand에는 주로 어떤 내용이 들어 있는가?

① Register Number　　② Address
③ Instruction　　④ OP-Code

03
22년 3회, 19년 3회, 17년 3회, 12년 3회, 11년 1회, 10년 1회, 09년 3회

연산 후 입력 자료가 변하지 않고 보존되는 특징의 장점을 갖는 명령어 형식은?

① 0-주소 명령어 형식　　② 1-주소 명령어 형식
③ 2-주소 명령어 형식　　④ 3-주소 명령어 형식

04
21년 3회, 19년 3회, 17년 3회, 16년 3회, 13년 1회, 10년 1회, 09년 3회

하나의 레지스터에 기억된 자료를 모두 다른 레지스터로 옮길 때 사용하는 논리 연산은?

① Rotate　　② Shift
③ Move　　④ Complement

05
19년 3회, 17년 3회, 15년 1회, 14년 1회, 12년 5회, 12년 3회, 11년 1회, 10년 1회, 09년 3회

이항(Binary) 연산에 해당하는 것은?

① Rotate　　② Shift
③ Complement　　④ OR

바로 보는 해설

01
| 해설 |
③

명령어 코드	주소부
OP-Code	Operand

연산자부의 비트 수가 n비트이면 명령어는 최대 2^n개의 연산자의 종류를 가지므로 $2^3 = 8$

02
| 해설 |
② 주소부(Operand): 명령어의 주소(Address)가 입력되어 있다.

03
| 해설 |
④ 3-주소 명령어

OP Code	Operand1	Operand2	Operand3

Operand부가 3개로 구성된다. 연산의 결과는 Operand3에 기록되며, 연산 후에 입력 자료가 변하지 않고 보존된다.

04
| 해설 |
③ Move: 레지스터 간에 자료를 전달하는 명령

05
| 해설 |
- 이항 연산자: 피연산자가 2개 필요한 연산자(AND, OR 등)
- 단항 연산자: 피연산자가 1개만 필요한 연산자(Complement, Shift, Rotate, Move 등)

| 정답 | 01 ③ 02 ② 03 ④ 04 ③ 05 ④

개념끝

EXIT 11 주소 지정 방식

1 접근 방식에 의한 주소 지정 방식 (19번 출제)

(1) 묵시적 주소 지정 방식(Implied Addressing Mode)

① Operand가 명령어에 묵시적으로 정의되어 있다.

② 스택을 이용하는 0-주소 명령어에 사용된다.

(2) 즉시 주소 지정 방식(Immediate Addressing Mode)

① 명령어의 Operand부에 데이터를 기억한다.

② 메모리의 참조 횟수를 줄일 수 있으므로 실행 속도가 가장 빠르다.

(3) 직접 주소 지정 방식(Direct Addressing Mode): 명령어 주소 부분에 유효 주소 데이터가 있다.

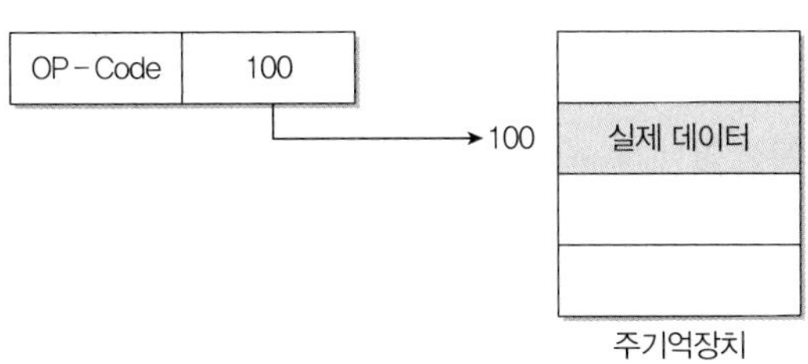

(4) 간접 주소 지정 방식(Indirect Addressing Mode)

① 명령어 내의 번지는 실제 데이터의 위치를 찾을 수 있는 번지가 들어 있는 장소를 표시한다.

② 명령어의 길이가 짧고 제한되어 있어도 이것을 이용하여 긴 주소를 찾아갈 수 있다.

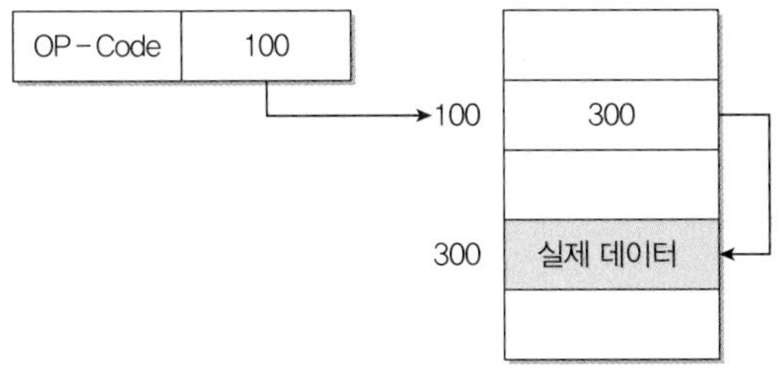

2 계산에 의한 주소 지정 방식(약식 주소 표현 방식) 12번 출제

(1) **절대 주소 지정 방식**(Absolute Addressing Mode): 기억장치 고유의 번지인 절대 주소로 주소를 지정하는 방식이다.

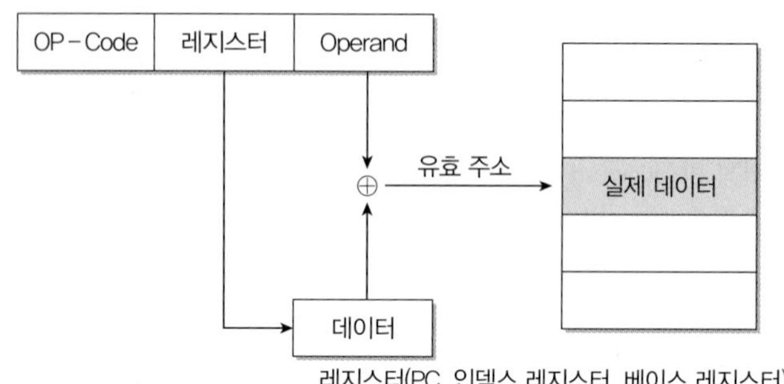

(2) **상대 주소 지정 방식**(Relative Addressing Mode):
유효 주소 = 명령어의 주소 부분 + Program Counter로 계산한다.

(3) **베이스 레지스터 주소 지정 방식**(Base Register Addressing Mode):
유효 주소 = 명령어의 주소 부분 + Base Register로 계산한다.

(4) **인덱스 레지스터 주소 지정 방식**(Indexed Addressing Mode):
유효 주소 = 명령어의 주소 부분 + Index Register로 계산한다.

3 주소 설계 시 고려 사항

① **표현의 효율성**: 빠르게 접근하고 주소 지정에 적은 비트 수를 사용할 수 있도록 다양한 어드레스 모드를 사용할 수 있어야 한다.
② **사용의 편리성**: 다양하고 융통성 있는 프로그램 작업을 위하여 포인터, 프로그램 리로케이션 등의 편의를 제공하여야 한다.
③ **주소 공간과 기억 공간의 독립성**: 프로그램상에서 사용한 주소를 변경 없이 실제 기억 공간 내의 주소로 재배치할 수 있도록 서로 독립적이어야 한다.

최빈출 기출 모음.ZIP

01

21년 3회, 20년 3회, 19년 1회, 15년 2회, 15년 1회, 14년 4회, 12년 5회, 12년 3회, 11년 2회, 10년 4회, 09년 3회

명령어의 주소(Address)부를 연산 주소(Address)로 이용하는 주소 지정 방식은?

① 상대 Address 방식 ② 절대 Address 방식
③ 간접 Address 방식 ④ 직접 Address 방식

02

19년 4회, 17년 1회, 15년 2회, 14년 4회, 12년 5회, 12년 3회, 11년 2회, 10년 4회, 09년 3회

다음과 같은 계산에 의해 주소를 지정하는 방식은?

> 유효 주소 = 프로그램 카운터(PC) + 주소 부분(Operand)

① 색인 주소 지정 ② 상대 주소 지정
③ 베이스 주소 지정 ④ 절대 주소 지정

03

21년 4회, 20년 1회, 19년 2회, 17년 1회, 16년 2회, 14년 4회, 12년 5회, 12년 3회

주소 접근 방식 중 약식 주소 표현 방식에 해당하는 것은?

① 직접 주소 ② 간접 주소
③ 자료 자신 ④ 계산에 의한 주소

04

21년 3회, 20년 3회, 19년 4회, 19년 2회, 16년 2회, 15년 2회, 14년 1회, 13년 5회, 13년 3회

주소 10에 20이란 값이 저장되어 있고, 주소 20에는 40이라는 값이 저장되어 있다고 할 때, 간접 주소 지정 방식에 의해 10번지를 접근하여 처리되는 값은?

① 10 ② 20
③ 30 ④ 40

바로 보는 해설

01

| 해설 |
④ 직접 주소 지정 방식(Direct Addressing Mode): 명령어 주소 부분에 유효 주소 데이터가 있다.

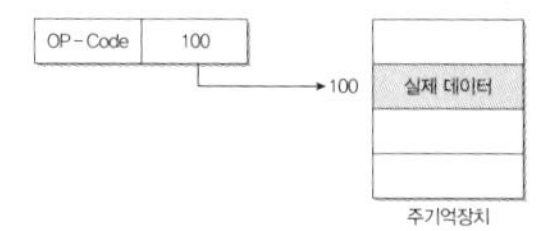

02

| 해설 |
② 상대 주소 지정 방식(Relative Addressing Mode): 유효 주소 = 명령어의 주소 부분 + Program Counter

03

| 해설 |
④ 계산에 의한 주소 지정 방식이 약식 주소 표현 방식이다.

04

| 해설 |
④ 간접 주소 지정 방식(Indirect Addressing Mode): 명령어 내의 번지는 실제 데이터의 위치를 찾을 수 있는 번지가 들어 있는 장소를 표시하며, 명령어의 길이가 짧고 제한되어 있어도 이것을 이용하여 긴 주소를 찾아갈 수 있다.

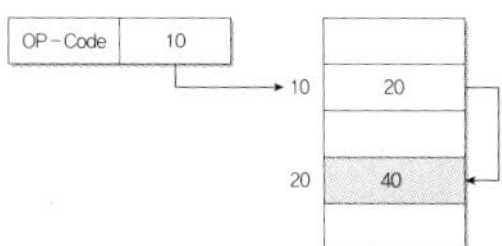

10 → 20 → 40 순으로 검색을 진행한다.

| 정답 | 01 ④ 02 ② 03 ④ 04 ④

개념끝

12 마이크로 오퍼레이션

1 마이크로 오퍼레이션(Micro Operation)의 개념 (3번 출제)

① **정의**: 명령을 수행하기 위해 CPU 내의 레지스터와 플래그의 상태 변환을 일으키는 작업

② 레지스터에 저장된 데이터에 의해서 이루어진다.

③ 클록 펄스(Clock Pulse)에 기준을 두고 실행된다.

④ **제어 신호(Control Signal)**: 마이크로 오퍼레이션을 순서적으로 일어나게 하는 데 필요한 신호이다.

2 마이크로 사이클 타임(Micro Cycle Time)

① **정의**: 한 개의 마이크로 오퍼레이션 수행에 필요한 시간

② **마이크로 사이클 타임 부여 방식의 종류**

동기 고정식 (Synchronous Fixed)	• 수행 시간이 가장 긴 마이크로 오퍼레이션의 수행 시간을 마이크로 사이클 타임으로 정함 • 모든 마이크로 오퍼레이션의 수행 시간이 유사한 경우 유리함
동기 가변식 (Synchronous Variable)	• 각 마이크로 오퍼레이션에 따라서 수행 시간을 다르게 정할 수 있음 • 각 마이크로 오퍼레이션의 사이클 타임이 현저한 차이를 나타낼 경우 유리한 방식
비동기식 (Asynchronous)	모든 마이크로 오퍼레이션에 대하여 서로 다른 마이크로 사이클 타임을 정함

3 메이저 스테이트(Major State) (14번 출제)

① **정의**: 중앙처리장치(CPU)가 현재 무엇을 하고 있는가를 나타내는 상태를 표현

② **종류**: Fetch, Indirect, Execute, Interrupt

4 메이저 스테이트 변천 과정

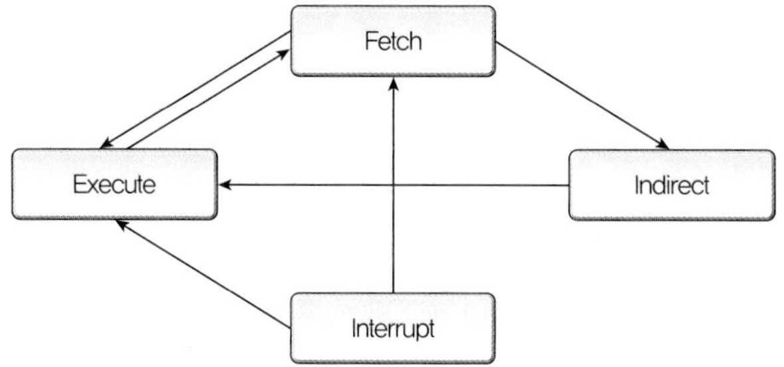

(1) 인출 단계(Fetch Cycle)

① 컴퓨터에서 명령어를 처리하기 위해서 명령어를 CPU에 옮긴 후 명령 레지스터(IR)에 셋(Set)시켜 해독하는 단계이다.

② 주기억장치의 지정 장소(Address)로부터 명령을 읽어서 중앙처리장치에 가지고 오는 단계이다.

③ 인터럽트를 처리한 후 다음으로 전환해야 될 메이저 스테이트이다.

(2) 간접 단계(Indirect Cycle)

① 기억장치로부터 오퍼랜드(데이터)의 번지를 인출하는 단계이다.

② 인출 단계에서 해석된 명령의 주소부가 간접 주소인 경우 수행된다.

(3) 실행 단계(Execute Cycle): 실제로 명령을 실행하는 단계이다.

(4) 인터럽트 단계(Interrupt Cycle): 인터럽트 발생 시 복귀 주소(PC)를 저장시키고, 제어 순서를 인터럽트 처리 프로그램의 첫 번째 명령으로 옮기는 단계이다.

개념 돋보기

IEN(Interrupt ENable Flip-Flop)

인터럽트 처리 과정에 필요, 명령어에 의해 세트 또는 클리어, IEN이 세트될 때만 CPU에 인터럽트 가능하다.

5 주요 명령의 마이크로 오퍼레이션 3번 출제

① ADD: AC(누산기)와 메모리의 내용을 더하여 결과를 AC에 저장하는 연산 명령

② LDA(Load to AC): 메모리의 내용을 AC로 가져오는 명령

③ STA(Store AC): AC의 내용을 메모리에 저장하는 명령

④ BUN(Branch UNconditionally): PC에 특정 주소를 전송하여 실행 명령의 위치를 변경하는 무조건 분기 명령

⑤ BSA: 복귀 주소를 저장하고 서브 프로그램으로 분기하는 명령

⑥ ISZ: 메모리의 값을 읽고 그 값을 1 증가시킨 후, 음수에서 시작한 그 값이 0이면 현재 명령을 건너뛰고 다음 명령으로 이동하는 명령

6 제어장치의 구현

(1) 제어 데이터의 개념: 제어 데이터는 제어장치가 제어 신호를 발생하기 위해 필요한 데이터를 의미한다.

(2) 제어 데이터의 종류

① 각 메이저 스테이트 사이의 변천을 제어하는 제어 데이터이다.
② 중앙처리장치의 제어점을 제어하는 데 필요한 제어 데이터이다.
③ 인스트럭션의 수행 순서를 결정하는 데 필요한 제어 데이터이다.

7 제어장치의 구현방식에 따른 구분

(1) 고정 배선 제어장치(Hard-wired Control Unit)

① 하드웨어적으로 구현한다.
② 비용이 비싸고, 회로가 복잡하며, 융통성이 없지만 속도가 빠르다.

(2) 마이크로 프로그램 제어장치(Micro Programmed Control Unit)

① 제어용 기억장치에 들어 있는 마이크로 프로그램에 따라 순차 제어를 받아 각 기능을 수행할 장치로 제어 신호를 보낸다.
② 제어용 기억장치는 ROM, EPROM, EEPROM의 형태로 되어 있다.
③ 하드와이어 제어장치에 비해 속도가 느리다.
④ 하드와이어 제어장치에 비해 저렴하다.
⑤ 마이크로 프로그램을 이용하여 인스트럭션 세트를 변경할 수 있다.
⑥ 회로 구성이 단순하다.

개념 돋보기 | 마이크로 명령의 형식

구분	내용
수평 마이크로 명령	• 제어 신호 1개당 하나의 비트를 할당하는 것으로, 마이크로 명령어의 한 비트가 하나의 마이크로 동작을 제어한다. • 필요한 제어 신호가 동시에 생성되므로 동작 속도가 빠르지만, 마이크로 명령어가 길어지므로 비용이 많이 든다.
수직 마이크로 명령	• 제어용 기억장치의 외부에 있는 디코딩 회로를 통해서 제어 신호로 변환한다. • 수평형 마이크로 명령어보다 적은 수의 비트를 사용하므로 더욱 경제적이지만, 속도가 느리다.
나노 명령	• 인코드된 마이크로 명령어는 나노 메모리라는 낮은 레벨의 메모리를 사용한다. • 나노 메모리에 저장된 워드가 나노 명령어이다.

01

21년 3회, 20년 3회, 19년 4회, 19년 2회, 16년 2회, 15년 2회, 14년 1회, 13년 5회, 13년 3회, 11년 4회, 10년 1회

다음 중 제어장치에서 명령어의 실행 사이클에 해당하지 <u>않는</u> 것은?

① 인출 주기(Fetch Cycle)
② 직접 주기(Direct Cycle)
③ 간접 주기(Indirect Cycle)
④ 실행 주기(Execute Cycle)

02

22년 3회, 21년 3회, 19년 2회, 18년 4회, 16년 2회, 15년 2회, 13년 3회, 11년 4회, 10년 1회

일반적으로 컴퓨터의 CPU에서 하나의 명령어를 실행하기 위하여 이루어지는 동작 단계를 바르게 나열한 것은?

① Fetch Cycle → Instruction Decoding Cycle → Write-Back 작업 → 명령어 실행 단계
② Fetch Cycle → Instruction Decoding Cycle → 명령어 실행 단계 → Write-Back 작업
③ Fetch Cycle → 명령어 실행 단계 → Write-Back 작업 → Instruction Decoding Cycle
④ Instruction Decoding Cycle → Fetch Cycle → 명령어 실행 단계 → Write-Back 작업

바로 보는 해설

01

| 해설 |

② 메이저 스테이트(Major State) : 중앙처리장치가 현재 무엇을 하고 있는가를 나타내는 상태를 표현하며, 종류에는 Fetch, Indirect, Execute, Interrupt가 있다.

02

| 해설 |

② 메이저 스테이트 변천 과정: Fetch Cycle → Instruction Decoding Cycle → 명령어 실행 단계 → Write-Back 작업

| 정답 | 01 ② 02 ②

기억장치

1 기억장치

(1) 기억장치의 분류

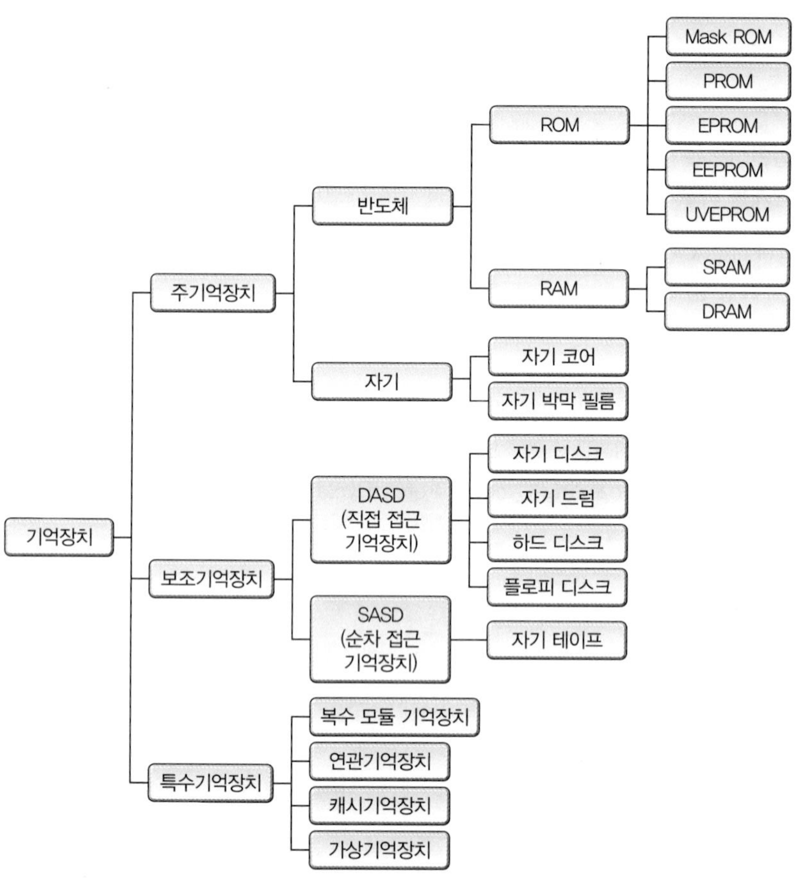

(2) 기억장치의 특성 결정 요소 (5번 출제)

요소	특징
Access Time (접근 시간)	• 정보를 기억장치에 기억시키거나 읽어내는 명령을 한 후부터 실제로 정보를 기억 또는 읽기 시작할 때까지 소요 시간 • 읽은 데이터가 가용의 상태가 될 때까지의 시간 • 접근 시간: 탐색 시간 + 대기 시간 + 전송 시간

Cycle Time	• 기억장치에 접근을 위하여 판독신호를 내고 나서 다음 판독 신호를 낼 수 있을 때까지의 시간 • Access Time + 데이터 복원 시간(Data Restoration Time)으로 계산함 • Cycle Time ≧ Access Time
Bandwidth (대역폭)	• 기억장치의 전송 속도를 측정하는 기준으로 1초 동안에 전송되는 데이터의 비트 수 • 대역폭 = w/tc(bit/sec) w: 한 번에 전송되는 데이터의 비트 수 tc: 기억장치의 사이클 타임

2 주기억장치(Main Memory)

① **정의**: CPU가 직접 접근하여 처리할 수 있는 기억장치
② 현재 수행 중인 프로그램 및 데이터를 저장한다.

3 주기억장치의 종류

(1) 자기 코어

① 도넛 모양의 자성 물질을 사용하며, 크기가 작을수록 속도가 빠르고 전력 소모가 적다.
② 기억 원리는 고리의 중심부를 통과하는 선에 전류를 흘리면 플레밍의 오른손 법칙(Fleming's right hand law)에 따라 전류의 방향에 대하여 오른쪽으로 자화됨을 이용하는 것이다.

(2) ROM(Read Only Memory) 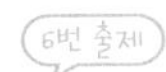

① **정의**: 읽기만 가능한 **비휘발성** 메모리
② **종류**

구분	특징
Mask ROM	제조 과정에서 프로그램되어 생산되며, 한 번 수록된 데이터는 수정할 수 없음
PROM (Programmable ROM)	사용자가 한 번만 내용을 기입할 수 있지만, 지울 수 없음
EPROM (Erasable PROM)	이미 기억된 내용을 자외선을 이용하여 지우고 다시 사용 가능
EAROM (Erasable Alterable ROM)	전기적 특성을 이용하여 기록된 정보의 일부 변경 가능
EEPROM (Electronic EPROM)	전기적 특성을 이용하여 기록된 정보를 여러 번 지우고 다시 사용 가능

개념 돋보기

• **휘발성**: 기억장치에 전원 공급이 중단되면 데이터가 삭제되는 성질이다.
• **비휘발성**: 기억장치에 전원 공급이 중단되어도 데이터가 유지되는 성질이다.

(3) RAM(Random Access Memory) 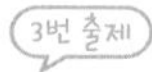

① **정의**: 읽고 쓰기가 자유로운 휘발성 메모리

② **종류**

구분	동적 램(DRAM)	정적 램(SRAM)
구성 소자	콘덴서	플립플롭
특징	주기적인 재충전(Refresh) 필요	전원이 공급되는 동안 기억 내용 유지
접근 속도	느림	빠름
집적도	높음	낮음
가격	낮음	높음
용도	일반 주기억장치	캐시 메모리

4 보조기억장치

(1) 보조기억장치의 개념

① **정의**: 주기억장치의 부족한 용량 문제를 해결하기 위해 외부에 설치된 대용량 기억장치

② 주기억장치에 비해 속도가 느리다.

③ 전원이 차단되어도 내용이 그대로 유지된다.

(2) 기억장치 접근 시간

① **액세스 타임**: 정보를 기억장치에 기억시키거나 읽어내는 명령을 한 후부터 실제로 정보를 기억 또는 읽기 시작할 때까지 소요 시간

② 액세스 타임(Access Time) = 탐색 시간(Seek Time) + 대기 시간(Latency Time) + 전송 시간(Transmission Time)

5 보조기억장치의 종류

(1) 자기 테이프(Magnetic Tape) 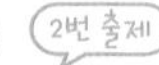

① **정의**: 자성 물질을 입힌 테이프를 릴에 감아서 만든 기억장치

② 순차 접근(Sequential Access)만 가능하다.

③ 대량의 자료를 장시간 보관하는 데 가장 유리한 장치이다.

		블록			블록			
…	IBG	논리 레코드1	논리 레코드2	IBG	논리 레코드1	논리 레코드2	IBG	…

(2) 자기 테이프(Magnetic Tape)의 구조 (3번 출제)

① IBG(Inter Block Gap): 블록과 블록 사이의 공백을 의미
② IRG(Inter Record Gap): 논리 레코드와 논리 레코드 사이의 공백을 의미
③ BPI(Byte Per Inch): 자기 테이프의 기록밀도
④ BOT(Begin Of Tape): 테이프의 시작
⑤ EOT(End Of Tape): 테이프의 끝
⑥ **레코드의 기록 형식**: 고정길이 비블록, 고정길이 블록, 가변길이 비블록, 가변길이 블록, 부정 형식

(3) 자기 디스크(Magnetic Disk)

① **정의**: 자성 물질을 입힌 금속 원판을 여러 장 겹쳐서 만든 기억장치
② 순차적 접근과 직접 접근 방식 모두 가능하다.
③ 접근 속도가 빠르다.

(4) 자기 디스크의 구조 (2번 출제)

① **트랙(Track)**: 디스크의 중심원을 따라 데이터를 기록할 수 있는 동심원
② **섹터(Sector)**: 트랙을 부채꼴 모양으로 분할한 영역
③ **실린더(Cylinder)**: 각 디스크 표면의 같은 트랙들의 모임
④ **읽기/쓰기 헤드(Read/Write Head)**: 디스크에 데이터를 읽거나 쓰기 위한 장치
⑤ **액세스 암(Access Arm)**: 데이터에 접근하기 위한 장치

▲ 자기 디스크

> 개념 돋보기
>
> **자기 드럼(Magnetic Drum)**
> - 원통 표면에 트랙과 섹터를 구성하고, 각 트랙마다 고정된 읽기/쓰기 헤드가 있는 기억장치이다.
> - 자기 디스크보다 속도가 빠르지만 용량이 적어 거의 사용되지 않는다.

6 특수기억장치

(1) 연관기억장치(Associative Memory)

① **정의**: 주소가 아닌 기억된 내용 일부를 이용하여 접근하는 기억장치
② 주소에 의해서만 접근이 가능한 기억장치보다 접근이 빠르다.
③ Mapping Table에 사용되며 구성 요소로 Key 레지스터, Match 레지스터 등이 있다.
④ 하드웨어 비용이 증가하고, 병렬 검색이 가능하다.

> 개념 돋보기
>
> 연관기억장치는 'CAM(Content Addressable Memory)'이라고도 한다.

(2) 캐시기억장치(Cache Memory) (8번 출제)

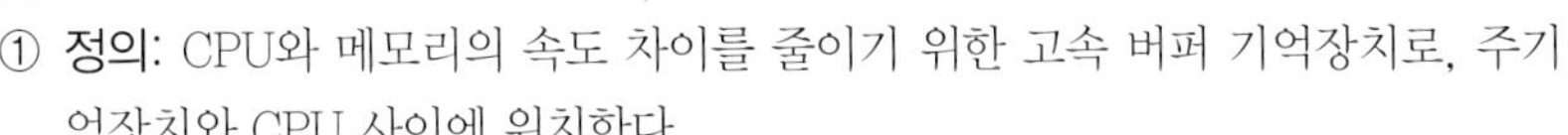

① **정의**: CPU와 메모리의 속도 차이를 줄이기 위한 고속 버퍼 기억장치로, 주기억장치와 CPU 사이에 위치한다.
② 캐시 사용 시 기억장치의 접근 시간이 단축되어 컴퓨터의 처리 속도가 향상된다.

> 개념 돋보기
>
> **메모리 인터리빙(Memory Interleaving)**
> CPU가 복수 모듈 기억장치의 각 모듈들에게 동시에 주소를 전달하기 위해 연속된 데이터나 명령어들을 기억장치 모듈에 순차적으로 번갈아 가면서 처리하는 방식으로 캐시기억장치, 고속 DMA 전송 등에서 많이 사용된다.

③ 주로 SRAM을 사용하며 가격이 비싸다.
④ 주기억장치로부터 캐시기억장치로 데이터를 전송할 때 어떤 내용이 보내졌는지 확인하는 방법이다.

(3) 캐시기억장치의 매핑 프로세스 3가지 방법

종류	내용
직접 매핑 (Direct Mapping)	• 주소를 기준으로 검색 • 같은 인덱스를 가졌으나 다른 태그를 가진 2개 이상의 워드가 반복 접근하면 히트율이 낮아짐
어소시에이티브 매핑 (Associative Mapping)	• 내용을 기준으로 검색 • 가장 빠르고 융통성이 있음
세트-어소시에이티브매핑 (Set-associative Mapping)	• 주소+내용을 기준으로 검색 • 같은 인덱스를 가지면서 태그가 다른 많은 워드들을 캐시에 저장 가능해서 세트 크기가 클수록 히트율이 높아짐

(4) 캐시 메모리 적중률

① 중앙처리장치(CPU)가 찾고자 하는 내용이 캐시에 있다면 즉시 CPU로 전달되지만, 없을 경우 처리 시간이 지연된다. 이때 CPU가 기억장치에 접근하여 찾는 내용이 캐시에 기억되어 있으면 적중(Hit)되었다고 한다.
② 캐시를 가진 컴퓨터의 성능을 나타내는 척도이다.

개념 돋보기

$$적중률 = \frac{캐시의\ 적중\ 횟수}{기억장치\ 총\ 접근\ 횟수}$$

캐시에 찾고자 하는 내용이 없을 때 교체 알고리즘

LRU(Least Recently Used), FIFO(First In First Out), LFU(Least Frequently Used)

(5) 가상기억장치(Virtual Memory) 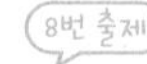

① **정의**: 주기억장치의 용량을 실제보다 크게 활용할 수 있도록 하기 위하여 실제 자료를 보조기억장치에 두고 주기억장치에 있는 것과 같이 처리시킬 수 있는 기억장치
② 주기억장치의 용량 확보가 목적이다.
③ 사용자 프로그램을 작게 나누어 보조기억장치상에 보관해 놓고 프로그램 실행에 필요한 부분들만 주기억장치에 적재한다.

최빈출 기출 모음.ZIP

01 22년 3회, 19년 4회, 19년 2회, 15년 2회, 16년 2회, 14년 1회, 11년 4회, 10년 1회

주기억장치의 접근 시간과 CPU의 처리 속도 차이를 줄이기 위해 사용되는 것은?

① Magnetic Tapes
② Magnetic Disks
③ Cache Memory
④ Virtual Memory

바로 보는 해설

01

| 해설 |

③ 캐시기억장치(Cache Memory) : CPU와 메모리의 속도 차이를 줄이기 위한 고속 버퍼 기억장치이다.

| 정답 | 01 ③

02

19년 4회, 18년 2회, 16년 1회, 14년 4회, 13년 1회, 12년 3회

기억된 내용을 읽을 수만 있고, 전원이 차단되어도 기억된 내용이 소멸되지 않는 것은?

① RAM ② ROM
③ DAM ④ DOM

03

21년 3회, 20년 3회, 19년 2회, 15년 1회, 14년 3회, 11년 3회, 10년 4회

자외선을 이용하여 메모리를 지우고 Writer로 다시 프로그램을 입력할 수 있는 기억소자는?

① ROM ② EEPROM
③ CMOS ④ EPROM

04

22년 3회, 21년 1회, 19년 4회, 19년 1회, 13년 3회, 11년 4회, 10년 1회, 08년 3회

주기억장치의 용량을 실제보다 크게 활용할 수 있도록 하기 위하여 실제 자료를 보조기억장치에 두고 주기억장치에 있는 것과 같이 처리시킬 수 있는 기억장치는?

① 가상기억장치 ② 확장기억장치
③ 캐시기억장치 ④ 기본기억장치

05

22년 1회, 19년 3회, 18년 4회, 13년 5회, 11년 2회, 11년 1회, 10년 1회, 09년 4회

기억장치에서 데이터를 꺼내거나 주변기기에서 데이터를 얻는 데 요하는 시간으로, 데이터를 요구하는 명령을 실행한 순간부터 데이터가 지정한 장소에 넣어지는 순간까지 소요되는 시간은?

① 사이클(Cycle) 시간 ② 액세스(Access) 시간
③ 메모리(Memory) 시간 ④ 계산(Calculate) 시간

06

19년 1회, 18년 2회, 13년 5회, 11년 2회, 11년 1회

순차 처리(Sequential access)만 가능한 장치는?

① Magnetic Core ② Magnetic Drum
③ Magnetic Disk ④ Magnetic Tape

바로 보는 해설

02

| 해설 |

② ROM(Read Only Memory): 비휘발성(전원이 차단되어도 기억된 내용이 소멸되지 않음) 메모리로, 입·출력 시스템, 글자 폰트, 자가 진단 프로그램 등이 저장되어 있다.

03

| 해설 |

④ EPROM(Erasable PROM): 이미 기억된 내용을 자외선을 이용하여 지우고 다시 사용 가능하다.

04

| 해설 |

① 가상기억장치: 기억 용량이 작은 주기억장치를 마치 큰 용량을 가진 것처럼 사용하도록 하는 소프트웨어적인 기법으로, 주기억장치의 용량 확보가 목적이다.

05

| 해설 |

② 액세스 시간(Access Time): 정보를 기억장치에 기억시키거나 읽어내는 명령을 한 후부터 실제로 정보를 기억 또는 읽기 시작할 때까지 소요시간을 말한다.
Access Time = Seek Time + Latency Time + Transmission Time

06

| 해설 |

④ 자기 테이프(Magnetic Tape): 자성 물질을 입힌 테이프를 릴에 감아서 만든 기억장치로, 순차 접근만 가능하다.

| 정답 | 02 ② 03 ④ 04 ① 05 ② 06 ④

개념끝

14 입·출력의 개요

1 입·출력장치

(1) 입·출력장치의 구성

① **입·출력 제어장치:** 입·출력장치와 컴퓨터 간의 자료 전송을 제어한다.

② **입·출력 인터페이스:** 상이한 장치 간의 원활한 정보 전송 방법을 제공한다.

③ **입·출력 버스:** 입·출력장치 인터페이스에 공통으로 연결된 버스이다.

(2) 입·출력장치 및 기억장치

구분	입·출력장치	기억장치
동작 속도	느림	빠름
동작 자율성	타율 및 자율	타율
정보 단위	바이트(Byte)	워드(Word)
에러 발생률	높음	낮음

(3) 입·출력 제어 다이어그램

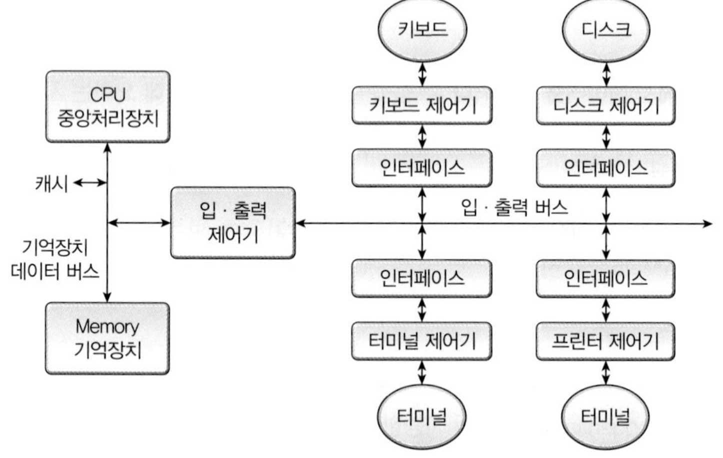

2 버퍼링과 스풀링 9번 출제

(1) 버퍼링(Buffering)

① **정의**: 어떤 작업의 입·출력과 다른 작업의 계산을 병행 처리하는 기법

② 입·출력이 일어나는 동안 그 데이터를 저장하는 주기억장치의 일부분으로 계산(Computation)과 입·출력의 병렬 처리가 가능하다.

(2) 스풀링(SPOOLing,Simultaneous Peripheral Operation On-Line)

① **정의**: CPU와 입·출력장치를 아주 높은 효율로 작업할 수 있도록 하는 다중 프로그래밍의 운영 방식

② 저속의 입·출력장치에서 읽어온 자료를 우선 중간의 저장장치에 저장하는 방식으로 여러 작업의 입·출력과 계산을 동시에 수행할 수 있도록 하여 제한된 수의 입·출력장치 사용으로 인한 입·출력 작업의 지연을 방지한다.

③ 많은 작업의 입·출력과 계산을 중복하여 수행할 수 있으며, 버퍼링보다 많은 입·출력 작업을 중첩시킬 수 있다.

개념 돋보기

버퍼링 vs 스풀링

구분	버퍼링	스풀링
구현 방식	하드웨어	소프트웨어
운영 방식	단일 작업, 단일 사용자	다중 작업, 다중 사용자
저장 위치	주기억장치	보조기억장치

최빈출 기출 모음.ZIP

01 20년 3회, 16년 2회, 15년 4회, 12년 3회

중앙처리장치와 입·출력장치의 속도 차이를 해결하기 위하여 필요로 하는 것은?

① 버퍼
② 모뎀
③ 라우터
④ D/A변환기

02 22년 3회, 21년 3회, 19년 3회, 18년 4회, 15년 2회, 12년 3회, 10년 2회

스풀링(Spooling)에 대한 설명으로 옳지 않은 것은?

① 프로세서와 입·출력장치와의 속도 차이를 해결하여 시스템의 효율을 높이는 방법이다.
② 스풀링의 방법은 출력장치로 직접 보내는 것이다.
③ 출력 시 출력할 데이터를 만날 때마다 디스크로 보내 저장시키는 것이다.
④ 프로그램 실행과 속도가 느린 입·출력을 이원화한다.

바로 보는 해설

01

| 해설 |

① 버퍼 메모리(Buffer): 두 개의 장치가 데이터를 주고받을 때 생기는 속도 차이를 해결하기 위하여 중간에 데이터를 임시로 저장해 두는 공간이다.

02

| 해설 |

② 스풀링(Spooling)은 출력 시 출력할 데이터를 만날 때마다 디스크로 보내 저장시키는 것이다.

| 정답 | 01 ① 02 ②

개념끝

EXIT 15

입·출력 제어 방식

> 잠깐 확인!
> CPU에 의한 입·출력: Programmed I/O, Interrupt I/O

1 입·출력 제어 방식

(1) CPU 입·출력 제어 방식: CPU에 의한 입·출력, DMA(Direct Memory Access)에 의한 입·출력, 채널(Channel)에 의한 입·출력으로 나눌 수 있다.

(2) Programmed I/O

① **정의:** I/O 완료 여부 검사를 위해 CPU가 플래그를 계속 조사하는 방식

② I/O 작업 중에는 CPU가 다른 작업을 할 수 없다.

(3) Interrupt I/O

① **정의:** CPU가 계속 플래그를 검사하지 않고 데이터가 준비되면 인터페이스가 컴퓨터에 알려주고 전송이 완료되면 수행 중이던 프로그램으로 되돌아가 수행을 재개하는 방식

② Programmed I/O보다 효율적이다.

(4) DMA(Direct Memory Access)에 의한 I/O 6번 출제

① **정의:** 데이터 입·출력 전송이 CPU를 통하지 않고 직접 주기억장치와 주변장치 사이에서 수행되는 방식

② CPU에 부하가 증가되지 않는다.

③ 데이터 전송이 시작되면 CPU가 주기억장치를 제어할 수 없어 유휴 시간(Idle Time)이 발생한다.

④ CPU보다 DMA가 버스 사용에 우선권을 가진다.

> 잠깐 확인!
> **사이클 스틸과 인터럽트의 차이**
> • 사이클 스틸: CPU의 상태 보존 불필요
> • 인터럽트: CPU의 상태 보존 필요

(5) 사이클 스틸(Cycle Steal)

① **정의:** DMA가 CPU의 사이클을 훔쳐서(Steal) 기억장치 버스를 점유하여 CPU의 기억장치 액세스를 잠시 정지시키는 것으로, CPU는 훔쳐진 사이클 동안 다른 작업을 하지 못하는 방식

② 사이클 스틸이 발생하면 CPU는 완전히 해당 사이클 동안 쉬고 있어야 한다. 따라서 CPU의 상태 보전이 필요 없다.

> 개념 돋보기
> 채널(Channel)은 신호를 보낼 수 있는 전송로를 의미한다

(6) Channel에 의한 I/O

① **정의:** CPU가 직접 처리하지 않고 입·출력 전용 프로세서(IOP; Input Output Processor)를 두는 방식

② CPU의 제어장치의 명령을 받고 I/O 조작을 개시하면 CPU와는 독립적으로 작동한다.

③ IOP가 입·출력과 관련된 거의 모든 동작들을 수행하기 때문에 CPU 부담이 줄어든다.

④ IOP 고유의 명령어가 존재해 CPU와 거의 무관하게 입·출력 작업을 수행하므로 시스템의 성능이 향상된다.
⑤ 채널은 여러 개의 DMA 채널을 가지고 있어 프로그램 실행 종료 후 CPU에게 알린다.
⑥ **채널의 종류**

종류	특징
셀렉터 채널	• 한 번에 하나씩 선택하여 제어할 수 있는 채널 • 비교적 빠른 자기 디스크 연결에 사용됨
바이트 멀티플렉서 채널	• 동시에 여러 개의 입·출력장치를 제어할 수 있는 채널 • 저속의 입·출력장치를 제어하는 채널
블록 멀티플렉서 채널	• 동시에 여러 개의 입·출력장치를 제어할 수 있는 채널 • 고속의 입·출력장치를 제어하는 채널

⑦ **채널의 기능:** 입·출력 명령을 해독하고, 입·출력장치의 명령 실행 지시 및 지시된 명령의 실행 상황을 점검한다.

최빈출 기출 모음.ZIP

01

18년 4회, 16년 5회, 15년 2회, 12년 3회, 10년 2회, 09년 4회

CPU를 경유하지 않고 고속의 입·출력장치와 기억장치가 직접 데이터를 주고받는 방식은?

① DMA(Direct Memory Access)
② 프로그램에 의한 입·출력(Programmed I/O)
③ 인터럽트에 의한 입·출력(interrupt driven I/O)
④ 채널 제어기에 의한 입·출력

02

20년 1회, 19년 3회, 18년 4회, 16년 5회, 15년 1회, 13년 2회, 11년 2회

입·출력 조작의 시간과 중앙처리장치의 처리 시간과의 불균형을 보완하는 것은?

① 채널장치　　② 제어장치
③ 터미널장치　　④ 콘솔장치

03

22년 1회, 19년 3회, 18년 4회, 17년 5회, 16년 2회, 15년 1회, 13년 5회, 11년 2회, 11년 1회, 10년 2회

입·출력 채널의 기능으로 적합하지 않은 것은?

① 입·출력 명령을 해독한다.
② 각 입·출력장치의 명령 실행을 지시한다.
③ 지시된 명령의 실행 상황을 제어한다.
④ 많은 입·출력장치를 한 번에 종속적으로 동작시킨다.

바로 보는 해설

01

| 해설 |

① DMA(Direct Memory Access)에 의한 I/O: 데이터 입·출력 전송이 CPU를 통하지 않고 직접 주기억장치와 주변장치 사이에서 수행된다. CPU에 부하가 증가되지 않으며, CPU와 주변장치 간의 속도 차를 줄일 수 있다.

02

| 해설 |

① Channel에 의한 I/O

- Channel: 중앙처리장치의 위임을 받아서 입·출력장치와 신호를 주고받는 전송로이다.
- CPU의 명령을 받고 I/O 조작을 개시하면 CPU와는 독립적으로 작동한다.
- IOP가 입·출력과 관련된 거의 모든 동작들을 수행하기 때문에 CPU 부담이 줄어든다.
- IOP 고유의 명령어가 존재해 CPU와 거의 무관하게 입·출력 작업을 수행하므로 시스템의 성능이 향상된다.

03

| 해설 |

④ 채널의 기능: 입·출력 명령을 해독하고, 입·출력장치의 명령 실행 지시 및 지시된 명령의 실행 상황을 점검한다.

| 정답 | 01 ① 02 ① 03 ④

개념끝

16 인터럽트

1 인터럽트(Interrupt) (10번 출제)

어떤 특수한 상태 발생 시 현재 실행 중인 프로그램이 일시 중단되고, 그 특수한 상태를 처리하는 프로그램으로 분기 및 처리한 후 다시 원래의 프로그램을 처리하는 것

2 인터럽트의 종류 (8번 출제)

(1) 외부 인터럽트(External Interrupt)

① 전원 이상 인터럽트(Power Fail Interrupt)
② 기계 검사 인터럽트(Machine Check Interrupt)
③ 외부 신호 인터럽트(External Signal Interrupt)
④ 입·출력 인터럽트(I/O Interrupt)

(2) 내부 인터럽트(Internal Interrupt)

잘못된 명령이나 데이터를 사용할 때 발생하며, '트랩(Trap)'이라고도 한다.

(3) 소프트웨어 인터럽트(Software Interrupt)

① 명령어 수행에 의해 발생하는 인터럽트
② SVC 인터럽트(SuperVisor Call Interrupt): 입·출력 수행, 기억장치 할당 및 오퍼레이터와 대화 등을 하기 위해 발생하는 인터럽트

3 인터럽트의 동작 원리

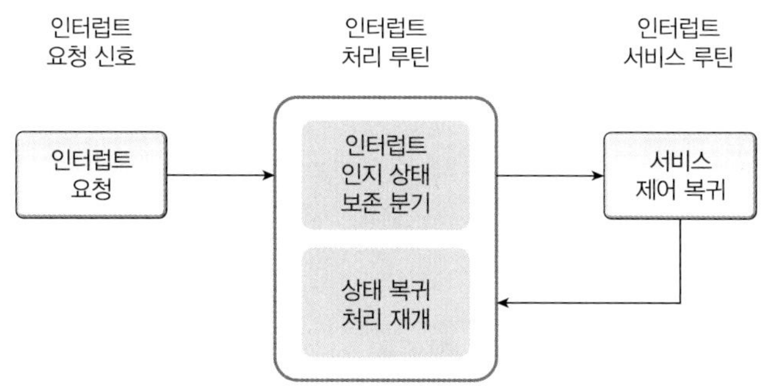

개념 돋보기

프로그램 실행 중에 트랩(Trap)이 발생하는 조건

- 오버플로우(Overflow) 또는 언더플로우(Underflow)가 발생한 경우
- 0에 의한 나눗셈
- 불법적인 명령
- 보호 영역 내의 메모리 어드레스를 접근(Access)하는 경우

(1) 인터럽트 수행 순서: 인터럽트 요청 신호 발생 → 현재 수행 중인 명령을 완료하고, 상태를 기억시킴 → 어느 장치가 인터럽트를 요청했는지 찾음 → 인터럽트 취급 루틴 수행 → 보존한 프로그램 상태 복귀

(2) 인터럽트 발생 시 CPU가 확인할 사항

① 프로그램 카운터의 내용
② 상태 조건 내용(PSW의 상태)
③ 사용한 모든 레지스터의 내용

(3) 인터럽트 발생 시 상태를 보관하는 장소

① 스택(Stack), 벡터 인터럽트, 메모리의 0번지 중 한 군데에 저장된다.
② **벡터 인터럽트(Vectored Interrupt)**: 인터럽트 처리 루틴의 시작 주소를 말하며, 이곳을 통하여 인터럽트 서비스 루틴을 호출하게 된다.

4 인터럽트 우선순위

(높음) 전원 이상 〉 기계 이상 〉 외부 신호 〉 입·출력 〉 명령어 잘못 〉 프로그램 검사 〉 SVC (낮음)

(1) 인터럽트 우선순위 판별 방법

부여 방식		설명
소프트웨어적인 방법		폴링(Polling) 방식 사용
하드웨어적인 방법	직렬 우선순위 부여 방식	• 인터럽트가 발생하는 모든 장치를 우선순위에 따라 1개의 회선에 직렬로 연결 • 데이지 체인(Daisy-Chain) 방식 사용
	병렬 우선순위 부여 방식	• 각 장치를 개별적인 회선으로 연결하는 방식 • 마스크 레지스터의 Bit 위치에 따라서 우선순위를 결정 • 마스크 레지스터(Mask Register)는 우선순위의 컨트롤이 가능

5 병렬 처리

(1) 개념: 다수의 프로세서를 연결하여 동시에 여러 작업을 빠르게 처리하는 것

(2) 특징

① 일부 하드웨어 오류가 발생하더라도 전체 시스템은 동작할 수 있다.
② 처리 속도가 빠르다.
③ 프로그램 작성이 어려워진다.
④ 기억장치를 공유할 수 있다.
⑤ 인공지능 분야, 첨단 군장비, 기상 분야 등 특수한 업무에 적용된다.

6 병렬 컴퓨터의 분류

(1) 플린(Flynn)의 분류

① SISD(Single Instruction stream Single Data stream): 하나의 명령이 하나의 데이터 처리

② SIMD(Single Instruction stream Multiple Data stream): 하나의 명령이 다수의 데이터 처리(벡터컴퓨터, 배열처리기에 사용됨)

③ MISD(Multiple Instruction stream Single Data stream): 다수의 명령이 하나의 데이터 처리(현실적으로 사용하지 않음)

④ MIMD(Multiple Instruction stream Multiple Data stream): 다수의 명령이 다수의 데이터 처리(멀티프로세서에 사용)

최빈출 기출 모음.ZIP

01 22년 3회, 21년 3회, 20년 1회, 19년 3회, 18년 4회, 16년 5회, 15년 2회, 12년 3회, 10년 2회, 09년 4회

다음 설명에 해당하는 용어는?

> 컴퓨터가 정상적인 업무를 수행하는 도중에 발생하는 예기치 않은 일들에 대하여 컴퓨터의 작동이 중단 없이 계속적으로 업무를 수행할 수 있도록 하는 기능

① Spooling ② Buffering
③ Interrupt ④ Virtual Memory

02 21년 1회, 20년 3회, 19년 4회, 18년 1회, 17년 4회, 15년 2회, 12년 3회, 10년 1회

인터럽트(Interrupt)의 종류에 해당하지 않는 것은?

① SuperVisor Call Interrupt ② I/O Interrupt
③ External Interrupt ④ Function Interrupt

바로 보는 해설

01

| 해설 |

③ 인터럽트(Interrupt): 어떤 특수한 상태 발생 시 현재 실행 중인 프로그램이 일시 중단되고, 그 특수한 상태를 처리하는 프로그램으로 분기 및 처리한 후 다시 원래의 프로그램을 처리하는 것이다.

02

| 해설 |

④ 인터럽트의 종류: 외부 인터럽트(External Interrupt), 내부 인터럽트(Internal Interrupt), 소프트웨어 인터럽트(Software Interrupt)

| 정답 | 01 ③ 02 ④

패키지 활용

중요 해시태그

#문제돌려막기 #총14문제 #쉬어가는과목

2과목 자기주도 학습 가이드

2과목은 14문제 정도가 출제되는 과목으로, SQL 문제와 더불어 윈도우 응용 프로그램인 스프레드시트와 프레젠테이션 관련 문제 등 기출문제만 계속해서 출제되는 경향이 있습니다. 이 장에서는 자료를 저장하고 관리하는 데이터베이스의 기초적인 내용을 학습하게 되며, 다른 과목에 비해 특별히 어려운 개념이 없어 공부하기 편한 과목입니다. 공부하기 싫은 날에는 2과목을 공부해 보세요. 개념 1회독 후 기출문제 위주로 공부하면 최소 8문제 이상의 정답을 확보할 수 있을 것입니다.

공부시간이 부족할 때는  를 찾아서 먼저 공부하세요!

CHAPTER 01 데이터베이스

개념끝 17 데이터베이스의 기본
개념끝 18 데이터베이스의 구성 EXIT
개념끝 19 데이터 모델링 및 설계
개념끝 20 데이터베이스 설계와 정규화

CHAPTER 02 관계형 데이터베이스 모델

개념끝 21 관계형 데이터베이스 모델 EXIT

CHAPTER 03 SQL

개념끝 22 관계 데이터 연산
개념끝 23 SQL, DDL EXIT
개념끝 24 DML, DCL EXIT

CHAPTER 04 윈도우 응용 프로그램

개념끝 25 스프레드시트 EXIT
개념끝 26 프레젠테이션 EXIT

개념끝

17 데이터베이스의 기본

1 정보 시스템

(1) 자료와 정보

① **자료(Data)**: 현실 세계로부터 단순한 관찰이나 측정을 통해 수집된 사실이나 값

② **정보(Information)**: 자료를 처리하여 얻은 결과로 의사 결정을 위한 값

(2) 정보 시스템: 한 조직체의 데이터를 바탕으로 의사 결정에 필요한 정보를 추출하고 생성하는 시스템

(3) 자료 처리 시스템

① **정의**: 정보 시스템이 사용하는 데이터를 처리하는 시스템(정보 시스템의 서브 시스템)

② **종류**: 일괄 처리 시스템, 온라인 처리 시스템, 분산 처리 시스템

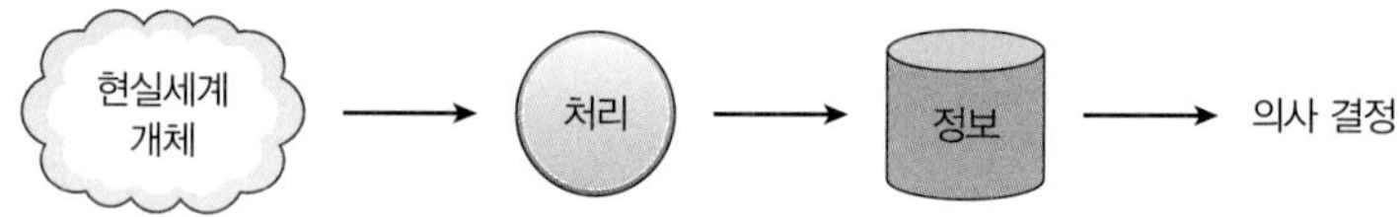

2 자료 처리 시스템

(1) 일괄 처리 시스템(Batch Processing System)

① **정의**: 데이터를 일정 기간 또는 일정 단위로 묶어서 한꺼번에 처리하는 데이터 처리 방식

② 시스템 중심의 자료 처리 방법으로, 트랜잭션당 처리 비용이 적게 든다.

③ 테이프와 같은 순차 접근 방법을 사용하는 업무에 적합하다.

④ 단위 시간당 처리하는 작업 수가 많으므로 시스템 성능은 높다.

⑤ 급여 계산, 회계 마감 업무, 세무 처리 등의 업무 형태에 적합하다.

(2) 온라인 처리 시스템(On-line Processing System)

① **정의**: 자료 발생 즉시 처리하여 결과를 산출하도록 하는 시스템

② 사용자 중심의 자료 처리 방법이다.

③ 은행의 On-Line 시스템, 좌석 예약 시스템 같은 실시간 처리 업무 형태에 적합하다.

개념 돋보기

자료 처리 시스템 발달 과정

일괄 처리 시스템 → 온라인 처리 시스템 → 분산 처리 시스템

(3) 분산 처리 시스템(Distributed Processing System)

① **정의**: 물리적(지리적)으로 분산되어 있는 처리기(클라이언트/서버)와 데이터베이스를 네트워크로 연결시켜둠으로써 사용자는 논리적으로 하나의 시스템인 것처럼 처리해 주는 시스템

② 구현 비용이 많이 소요된다.

3 데이터베이스(Database)

(1) 데이터베이스의 정의

① 통합된 데이터(Integrated Data)

② 저장된 데이터(Stored Data)

③ 운영 데이터(Operational Data)

④ 공용 데이터(Shared Data)

(2) 데이터베이스의 특성

① 실시간 접근성(Real Time Accessibility)

② 내용에 의한 참조(Content Reference)

③ 동시 공유(Concurrent Sharing)

④ 계속적 변화(Continuous Evolution)

개념 돋보기

데이터의 크기

(작음) 데이터 → 필드 → 레코드 → 파일 (큼)

개념 돋보기

계속적 변화(Continuous Evolution)

어느 한 시점에서 데이터베이스가 저장하고 있는 내용은 곧 데이터베이스의 상태를 의미한다. 데이터베이스의 상태는 정적이 아니라 동적이다. 즉, 데이터베이스는 새로운 데이터의 삽입, 삭제, 갱신을 통해 현재의 정확한 자료를 유지하면서 변화한다는 것이다.

최빈출 기출 모음.ZIP

01 15년 2회, 10년 1회, 06년 1회

온라인 실시간 시스템의 조회 방식에 적합한 업무는?

① 객관식 채점 업무

② 좌석 예약 업무

③ 봉급 계산 업무

④ 성적 처리 업무

바로 보는 해설

01

| 해설 |

② 온라인 처리 시스템 (On-line Processing System)은 자료 발생 즉시 처리하여 결과를 산출하도록 하는 시스템으로, 사용자 중심의 자료 처리 방법이다. 은행의 On-Line 시스템 같은 실시간 처리 업무 형태에 적합하다.

| 정답 | 01 ②

개념끝

EXIT 18 데이터베이스의 구성

1 DBMS(DataBase Management System, 데이터베이스 관리 시스템)

① **정의:** 종속성과 중복성의 문제를 해결하기 위해서 제안된 시스템
② 응용 프로그램과 데이터의 중재자로서 모든 응용 프로그램들이 데이터베이스를 공유할 수 있도록 관리한다.
③ 데이터베이스의 구성, 접근 방법, 관리 유지에 대한 모든 책임을 진다.

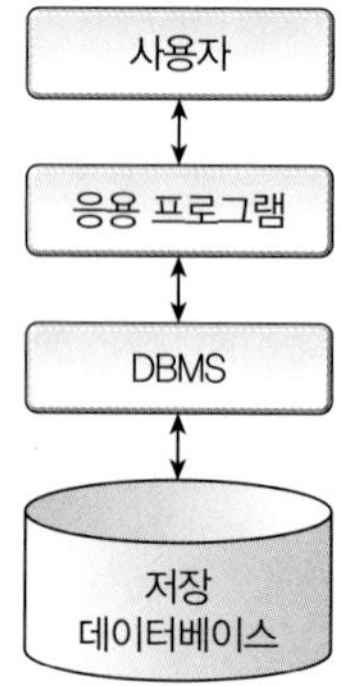

2 DBMS의 필수 기능 (22번 출제)

(1) 정의 기능(Definition Facility)

① 데이터베이스 구조를 정의한다.
② 데이터의 논리적 구조와 물리적 구조 사이에 변환이 가능하도록 두 구조 사이의 사상(Mapping)을 명시한다.

(2) 조작 기능(Manipulation Facility)

데이터베이스를 접근하여 데이터의 검색, 삽입, 삭제, 갱신 등의 연산 작업을 위한 사용자와 데이터베이스 사이의 인터페이스 수단을 제공한다.

(3) 제어 기능(Control Facility)

① 데이터 무결성을 유지한다.
② 보안 유지 및 권한을 검사한다.
③ 여러 트랜잭션의 병행 수행에 대한 병행 제어를 한다.

3 DBMS의 장 · 단점

장점	단점
• 데이터 중복 및 종속성 최소화 • 데이터 공유 • 데이터 무결성 및 일관성 유지 • 데이터 보안 보장 용이	• 예비와 회복 기법이 어려움 • 데이터베이스 전문가 부족 • 시스템이 복잡하고, 전산화 비용 증가

4 스키마(Schema)

(1) **정의**: 데이터베이스의 구조(개체, 속성, 관계)와 제약 조건에 대한 기술

(2) 스키마의 3계층

외부 스키마 (External Schema)	사용자나 응용 프로그래머가 접근할 수 있는 정의를 기술한 스키마
개념 스키마 (Conceptual Schema)	• 기관적 입장에서 데이터베이스를 정의한 것 • 개체 간의 관계와 제약 조건을 나타내고, 데이터베이스 접근 권한, 보안 및 무결성 규칙에 대한 명세를 정의함
내부 스키마 (Internal Schema)	• 물리적 저장 장치의 입장에서 본 데이터베이스 구조를 의미하는 스키마 • 실제로 데이터베이스에 저장될 레코드의 형식을 정의하고 저장 데이터 항목의 표현 방법, 내부 레코드의 물리적 순서 등을 나타냄

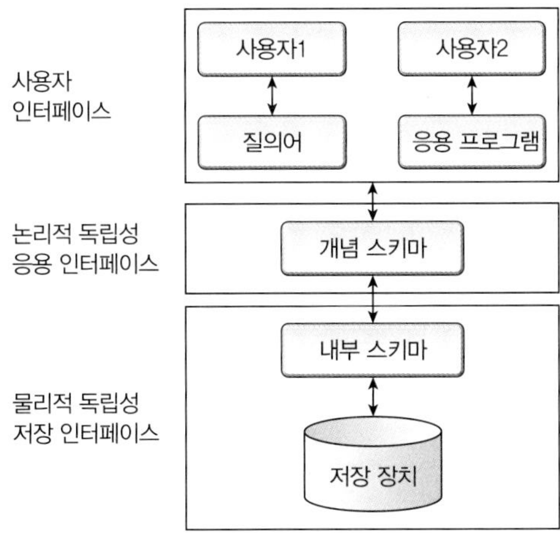

5 뷰(View)

(1) 뷰(View)의 개념

① 정의: 사용자에게 접근이 허용된 자료만을 제한적으로 보여주기 위해 기본 테이블에서 유도되는 가상 테이블

② 외부 스키마에 해당한다.

(2) 뷰(View)의 특징

① 뷰의 생성 시 CREATE문, 검색 시 SELECT문, 제거 시 DROP문을 이용한다.

② 뷰를 이용한 또 다른 뷰의 생성이 가능하다.

③ 하나의 뷰 제거 시 그 뷰를 기초로 정의된 다른 뷰도 함께 삭제된다.

④ 뷰 위에 또 다른 뷰를 정의할 수 있다.

⑤ 데이터베이스 관리자(DBA)는 보안 측면에서 뷰를 활용할 수 있다.

(3) 뷰(View)의 장단점

구분	내용
장점	• 논리적 데이터 독립성 제공 • 사용자 데이터 관리 편의성 제공 • 접근 제어를 통한 보안 제공
단점	• ALTER VIEW문으로 뷰의 정의 변경 불가 • 삽입, 갱신, 삭제 연산에 제약이 따름

6 데이터베이스 사용자

(1) 데이터베이스 관리자(DBA; DataBase Administrator)

① 정의: 데이터베이스 관리 시 데이터 사전이나 시스템 카탈로그를 유지 관리할 수 있는 사람

② 데이터베이스를 구축(개념 및 내부 스키마 정의)한다.

③ DBMS를 관리한다.

④ 사용자 요구 정보를 결정하고 효율적으로 관리한다.

⑤ 백업 및 회복 전략을 정의한다.

(2) 응용 프로그래머(Application Programmer): 프로그래밍 언어로 데이터 조작어(DML)를 이용해 데이터베이스 기반 응용 시스템을 작성하는 사람

(3) 일반 사용자(End User): 터미널을 통해 응용 프로그램이나 질의어를 사용하여 데이터베이스에 접근하는 사람

개념 돋보기

시스템 카탈로그(System Catalog)

- 시스템 자신이 필요로 하는 여러 가지 객체(기본 테이블, 뷰, 인덱스, 데이터베이스, 패키지, 접근 권한 등)에 관한 정보를 포함하고 있는 시스템 데이터베이스이다.
- '데이터 사전(Data Dictionary)'이라고도 한다.
- 시스템 카탈로그 자체도 시스템 테이블로 구성되어 있어 SQL문을 이용해 내용 검색이 가능하다.
- 사용자가 시스템 카탈로그를 직접 갱신할 수는 없으며, 사용자가 SQL문으로 여러 가지 객체에 변화를 주면 시스템이 자동으로 갱신한다.

7 데이터베이스 언어(Database Language)

(1) 데이터 정의어(DDL; Data Definition Language)

① 논리적 데이터 구조와 물리적 데이터 구조를 정의한다.
② 논리적 데이터 구조와 물리적 데이터 구조 간의 사상을 정의한다.
③ 번역한 결과가 데이터 사전에 저장된다.

(2) 데이터 조작어(DML; Data Manipulation Language)

① 사용자와 데이터베이스 관리 시스템 간의 인터페이스를 제공한다.
② 데이터의 검색, 삽입, 삭제, 변경을 할 수 있다.

(3) 데이터 제어어(DCL; Data Control Language)

① 불법적인 사용자로부터 데이터를 보호한다.
② 무결성을 유지한다.
③ 데이터 회복 및 병행을 수행한다.

최빈출 기출 모음.ZIP

01 20년 1회, 17년 2회, 15년 5회, 13년 5회, 10년 2회, 09년 1회

데이터베이스 관리 시스템(DBMS)의 필수 기능에 해당하지 않는 것은?

① 연산 기능
② 제어 기능
③ 조작 기능
④ 정의 기능

02 22년 1회, 21년 3회, 20년 1회, 19년 5회, 18년 4회, 15년 4회, 14년 2회, 12년 1회, 10년 2회

3단계 스키마(SCHEMA)의 종류가 아닌 것은?

① 개념 스키마 ② 외부 스키마
③ 관계 스키마 ④ 내부 스키마

바로 보는 해설

01

| 해설 |

DBMS의 필수 기능

- 정의 기능(Definition Facility) : 데이터베이스 구조 정의 및 데이터의 논리적 구조와 물리적 구조 사이에 변환이 가능하도록 두 구조 사이의 사상(Mapping) 명시
- 조작 기능(Manipulation Facility) : 데이터베이스를 접근하여 데이터의 검색, 삽입, 삭제, 갱신 등의 연산 작업을 위한 사용자와 데이터베이스 사이의 인터페이스 수단 제공
- 제어 기능(Control Facility) : 데이터 무결성 유지, 보안 유지 및 권한 검사, 병행 제어

02

| 해설 |

스키마 3계층: 외부 스키마(External Schema), 개념 스키마(Conceptual Schema), 내부 스키마(Internal Schema)

| 정답 | 01 ① 02 ③

03
19년 2회, 17년 2회, 05년 1회

데이터베이스 관리 시 데이터 사전이나 카탈로그를 유지 관리할 수 있는 사람은?

① 단말기 사용자
② 응용 프로그래머
③ 데이터베이스 일반 사용자
④ 데이터베이스 관리자

04
22년 3회, 21년 2회, 19년 2회, 17년 2회, 16년 2회, 15년 2회, 12년 1회, 11년 2회, 10년 5회

DBMS에 대한 설명으로 옳지 않은 것은?

① 데이터 보안성 보장
② 데이터 공유
③ 데이터 중복성 최대화
④ 데이터 무결성 유지

05
21년 1회, 19년 2회, 14년 2회, 12년 2회, 11년 4회, 10년 2회, 08년 4회

하나 이상의 기본 테이블로부터 유도되어 만들어지는 가상 테이블은?

① 뷰(VIEW)
② 유리창(WINDOW)
③ 스키마(SCHEMA)
④ 도메인(DOMAIN)

바로 보는 해설

03

| 해설 |

④ 데이터베이스 관리 시 데이터 사전이나 카탈로그를 유지 관리할 수 있는 사람은 데이터베이스 관리자이다.

04

| 해설 |

DBMS의 장단점

장점	단점
• 데이터 중복 및 종속성 최소화 • 데이터 공유 • 데이터 무결성 및 일관성 유지 • 데이터 보안 보장 용이	• 예비와 회복 기법이 어려움 • 데이터베이스 전문가 부족 • 시스템이 복잡하고, 전산화 비용 증가

05

| 해설 |

① 뷰(View)의 특징

- 뷰는 물리적으로 존재하지 않는 가상화된 테이블이다.
- 뷰의 생성 시 CREATE문, 검색 시 SELECT문, 제거 시 DROP문을 이용한다.
- 뷰를 이용한 또 다른 뷰의 생성이 가능하다.
- 하나의 뷰 제거 시 그 뷰를 기초로 정의된 다른 뷰도 함께 삭제된다.
- 뷰 위에 또 다른 뷰를 정의할 수 있다.
- DBA는 보안 측면에서 뷰를 활용할 수 있다.

| 정답 | 03 ④ 04 ③ 05 ①

개념끝

19 데이터 모델링 및 설계

1 데이터 모델(Data Model)

(1) **정의**: 현실 세계를 데이터베이스에 표현하는 중간 과정, 즉 데이터베이스 설계 과정에서 데이터의 구조를 표현하기 위해 사용되는 도구

(2) **데이터 모델의 구성 요소**

데이터 구조(Structure)	데이터 구조 및 정적 성질 표현
연산(Operations)	데이터의 인스턴스에 적용 가능한 연산 명세와 조작 기법 표현
제약 조건(Constraints)	데이터의 논리적 제한 명시 및 조작의 규칙

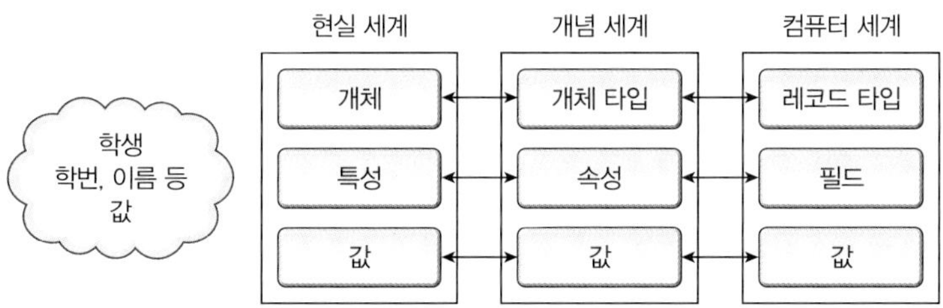

(3) **데이터 모델의 종류**: 개념적 데이터 모델, 논리적 데이터 모델

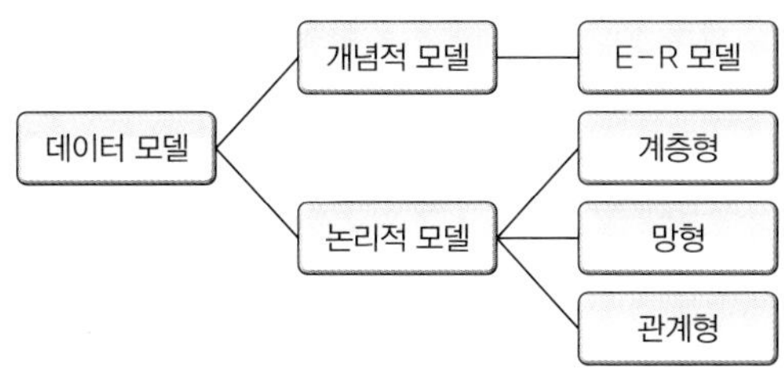

2 개념적 데이터 모델

속성들로 기술된 개체 타입과 이 개체 타입들 간의 관계를 이용하여 현실 세계를 표현하는 방법

(1) **E-R 모델(Entity-Relationship 모델, 개체-관계 모델)**

① 1976년 피터 첸(Peter Chen)이 제시한 대표적인 개념적 데이터 모델이다.

② 개체 타입과 이들 간의 관계 타입을 이용해 현실 세계를 개념적으로 표현한 방법이다.
③ **E-R 다이어그램**: E-R 모델을 그래프 방식으로 표현한 다이어그램

기호	기호 이름	의미
▭	사각형	개체(Entity)
◇	마름모	관계(Relationship)
⬭	타원	속성(Attribute)
⬭ (밑줄)	밑줄 타원	기본키 속성
□ n ◇ m □	관계	1:1, 1:n, n:m 등의 관계 유형
───	선, 링크	개체-속성, 개체-개체의 연결

3 논리적 데이터 모델

(1) 논리적 데이터 모델의 개념

① **정의**: 필드로 기술된 데이터 타입과 이 데이터 타입들 간의 관계를 이용하여 현실 세계를 표현하는 방법
② **종류**: 계층형 데이터 모델, 네트워크형 데이터 모델, 관계형 데이터 모델

(2) 계층형 데이터베이스 모델(Hierarchical Database Model)

① **정의**: 데이터베이스를 트리(Tree) 구조로 표현한(부모-자식 관계) 방법
② 구조가 간단하여 이해하기 쉽고 탐색이 빠르지만, 데이터 상호 간의 유연성이 부족하고 검색 경로의 한정으로 비효율적이다.
③ 각 데이터 요소(개체)들은 상하 관계를 나타내는 링크로 구성되며, 일대다(1 : N) 대응관계로 표현한다.

(3) 망형(네트워크형) 데이터베이스 모델(Network Database Model)

① **정의**: 하나의 상위 레코드에 대하여 하위의 레코드가 복수 대응하고 하위 하나의 레코드에 대해서 상위 레코드도 복수 대응하는 다 대 다(N : M) 대응관계를 만족하는 데이터 구조
② 개체 간의 관계를 그래프(Graph) 구조로 표현하며(오너-멤버 관계), 대표적인 망형 데이터 모델에는 'CODASYL DBTG 모델'이 있다.
③ 도로망이나 통신망과 같은 네트워크 구조로 진행되는 업무를 표현하는 데는 편리하지만, 구조가 복잡해진다는 단점이 있다.

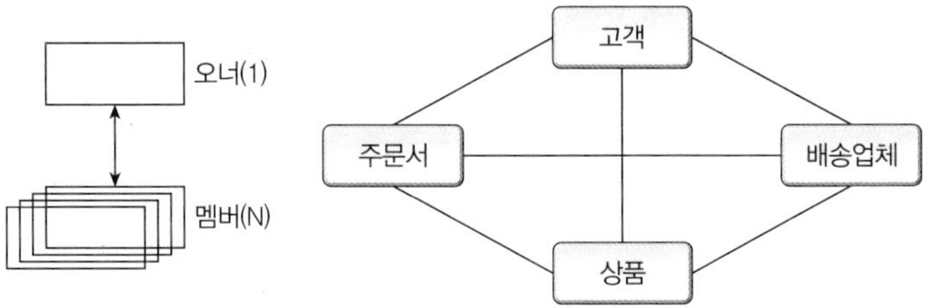

(4) 관계형 데이터베이스 모델(Relational Database Model)

① 정의: 데이터베이스를 행과 열로 구성된 테이블(Table)의 구조로 표현한 방법
② 데이테 간의 관계를 기본키(Primary Key)와 이를 참조하는 외래키(Foreign Key)로 표현한다.
③ '테이블(Table, 표) 데이터 모델'이라고도 한다.
④ 대응도 : 1 : 1, 1 : N, N : M

최빈출 기출 모음.ZIP

01

출제예상

데이터 모델의 종류 중 CODASYL DBTG 모델과 가장 밀접한 관계가 있는 것은?

① 계층형 데이터 모델
② 네트워크형 데이터 모델
③ 관계형 데이터 모델
④ 스키마형 데이터 모델

02

출제예상

개체 – 관계 모델(E – R Model)에 대한 설명으로 옳지 않은 것은?

① 특정 DBMS를 고려한 것은 아니다.
② E–R 다이어그램에서 개체 타입은 사각형, 관계 타입은 타원, 속성은 다이아몬드로 나타낸다.
③ 개체 타입과 관계 타입을 기본 개념으로 현실 세계를 개념적으로 표현하는 방법이다.
④ 1976년 Peter Chen이 제안하였다.

바로 보는 해설

01

| 해설 |
② 네트워크형 데이터 모델: 데이터베이스를 그래프(Graph) 구조로 표현(오너–멤버 관계), 'CODASYL DBTG 모델'이라고도 한다.

02

| 해설 |
② E–R 다이어그램에서 개체 타입은 사각형, 관계 타입은 마름모, 속성은 타원으로 나타낸다.

| 정답 | 01 ② 02 ②

개념끝

20 데이터베이스 설계와 정규화

1 데이터베이스 설계 단계

긴급처방 암기법

개구리는 논물에 산다.

개념적 설계 → 논리적 설계 → 물리적 설계

요구 조건 분석 → 개념적 설계 → 논리적 설계 → 물리적 설계 → 데이터베이스 구현

① **요구 조건 분석**: 데이터베이스 사용자로부터 요구 조건을 수집하고 요구 조건 명세서를 작성한다.

② **개념적 설계**
- 목표 DBMS에 독립적인 개념 스키마를 설계한다.
- 개념 스키마 모델링과 트랜잭션 모델링을 병행 수행한다.
- E-R 다이어그램을 작성한다.

③ **논리적 설계**
- 목표 DBMS에 종속적인 논리적 스키마를 설계한다.
- 논리적 데이터 모델로 변환한다.
- 트랜잭션 인터페이스를 설계한다.
- 스키마를 평가하고 정제한다.

④ **물리적 설계**
- 목표 DBMS에 종속적인 물리적 구조를 설계한다.
- 저장 레코드 양식을 설계한다.
- 레코드 집중의 분석 및 설계를 한다.
- 접근 경로를 설계한다.
- 트랜잭션을 세부 설계한다.

⑤ **데이터베이스 구현**
- 목표 DBMS의 DDL로 스키마 작성 후 데이터베이스에 등록한다.
- 트랜잭션을 작성한다.

2 데이터베이스 디자인 단계

데이터베이스의 목적 정의 → 데이터베이스에서 필요한 테이블 정의 → 테이블에서 필요한 필드 정의 → 테이블 간의 관계 정의

3 정규화(Normalization)

(1) 정규화의 개념

① 정의: 함수적 종속성 등의 종속성 이론을 이용하여 잘못 설계된 관계형 스키마를 더 작은 속성의 세트로 쪼개어 바람직한 스키마로 만들어 가는 과정

② 좋은 데이터베이스 스키마를 생성해 내고 불필요한 데이터의 중복을 방지하여 이상 현상을 제거하고 정보 검색을 용이하게 할 수 있도록 허용한다.

③ 정규화는 단계적으로 1NF, 2NF, 3NF, BC/NF, 4NF, 5NF 과정으로 진행된다.

(2) 정규화의 목적

① 데이터 구조의 안정성 최대화

② 중복 데이터의 최소화

③ 수정, 삭제 시 이상 현상 최소화

④ 테이블 불일치 위험 간소화

개념 돋보기

이상(Anomaly) 현상

- 삽입 이상(Insertion Anomaly): 데이터를 삽입할 때 불필요한 데이터가 함께 삽입되는 현상
- 삭제 이상(Deletion Anomaly): 릴레이션의 한 튜플을 삭제함으로써 연쇄 삭제로 인해 정보의 손실을 발생시키는 현상
- 갱신 이상(Updating Anomaly): 튜플 중에서 일부 속성을 갱신함으로써 정보의 모순성이 발생하는 현상

최빈출 기출 모음.ZIP

01 22년 3회, 20년 1회, 18년 2회, 16년 1회, 13년 1회, 11년 5회, 11년 4회

데이터베이스 설계 단계를 순서대로 기술한 것은?

① 논리적 설계 → 개념적 설계 → 물리적 설계
② 논리적 설계 → 물리적 설계 → 개념적 설계
③ 개념적 설계 → 물리적 설계 → 논리적 설계
④ 개념적 설계 → 논리적 설계 → 물리적 설계

02 22년 1회, 17년 1회, 12년 1회, 05년 1회

데이터베이스 디자인 단계의 순서가 옳은 것은?

㉠ 데이터베이스의 목적을 정의
㉡ 데이터베이스에서 필요한 테이블을 정의
㉢ 테이블에서 필요한 필드를 정의
㉣ 테이블 간의 관계를 정의

① ㉠-㉡-㉢-㉣　② ㉠-㉢-㉡-㉣
③ ㉠-㉡-㉣-㉢　④ ㉠-㉣-㉡-㉢

바로 보는 해설

01

| 해설 |

④ 데이터베이스 설계 단계에서의 트랜잭션 설계 단계

- 1단계: 개념 설계(트랜잭션 모델링)
- 2단계: 논리 설계(트랜잭션 인터페이스 설계)
- 3단계: 물리 설계(트랜잭션 세부 설계)

02

| 해설 |

① 데이터베이스 디자인 순서: 목적 정의 → 테이블 구조 정의 → 필드 정의 → 관계 정의 → 저장 방식 정의

| 정답 | 01 ④ 02 ①

EXIT 개념끝 21

관계형 데이터베이스 모델

1 관계형 데이터베이스 모델의 개요

(1) 정의: 관계형 데이터베이스를 구성하는 개체나 관계를 행과 열로 구성된 2차원 릴레이션(Relation = Table)으로 표현한 것

(2) 관계형 데이터베이스 모델 관련 용어

> 잠깐 확인!
> [학생] 릴레이션의
> 카디널리티: 3
> 차수: 4

[학생] 릴레이션 (속성 / 튜플 / 학년 도메인)

학번	이름	학과	학년
110001	김합격	컴퓨터과	1
220001	정합격	기계과	3
330001	이합격	전기과	4

① 튜플(Tuple)
- 테이블의 행(Row)에 해당한다.
- 파일 구조의 레코드(Record)와 같은 의미이다.
- **카디널리티(Cardinality)**: 튜플의 수(기수)
- 한 릴레이션의 튜플들은 모두 상이하며, 튜플 간 순서가 없다.

② 속성(Attribute)
- 테이블의 열(Column)에 해당한다.
- 파일 구조의 항목(Item), 필드(Field)와 같은 의미이다.
- **차수(Degree)**: 속성의 수(차수)
- 한 릴레이션의 속성은 원자값이며, 속성 간 순서가 없다.

③ 도메인(Domain): 속성이 취할 수 있는 값들의 집합을 의미한다.

2 릴레이션의 특징

구분	내용
튜플의 유일성	한 릴레이션에 포함된 튜플들은 모두 상이함
튜플의 무순서성	한 릴레이션에 포함된 튜플 사이에는 순서가 없음
속성의 무순서성	한 릴레이션에 포함된 속성 사이에는 순서가 없음

속성 값의 원자성	각 속성은 유일한 값을 갖고 있어야 하고, 속성들의 순서는 중요하지 않으며(속성의 무순서성) 데이터는 삽입된 순서대로 추가됨

3 키(Key)의 종류

종류	특징
슈퍼키 (Super Key)	• 두 개 이상의 속성으로 구성된 키 또는 혼합키 • 유일성 ○, 최소성 ×
후보키 (Candidate Key)	• 모든 튜플들을 유일하게 식별할 수 있는 하나 또는 몇 개의 속성 집합 • 유일성 ○, 최소성 ○
기본키 (Primary Key)	• 후보키 중에서 대표로 선정된 키 • 널 값을 가질 수 없음
대체키 (Alternate Key)	후보키가 둘 이상 되는 경우, 그중에서 어느 하나를 선정하여 기본키로 지정하고 남은 나머지 후보키
외래키 (Foreign Key)	다른 테이블의 기본키로 사용되는 속성

개념 돋보기

널 값(Null Value)

공백(Space)이나 0(Zero)과는 다른 의미이며, 아직 알려지지 않거나 모르는 값을 의미한다.

4 무결성(Integrity)

(1) **정의**: 데이터의 변경 시 데이터의 정확성과 일관성을 유지하고, 데이터에 손실이나 불일치가 없음을 보증하는 성질

(2) 무결성의 종류

① **개체 무결성**: 기본키의 값은 널 값이나 중복값을 가질 수 없다는 제약 조건을 의미

② **참조 무결성**: 참조할 수 없는 외래키 값을 가질 수 없다는 제약 조건을 의미

③ **도메인 무결성**: 속성 값은 정의된 도메인에 속한 값이어야 한다는 제약 조건을 의미

최빈출 기출 모음.ZIP

01

20년 1회, 17년 1회, 15년 3회, 12년 3회, 11년 1회

관계형 데이터베이스의 속성 또는 필드에서 나타낼 수 있는 값의 범위를 의미하는 것은?

① 도메인　　② 차수
③ 널(Null)　　④ 튜플

02

19년 2회, 15년 2회, 13년 2회, 11년 2회, 07년 3회

관계형 데이터베이스에서 속성(Attribute)의 수를 의미하는 것은?

① 카디널리티(Cardinality)　　② 도메인(Domain)
③ 차수(Degree)　　④ 릴레이션(Relation)

03

21년 1회, 06년 2회

테이블에서 각 레코드를 식별할 수 있는 유일한 값을 갖는 필드를 무엇이라 하는가?

① 파일　　② 블록
③ 기본키　　④ 레코드

04

21년 1회, 20년 3회, 19년 2회, 11년 4회

데이터베이스에서 정보 부재를 명시적으로 표현하기 위해 사용하는 특수한 데이터 값은?

① 널(Null)　　② 공백(Blank)
③ 샵(#)　　④ 영(Zero)

바로 보는 해설

01
| 해설 |
① 도메인(Domain): 속성이 취할 수 있는 값들의 집합을 의미한다.

02
| 해설 |
③ 차수(Degree): 속성의 수(차수)를 나타낸다. 속성(Attribute)은 테이블의 열(Column)에 해당하며, 파일 구조의 항목(Item), 필드(Field)와 같은 의미이다.

03
| 해설 |
③ 기본키(Primary Key): 후보키 중에서 대표로 선정된 키이다.

04
| 해설 |
① Null(널): 아직 알려지지 않거나 모르는 값을 의미하며 정보의 부재를 나타내기 위해 사용한다.

| 정답 | 01 ① 02 ③ 03 ③ 04 ①

개념끝

22 관계 데이터 연산

1 관계 대수(Relational Algebra)

① **정의**: 원하는 정보와 그 정보를 어떻게 유도하는가를 기술하는 절차적인 방법

② 릴레이션 조작을 위한 연산의 집합으로 피연산자와 결과가 모두 릴레이션이며, 일반 집합 연산과 순수 관계 연산으로 구분된다.

③ 질의에 대한 해를 구하기 위해 수행해야 할 연산의 순서를 명시한다.

④ **종류**

구분	연산자	기호	의미
순수 관계 연산자	Select	σ	조건에 맞는 튜플을 구하는 수평적 연산
	Project	π	속성 리스트로 주어진 속성만 구하는 수직적 연산
	Join	⋈	공통 속성을 기준으로 두 릴레이션을 합하여 새로운 릴레이션을 만드는 연산
	Division	÷	두 릴레이션 A, B에 대해 B 릴레이션의 모든 조건을 만족하는 튜플들을 A 릴레이션에서 분리해 내어 프로젝션하는 연산
일반 집합 연산자	합집합	∪	두 릴레이션의 튜플의 합집합을 구하는 연산
	교집합	∩	두 릴레이션의 튜플의 교집합을 구하는 연산
	차집합	−	두 릴레이션의 튜플의 차집합을 구하는 연산
	교차곱	×	두 릴레이션의 튜플들의 교차곱(순서쌍)을 구하는 연산

개념 돋보기

관계 데이터 연산은 SQL 연산의 기본 바탕이 된다.

2 관계 해석(Relational Calculus)

① **정의**: 원하는 정보가 무엇이라는 것만 정의하는 비절차적인 방법
② 수학의 술어 논리(Predicate Calculus)에 기반을 둔다.
③ **종류**: 튜플 관계 해석, 도메인 관계 해석

3 Selection(선택)

① **정의**: 릴레이션에서 조건에 만족하는 행에 해당하는 튜플을 선택하는 것을 의미하며, '수평적 연산'이라고도 한다.
② 연산자의 기호는 시그마(σ)를 사용한다.

예제로 확실히 알기

$\sigma_{학과='반도체'}$(학생): 학생 릴레이션에서 반도체학과인 튜플들을 추출하시오.

[학생] 릴레이션

학번	학과	이름	졸업연도
1120	반도체	정학생	2025
1121	반도체	고학생	2024
1722	컴퓨터	조학생	2022

➡

학번	학과	이름	졸업연도
1120	반도체	정학생	2025
1121	반도체	고학생	2024

4 Projection(추출)

① **정의**: 릴레이션의 열에 해당하는 속성을 추출하는 것을 의미하며, '수직적 연산'이라고도 한다.
② 연산자의 기호는 파이(π)를 사용한다.

예제로 확실히 알기

$\pi_{이름,\ 졸업연도}$(학생): 학생 릴레이션에서 이름과 졸업연도 속성들을 추출하시오.

[학생] 릴레이션

학번	학과	이름	졸업연도
1120	반도체	정학생	2025
1121	반도체	고학생	2024
1722	컴퓨터	조학생	2022

➡

이름	졸업연도
정학생	2025
고학생	2024
조학생	2022

5 Join

① 정의: 두 개 이상으로 나누어진 릴레이션을 공통적인 키를 기준으로 하여 속성을 연결시켜 한 개의 릴레이션처럼 사용하는 것

② 연산자의 기호는 ⋈를 사용한다.

예제로 확실히 알기

학생⋈$_{번호=번호}$학점: 학생 릴레이션과 학점 릴레이션의 공통된 속성인 '학번' 중심으로 합치시오.

[학생] 릴레이션

학번	학과	이름
1120	반도체	정학생
1121	반도체	고학생
1722	컴퓨터	조학생

⋈

[학점] 릴레이션

학번	학점
1120	A
1121	C
1722	B

➡

학번	학과	이름	학점
1120	반도체	정학생	A
1121	반도체	고학생	C
1722	컴퓨터	조학생	B

최빈출 기출 모음.ZIP

01 출제예상

관계 대수에 대한 설명으로 옳지 않은 것은?

① 원하는 릴레이션을 정의하는 방법을 제공하며 비절차적 언어이다.
② 릴레이션 조작을 위한 연산의 집합으로 피연산자와 결과가 모두 릴레이션이다.
③ 일반 집합 연산과 순수 관계 연산으로 구분된다.
④ 질의에 대한 해를 구하기 위해 수행해야 할 연산의 순서를 명시한다.

02 출제예상

관계 데이터베이스에 있어서 관계 대수 연산이 아닌 것은?

① 디비전(Division)
② 프로젝트(Project)
③ 조인(Join)
④ 포크(Fork)

바로 보는 해설

01

| 해설 |
① 관계 대수(Relational Algebra)는 원하는 정보와 그 정보를 어떻게 유도하는가를 기술하는 절차적인 방법이다.

02

| 해설 |
순수 관계 연산자의 종류
- Selection(σ): 튜플 집합을 검색한다.
- Projection(π): 속성 집합을 검색한다.
- Join(⋈): 두 릴레이션의 공통 속성을 연결한다.
- Division(÷): 두 릴레이션에서 특정 속성을 제외한 속성만 검색한다.

| 정답 | 01 ① 02 ④

개념끝

EXIT 23

SQL, DDL

1 SQL(Structured Query Language)의 개념

① **정의**: 관계형 데이터베이스의 표준 질의어
② **종류**: DDL, DML, DCL

개념 돋보기 | 트랜잭션

- 트랜잭션의 개념: SQL에서 데이터베이스에 대한 일련의 처리를 하나로 모은 작업 단위로 관리할 수 있는데, 이 작업 단위를 의미한다.
- 트랜잭션의 특성
  ① 원자성(Atomicity): 완전하게 수행 완료되지 않으면 전혀 수행되지 않아야 한다.
  ② 일관성(Consistency): 시스템의 고정 요소는 트랜잭션 수행 전후에 같아야 한다.
  ③ 격리성(Isolation, 고립성): 트랜잭션 실행 시 다른 트랜잭션의 간섭을 받지 않아야 한다.
  ④ 영속성(Durability, 지속성): 트랜잭션의 완료 결과가 데이터베이스에 영구히 기억된다.

2 DDL(Data Definition Language, 데이터 정의어)

① **정의**: 데이터베이스의 정의/변경/삭제에 사용되는 언어
② **종류**

CREATE	스키마, 도메인, 테이블, 뷰 정의
ALTER	테이블 정의 변경
DROP	스키마, 도메인, 테이블, 뷰 삭제

③ **기능**

- 논리적 데이터 구조와 물리적 데이터 구조를 정의한다.
- 논리적 데이터 구조와 물리적 데이터 구조 간의 사상을 정의한다.
- 번역한 결과를 데이터 사전에 저장한다.

3 CREATE (23번 출제)

① 기능: 테이블, 뷰, 인덱스 생성 시 사용하는 명령문이다.
② 기본 문법

```
CREATE TABLE 테이블명
    ({속성명 데이터_타입 [NOT NULL], [DEFAULT 기본값],}
    [PRIMARY KEY(속성명_리스트),]
    {[UNIQUE(속성명_리스트,…)]}
    {[FOREIGN KEY(속성명_리스트)]
      REFERENCES 기본테이블[(기본키_속성명)]
      [ON DELETE 옵션]
      [ON UPDATE 옵션]}
    [CHECK(조건식)]);
```

잠깐 확인!
- { }는 중복 가능한 부분
- NOT NULL은 특정 열에 대해 널(Null) 값을 허용하지 않을 때 사용
- PRIMARY KEY는 기본키를 구성하는 속성을 지정할 때 사용
- FOREIGN KEY는 외래키로 어떤 릴레이션의 기본키를 참조하는지를 기술할 때 사용

4 ALTER

① 기능: 테이블, 뷰, 도메인 정의를 변경(갱신)하는 기능을 제공한다.
② 기본 문법

```
ALTER TABLE 테이블명 ADD 속성명 데이터_타입 DEFAULT 값;
ALTER TABLE 테이블명 ALTER 속성명 SET DEFAULT 값;
ALTER TABLE 테이블명 DROP 속성명 CASCADE;
```

잠깐 확인!
- ADD: 새로운 열(속성)을 추가할 때 사용
- ALTER: 특정 열(속성)의 디폴트 값을 변경할 때 사용
- DROP: 특정 열(속성)을 제거할 때 사용

5 DROP

① 기능: 테이블, 뷰, 도메인을 삭제할 때 사용한다.
② 기본 문법

```
DROP SCHEMA 스키마명 [CASCADE | RESTRICT];
DROP DOMAIN 도메인명 [CASCADE | RESTRICT];
DROP TABLE 테이블명 [CASCADE | RESTRICT];
DROP INDEX 인덱스명;
```

잠깐 확인!
- CASCADE 옵션을 사용하면 삭제할 요소가 다른 개체에서 참조 중이라도 삭제가 수행된다.
- RESTRICT 옵션을 사용하면 삭제할 요소가 다른 개체에서 참조 중이라면 삭제가 수행되지 않는다.

최빈출 기출 모음.ZIP

01

11년 2회, 10년 4회

SQL에서 데이터베이스에 대한 일련의 처리를 하나로 모은 작업 단위로 관리할 수 있는데, 이 작업 단위는?

① 페이지(Page) ② 세그먼테이션(Segmentation)
③ 디스패치(Dispatch) ④ 트랜잭션(Transaction)

02

19년 2회, 18년 2회, 15년 4회, 13년 5회, 10년 4회

SQL의 데이터 정의어에 해당하지 않는 것은?

① SELECT ② CREATE
③ ALTER ④ DROP

03

19년 1회, 15년 2회, 14년 2회, 12년 3회, 11년 4회

테이블을 제거할 때 사용하는 SQL 명령어는?

① DELETE ② DROP
③ VIEW ④ ALTER

04

18년 2회, 16년 2회, 14년 3회, 12년 5회 11년 2회

데이터 정의어(DDL)에 해당하는 SQL 명령은?

① UPDATE ② CREATE
③ INSERT ④ SELECT

바로 보는 해설

01

| 해설 |

④ 트랜잭션(Transaction): SQL에서 데이터베이스에 대한 일련의 처리를 하나로 모은 작업 단위로 관리할 수 있는데, 이 작업 단위를 의미한다.

02

| 해설 |

DDL(Data Definition Language, 데이터 정의어) 종류

CREATE	스키마, 도메인, 테이블, 뷰 정의
ALTER	테이블 정의 변경
DROP	스키마, 도메인, 테이블, 뷰 삭제

03

| 해설 |

② DROP문은 스키마, 도메인, 테이블, 뷰를 삭제할 때 사용한다.

04

| 해설 |

- 데이터 정의어(DDL)의 종류: CREATE, DROP, ALTER
- 데이터 조작어(DML)의 종류: SELECT, INSERT, DELETE, UPDATE

| 정답 | 01 ④ 02 ① 03 ② 04 ②

개념끝

EXIT 24 DML, DCL

1 DML(Data Manipulation Language, 데이터 조작어)

① **정의**: 데이터의 검색, 삽입, 삭제, 변경에 사용되는 언어로, 사용자와 DBMS 간의 인터페이스를 제공

② **종류**

구분	구문 형식	기본 구조
SELECT (튜플 검색)	SELECT … FROM …	SELECT [ALL | DISTINCT] 속성명 FROM 테이블명 WHERE 조건식; [GROUP BY 속성명1, 속성명2,…] [HAVING 조건식] [ORDER BY 속성명 [ASC | DESC]];
INSERT (튜플 삽입)	INSERT INTO … VALUES …	INSERT INTO 테이블명(속성명1, 속성명2, …) VALUES(값1, 값2 …);
DELETE (튜플 삭제)	DELETE FROM …	DELETE FROM 테이블명 WHERE 조건식;
UPDATE (튜플 내용 변경)	UPDATE … SET …	UPDATE 테이블명 SET 속성명 = 값 WHERE 조건식;

개념 돋보기

- ALL: 모든 튜플을 검색(생략 가능)
- DISTINCT: 중복된 튜플 생략(생략 가능)
- ASC: 오름차순 정렬
- DESC: 내림차순 정렬

예제로 확실히 알기

[직원] 테이블

성명	부서	월급	거주지
송직원	기획	4,800,000	구로구
홍직원	영업	5,900,000	서초구
박직원	총무	2,850,000	종로구
김직원	영업	3,600,000	강남구

① [직원] 테이블에서 '영업'부의 모든 튜플을 구하시오.

```
SELECT *
FROM 직원
WHERE 부서 = '영업';
```

➡

성명	부서	월급	거주지
홍직원	영업	5,900,000	서초구
김직원	영업	3,600,000	강남구

② [직원] 테이블에서 '영업'부에서 근무하면서 거주지가 '서초구'인 직원의 튜플을 구하시오.

```
SELECT *
FROM 직원
WHERE 부서 = '영업' AND 거주지 = '서초구';
```

➡

성명	부서	월급	거주지
홍직원	영업	5,900,000	서초구

③ [직원] 테이블에서 부서가 '영업'이거나 '기획'인 튜플을 구하시오.

```
SELECT *
FROM 직원
WHERE 부서 = '영업' OR 부서 = '기획';
```

➡

성명	부서	월급	거주지
송직원	기획	4,800,000	구로구
홍직원	영업	5,900,000	서초구
김직원	영업	3,600,000	강남구

④ [직원] 테이블에서 성이 '송'인 직원의 튜플을 구하시오.

```
SELECT *
FROM 직원
WHERE 성명 LIKE '송%';
```

➡

성명	부서	월급	거주지
송직원	기획	4,800,000	구로구

⑤ [직원] 테이블에서 월급이 300만원에서 500만원 사이인 튜플을 구하시오.

```
SELECT *
FROM 직원
WHERE 월급 BETWEEN 3000000 AND 5000000;
```

➡

성명	부서	월급	거주지
송직원	기획	4,800,000	구로구
김직원	영업	3,600,000	강남구

⑥ [직원] 테이블에서 부서별 월급의 평균을 구하시오.

```
SELECT 부서, AVG(월급) AS 평균
FROM 직원
GROUP BY 부서;
```

➡

부서	평균
기획	4,800,000
영업	4,750,000
총무	2,850,000

개념 돋보기

LIKE 연산자

문자열의 부분 일치를 확인하는 연산자이다.

- '송'으로 시작하는 문자열: WHERE 성명 LIKE '송%'
- '송'으로 끝나는 문자열: WHERE 성명 LIKE '%송'
- '송'을 포함하는 문자열: WHERE 성명 LIKE '%송%'

개념 돋보기

숫자 데이터의 범위(값1 이상~값2 이하)

BETWEEN 값1 AND 값2

개념 돋보기

AS

결과 테이블의 속성명에 별칭을 부여하여 출력한다.

2 그룹 함수의 종류(집계 함수)

종류	설명	표현식
COUNT	테이블의 행의 수를 계산할 때	COUNT(*)
SUM	하나 또는 여러 개의 열 합계를 구할 때	SUM(속성명)
AVG	하나 또는 여러 개의 열 평균을 구할 때	AVG(속성명)
MAX	해당 열의 최댓값을 구할 때	MAX(속성명)
MIN	해당 열의 최솟값을 구할 때	MIN(속성명)

3 HAVING절을 사용한 조회 검색

GROUP BY절에 의해 선택된 그룹의 탐색 조건을 HAVING절로 지정할 수 있으며 SUM, AVG, COUNT, MAN, MIN 등의 그룹 함수와 함께 사용할 수 있다.

예제로 확실히 알기

[직원] 테이블

성명	부서	월급	거주지
송직원	기획	4,800,000	구로구
홍직원	영업	5,900,000	서초구
박직원	총무	2,850,000	종로구
김직원	영업	3,600,000	강남구

① [직원] 테이블에서 월급이 200만원 이상인 직원이 1명 이상인 경우에 해당하는 부서의 부서별 직원수를 검색하시오.

```
SELECT 부서, COUNT(*) AS 직원수
FROM 직원
WHERE 월급 >= 2000000
GROUP BY 부서
HAVING COUNT(*) >= 1;
```

부서	직원수
기획	1
영업	2
총무	1

4 ORDER BY절을 이용한 정렬 검색

특정 항목을 기준으로 검색 테이블의 행들을 오름차순(ASC) 또는 내림차순(DESC)으로 정렬할 때 사용한다. 생략하면 ASC가 디폴트 값이 되어 오름차순으로 정렬된다.

예제로 확실히 알기

[직원] 테이블

성명	부서	월급	거주지
송직원	기획	4,800,000	구로구
홍직원	영업	5,900,000	서초구
박직원	총무	2,850,000	종로구
김직원	영업	3,600,000	강남구

① [직원] 테이블에서 월급을 기준으로 오름차순 정렬하시오.

```
SELECT *
FROM 직원
ORDER BY 월급 ASC;
```

➡

성명	부서	월급	거주지
박직원	총무	2,850,000	종로구
김직원	영업	3,600,000	강남구
송직원	기획	4,800,000	구로구
홍직원	영업	5,900,000	서초구

5 하위 질의(Sub Query)

하위 질의를 1차 수행한 다음, 반환값을 상위 릴레이션의 WHERE절에 포함시켜 실행한다.

예제로 확실히 알기

[직원] 테이블

성명	부서	월급	거주지
송직원	기획	4,800,000	구로구
홍직원	영업	5,900,000	서초구
박직원	총무	2,850,000	종로구
김직원	영업	3,600,000	강남구

[회사활동] 테이블

성명	평가	근무경력
홍직원	우수	8
박직원	미달	3
김직원	보통	12

① [직원] 테이블과 [회사활동] 테이블에서 평가가 '우수'인 직원의 성명과 거주지를 구하시오.

```
SELECT 성명, 거주지
FROM 직원
WHERE 성명 = (SELECT 성명 FROM 회사활동 WHERE 평가 = '우수');
```

➡

성명	거주지
홍직원	서초구

6 복수 테이블 검색

예제로 확실히 알기

[직원] 테이블

성명	부서	월급	거주지
송직원	기획	4,800,000	구로구
홍직원	영업	5,900,000	서초구
박직원	총무	2,850,000	종로구
김직원	영업	3,600,000	강남구

[회사활동] 테이블

성명	평가	근무경력
홍직원	우수	8
박직원	미달	3
김직원	보통	12

① [직원] 테이블과 [회사활동] 테이블에서 근무경력이 5년 이상인 직원의 성명, 부서, 평가, 근무경력을 구하시오.

```
SELECT 직원.성명, 직원.부서, 회사활동.평가, 회사활동.근무경력
FROM 직원, 회사활동
WHERE 회사활동.근무경력 >=5 AND 직원.성명 = 회사활동.성명;
```

➡

성명	부서	평가	근무경력
홍직원	영업	우수	8
김직원	영업	보통	12

개념 돋보기

테이블명.속성명

복수 테이블이 검색문에 사용될 경우 속성명을 명확하게 표시한다.

7 INSERT문 – 삽입문

```
INSERT INTO 테이블명(속성명1, 속성명2, … )
VALUES(값1, 값2, … );
```

개념 돋보기

한 개의 튜플 삽입

INSERT INTO … VALUES …

여러 개의 튜플 삽입

INSERT INTO … SELECT …

예제로 확실히 알기

① [직원] 테이블에 (성명 – '강직원', 부서 – '총무')를 삽입하시오.

```
INSERT INTO 직원(성명, 부서)
VALUES('강직원', '총무');
```

② [직원] 테이블에 있는 영업부의 모든 튜플을 영업부인원(성명, 월급, 거주지) 테이블에 삽입하시오.

```
INSERT INTO 영업부인원(성명, 월급, 거주지)
SELECT 성명, 월급, 거주지
FROM 직원
WHERE 부서 = '영업';
```

8 UPDATE문 – 갱신문

```
UPDATE 테이블명
SET 속성명 = 값
WHERE 조건식;
```

예제로 확실히 알기

① [직원] 테이블에서 홍직원의 거주지를 '용산구'로 변경하시오.

```
UPDATE 직원
SET 거주지 = '용산구'
WHERE 성명 = '홍직원';
```

9 DELETE문 – 삭제문

```
DELETE FROM 테이블명
WHERE 조건식;
```

예제로 확실히 알기

① [직원] 테이블에서 송직원에 대한 튜플을 삭제하시오.

```
DELETE FROM 직원
WHERE 성명 = '송직원';
```

10 DCL(Data Control Language, 데이터 제어어)

① **정의**: 데이터 제어 정의 및 기술에 사용되는 언어

② **종류**

COMMIT	명령어로 수행된 결과를 실제 물리적 디스크로 저장하고, 명령어로 수행을 성공적으로 완료하였음을 선언
ROLLBACK	명령어로 수행을 실패하였음을 알리고, 수행된 결과를 원상 복귀시킴
GRANT	데이터베이스 사용자에게 사용 권한 부여
REVOKE	데이터베이스 사용자로부터 사용 권한 취소

③ 기능
- 불법적인 사용자로부터 데이터를 보호한다.
- 무결성을 유지한다.
- 데이터를 복구하고 병행 제어를 수행한다.

최빈출 기출 모음.ZIP

01

22년 1회, 20년 4회, 19년 3회, 18년 2회, 17년 4회, 17년 1회, 16년 2회, 15년 4회, 14년 5회, 12년 1회, 11년 2회

고객 테이블의 모든 자료를 검색하는 SQL문으로 옳은 것은?

① SELECT % FROM 고객;
② SELECT ? FROM 고객;
③ SELECT * FROM 고객;
④ SELECT # FROM 고객;

02

22년 3회, 11년 4회, 10년 1회

다음 SQL 명령에서 DISTINCT의 의미를 가장 잘 설명한 것은?

```
SELECT DISTINCT 학과명
FROM 학생 WHERE 총점 > 80;
```

① 학과명이 중복되지 않게 검색한다.
② 중복된 학과명만 검색한다.
③ 동일한 총점을 가진 학생만 검사한다.
④ 학과명만 제외하고 검색한다.

03

22년 1회, 20년 4회, 19년 3회, 18년 2회, 17년 4회, 17년 1회, 16년 2회, 15년 4회, 14년 5회, 12년 1회, 10년 4회

SQL의 SELECT문에서 특정 열의 값을 기준으로 정렬할 때 사용하는 절은?

① SORT BY절 ② ORDER BY절
③ ORDER TO절 ④ SORT절

바로 보는 해설

01

| 해설 |
③ 필드명에 *를 입력하면 모든이란 의미의 만능 문자이다. 고객 테이블의 모든 필드를 검색한다.

02

| 해설 |
① ALL: 모든 튜플을 검색(생략 가능)
- DISTINCT: 중복된 튜플 생략

03

| 해설 |
② ORDER BY절은 특정 항목을 기준으로 검색 테이블의 행들을 오름차순(ASC) 또는 내림차순(DESC)으로 정렬할 때 사용한다.

| 정답 | 01 ③ 02 ① 03 ②

04

22년 3회, 21년 4회, 20년 3회, 18년 3회, 17년 1회, 17년 2회, 12년 1회, 10년 4회

다음 SQL문을 실행한 결과 검색되지 않는 주문 수량은?

```
SELECT 종목명, 주문수량 FROM 주문내역
WHERE 주문수량 >= 150 AND 주문수량 <= 300;
```

① 150 ② 200
③ 300 ④ 350

05

21년 2회, 19년 2회, 17년 2회, 15년 1회, 14년 5회, 12년 5회, 11년 1회

SQL 구문 형식으로 옳지 않은 것은?

① SELECT ~ FROM ~ WHERE ~
② DELETE ~ FROM ~ WHERE ~
③ INSERT ~ INTO ~ WHERE ~
④ UPDATE ~ SET ~ WHERE ~

06

22년 1회

다음은 '제품' 테이블의 '단가'를 기준으로 내림차순 정렬하여 표시하는 SQL문이다. ㉠, ㉡에 알맞은 명령은?

```
SELECT 제품명, 단가
FROM 제품 ( ㉠ ) 단가 ( ㉡ );
```

	㉠	㉡		㉠	㉡
①	ORDER TO	ASC	②	WHERE	ASC
③	ORDER BY	DESC	④	GROUP BY	ASC

07

11년 4회, 05년 4회

데이터베이스 제어어(DCL) 중 사용자에게 조작에 대한 권한을 부여하는 명령어는?

① OPTION ② REVOKE
③ GRANT ④ VALUES

08

06년 1회

SQL 명령에서 변경된 내용을 데이터베이스에 저장할 때 사용되는 처리문은?

① ROLLBACK ② COMMIT
③ CROSS ④ CASCADE

바로 보는 해설

04

| 해설 |

SQL AND 연산자

```
WHERE 주문수량 >=150
AND 주문수량 <=300
```

주문수량이 150 이상이면서 300 이하인 범위가 조회된다.
WHERE 주문수량 BETWEEN 150 AND 300로 표현할 수 있다.

05

| 해설 |

DML 종류

SELECT (검색)	SELECT ··· FROM ···
INSERT (삽입)	INSERT INTO ··· VALUES
DELETE (삭제)	DELETE FROM ···
UPDATE (갱신)	UPDATE ··· SET ···

06

| 해설 |

③ ORDER BY절의 내림차순은 DESC로 지정하고, 오름차순은 ASC 또는 생략한다.

07

| 해설 |

③ GRANT: 데이터베이스 사용자에게 사용 권한을 부여한다.

08

| 해설 |

② COMMIT: 명령어로 수행된 결과를 실제 물리적 디스크로 저장하고, 명령어로 수행을 성공적으로 완료하였음을 선언한다.

| 정답 | 04 ④ 05 ③ 06 ③ 07 ③ 08 ②

개념끝
EXIT 25

스프레드시트

1 스프레드시트(Spreadsheet) 10번 출제

① **정의**: 컴퓨터를 활용하여 각종 계산, 차트, 통계 업무를 처리할 때 사용하는 응용 소프트웨어

② **종류**: MS-EXCEL, 구글시트, 한셀

③ **셀(Cell)**: 워크시트를 구성하는 단위로, 스프레드시트에서 기본 입력 단위가 되며 행과 열이 교차되면서 만들어지는 각각의 사각형을 의미한다.

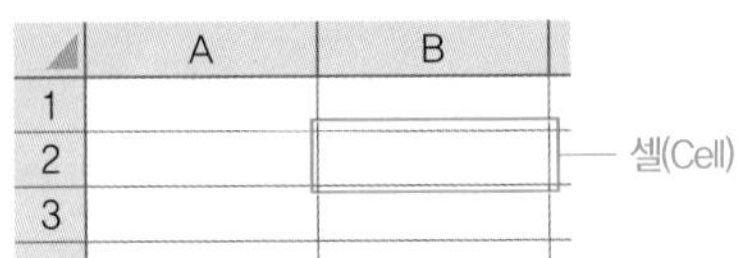

▲ 워크시트

2 워크시트

(1) 워크시트 개념

① **정의**: 셀의 집합으로 종이 1장(1페이지)이란 개념

② 기본적으로 3개, 최대 255개까지 추가할 수 있다.

③ **종류**: 워크시트, 차트시트, 매크로시트, 대화상자 시트

(2) 워크시트 편집

① **시트 추가**: 삽입–워크시트를 이용하거나, (시트탭)단축 메뉴–삽입

② **삭제**: 편집–시트 삭제, (시트탭)단축 메뉴–삭제

③ **이름 변경**: 시트탭 더블클릭 후 이름 변경, 서식–시트–이름 바꾸기, (시트탭)단축 메뉴–이름 바꾸기

④ **이동**: 마우스로 원하는 곳으로 드래그

⑤ **복사**: Ctrl+마우스 드래그

⑥ **채우기 핸들**: 셀 포인터의 오른쪽 아래 부분에 있는 작고 검은 사각형

(3) 셀 편집

① **연속적인 셀 선택**: 마우스로 드래그, Shift+마우스로 드래그

② **비연속적 셀 선택**: Ctrl+마우스로 클릭

③ **행 높이 조절**: 서식–행–높이

④ **열 너비 조절**: 서식–열–너비

⑤ **행/열 자동조절**: 경계 열/행 머리글에서 더블클릭하면 해당 셀 중 가장 긴 셀로 자동 맞춤

개념 돋보기

참조 유형(F4키로 변경 가능)

- 절대 참조: 고정되어 있는 주소(A4)
- 상대 참조: 수식 복사 시 셀의 주소 변화 발생(A4)
- 혼합 참조: 행/열 중 하나만 고정($A4, A$4)

연산자의 우선순위

참조 연산자 → 산술 연산자 → 문자열 연산자 → 비교 연산자

3 스프레드시트의 기능 (21번 출제)

① 데이터 연산 결과를 사용자가 다양한 서식으로 자유롭게 표현할 수 있다.
② 입력된 자료 또는 계산된 자료를 가지고 여러 유형의 그래프를 작성할 수 있다.
③ 특정 자료의 검색, 추출 및 정렬을 할 수 있다.
④ 직원들의 급여와 같이 다양한 계산을 연산식 등으로 할 수 있다.
⑤ 주문서와 견적서를 만들어 출력할 수 있다.
⑥ 차트와 그래프를 만들어 재무 분석에 이용할 수 있다.

4 EXCEL 주요 기능 (15번 출제)

① **레코드 관리**: 입력한 데이터의 추가, 삭제, 수정, 검색하는 기능이다.
② **정렬**: 필드의 일정한 값을 기준으로 데이터를 재배열하는 것으로 오름차순, 내림차순 정렬을 선택할 수 있다.
③ **필터**: 자료 중 원하는 자료를 추출, 검색하는 기능(자동 필터, 고급 필터)이다.
④ **부분합**: 자료를 각각 분류(정렬)해서 합계, 평균, 개수 등을 구한다. 부분합을 수행하기 전에 반드시 부분합의 대상으로 정렬되어 있어야 한다.
⑤ **매크로(Macro)**: 반복 작업과 빈번하게 행하는 일련의 조작을 자동화하는 기능으로, 작업 수행 시간이 단축되고, 작업 오류의 가능성을 줄일 수 있다. 키보드와 마우스의 움직임을 기억할 수 있다.

5 자료의 입력

(1) 데이터 입력에 사용되는 바로가기 키

단축키	기능
Enter	• 셀 입력 확인 • 범위 선택 후 지정한 범위 안에서 포인터 이동
Esc	입력 중 취소
Alt + Enter	한 셀에 여러 줄의 데이터 입력
Ctrl + Enter	여러 셀에 동일한 데이터 입력
Alt + [↓]	같은 열에 입력된 문자열 목록 표시
Shift + Enter	데이터 입력 후 위 행으로 이동
Tab	오른쪽 셀 방향으로 입력하기

(2) 문자 데이터

① 한글, 영문, 특수문자가 혼합된 데이터는 문자 데이터로 처리된다.
② 문자 데이터는 입력 후 자동으로 왼쪽 정렬이 된다.
③ 셀 너비보다 길면 오른쪽 셀의 데이터 유무에 따라 다르게 표시된다.
④ 작은따옴표(')로 시작하는 숫자는 문자로 취급된다.

(3) 숫자 데이터 입력(순수하게 숫자만 있을 경우)

① 0~9의 숫자와 +, − 등의 기호로 이루어진 데이터로, 연산의 대상이 된다.
② 숫자 데이터는 입력 후 자동으로 오른쪽 정렬이 된다.
③ 기본 입력 시 소수점 지정: [파일]−[Excel 옵션]−[고급]−[편집 옵션]−[소수점 자동 삽입]에서 소수점의 위치를 지정한다.
예 셀에 3 입력 시, 3 → 0.003
④ 셀 너비보다 긴 경우 '#'으로 표시되며, 분수 1/3은 '0 1/3'으로 입력한다.

(4) 수식 데이터

① 반드시 등호(=)나 +, − 기호로 시작한다.
② Ctrl+~을 누르면 수식이 표시된다.
③ 배열 수식은 수식 입력 후 Ctrl + Shift + Enter 키를 누른다.
④ 수식을 입력 후 결과값이 상수로 입력되게 하려면 수식을 입력한 후 F9 키를 누른다.

개념 돋보기
- Ctrl+; : 현재 날짜 입력
- Shift+Ctrl+; : 현재 시간 입력

(5) 날짜/시간 데이터

① 시간 데이터는 콜론(:)으로 시, 분, 초를 구분하여 입력한다.
② 날짜 데이터는 하이픈(−), 또는 슬러시(/)로 년, 월, 일을 구분하여 입력한다.
③ 숫자로 취급되므로 오른쪽에 맞추어 표시되며, 연산 및 대소 비교가 가능하다.
④ 시간 입력에서 am/pm을 입력하지 않으면 24시간제로 인식되므로 오전으로 입력된다.
⑤ 날짜는 일련번호로 저장되고 시간은 하루에 대한 비율로 간주되어 소수로 저장된다.
⑥ 연도를 00에서 29 사이의 숫자로 입력하면 2000년에서 2029년 사이의 연도가 입력된다.

01

22년 1회, 20년 3회, 19년 1회, 18년 4회, 17년 2회, 15년 2회, 13년 2회, 11년 5회

스프레드시트의 기능과 거리가 먼 것은?

① 데이터 연산 결과를 사용자가 다양한 서식으로 자유롭게 표현한다.
② 입력된 자료 또는 계산된 자료를 가지고 여러 유형의 그래프를 작성한다.
③ 동영상 처리 및 애니메이션 효과를 구현할 수 있다.
④ 특정 자료의 검색, 추출 및 정렬을 한다.

02

22년 3회, 21년 2회, 18년 2회, 16년 2회, 15년 2회, 13년 2회, 12년 4회, 11년 5회

스프레드시트 작업에서 반복적으로 실행하는 경우에 한 번의 명령으로 자동화시켜 처리하는 기능은?

① 뷰　② 정렬
③ 필터　④ 매크로

03

22년 3회, 22년 1회, 21년 2회, 20년 1회, 18년 2회, 16년 2회, 15년 2회, 13년 2회, 12년 4회, 11년 4회

스프레드시트에서 조건을 부여하여 이에 맞는 자료들만 추출하여 표시하는 것을 무엇이라고 하는가?

① 정렬　② 필터
③ 매크로　④ 프레젠테이션

04

22년 3회, 22년 1회, 21년 3회, 21년 2회, 20년 2회, 19년 2회, 18년 3회, 17년 2회, 11년 4회

스프레드시트에 행과 열이 교차되면서 만들어지는 각각의 사각형을 무엇이라고 하는가?

① 셀　② 차수
③ 카디널리티　④ 슬라이더

바로 보는 해설

01

| 해설 |
스프레드시트(엑셀) 기능: 자동 계산 기능, 문서 작성 기능, 차트 작성 기능, 데이터베이스 기능 등을 제공한다.
③ 동영상 편집 프로그램: 동영상 처리 및 애니메이션 효과를 구현할 수 있다.

02

| 해설 |
④ 매크로(Macro): 반복 작업과 빈번하게 행하는 일련의 조작을 자동화할 수 있다. 작업 수행 시간이 단축되고, 작업 오류의 가능성을 줄일 수 있다.

03

| 해설 |
② 필터: 자료 중 원하는 자료를 추출, 검색하는 기능이다. 종류에는 자동 필터, 고급 필터가 있다.

04

| 해설 |
① 셀(Cell): 스프레드시트에서 기본 입력 단위로 행과 열이 교차되면서 만들어지는 각각의 사각형을 의미한다.

	A	B
1		
2		
3		

| 정답 | 01 ③ 02 ④ 03 ② 04 ①

개념끝

EXIT 26

프레젠테이션

1 프레젠테이션

① **정의**: 제한된 시간에 각종 보고서나 선전, 홍보 등 특정 정보를 다수의 청중에게 빠르고 효과적으로 전달하는 프로그램

② 프레젠테이션 확장자는 PPTX, PPT이고 서식 확장자는 POT이다.

③ **프레젠테이션 관련 용어**

- **슬라이드(쪽)**: 프레젠테이션에서 사용하는 하나의 화면(장, Page)을 의미
- **시나리오**: 프레젠테이션의 흐름을 기획하기 위한 전체 틀을 구성한 것을 의미
- **개체**: 슬라이드를 구성하는 각종 문자열, 그림, 클립아트, 도형 문자 등으로 화면을 구성하는 개개의 요소를 의미
- **마스터의 종류**: 슬라이드 마스터, 제목 마스터, 유인물 마스터, 슬라이드 노트 마스터

④ **프레젠테이션 용도**: 교육 자료 제작, 제품 설명회 자료 작성, 회의 자료 작성, 프레젠테이션에 사용되는 장비

⑤ **프레젠테이션 준비 기기**: 프로젝터, OHP 등사기, 슬라이드 영사기, 모니터 등

⑥ **프레젠테이션 작성 순서**

프레젠테이션 기획 → 프레젠테이션 준비 → 프레젠테이션 원고 작성 → 프레젠테이션 실시 → 프레젠테이션 결과 분석

개념 돋보기

슬라이드 마스터

- 문서 내의 모든 슬라이드에 동일한 내용과 서식을 적용할 때 사용한다.
- 회사로고, 슬라이드번호, 글상자 서식 등을 미리 정의하여 프레젠테이션의 통일성을 위해 사용한다.

최빈출 기출 모음.ZIP

01 22년 1회, 20년 1회, 19년 3회, 18년 2회, 17년 4회, 15년 2회, 13년 2회, 12년 1회, 11년 3회, 11년 1회, 10년 4회

프레젠테이션에서 프레젠테이션의 흐름을 기획한 것을 무엇이라 하는가?

① 개체 ② 슬라이드
③ 매크로 ④ 시나리오

02 22년 1회, 20년 1회, 19년 3회, 18년 2회, 17년 4회, 15년 2회, 13년 2회, 12년 1회, 11년 5회, 11년 3회

프레젠테이션에서 화면을 구성하는 개개의 요소를 의미하는 것은?

① 개체 ② 개요
③ 스크린 팁 ④ 슬라이드

03 22년 1회, 21년 2회, 19년 1회, 18년 3회, 17년 2회, 15년 1회, 14년 2회, 13년 1회, 11년 2회, 11년 1회, 10년 5회

프레젠테이션에서 사용하는 하나의 화면은?

① 슬라이드 ② 매크로
③ 개체 ④ 셀

바로 보는 해설

01

| 해설 |
④ 시나리오: 프레젠테이션의 흐름을 기획하기 위한 전체 틀을 구성한 것을 의미한다.

02

| 해설 |
① 개체: 화면을 구성하는 개개의 요소(도형, 문자)를 의미한다.

03

| 해설 |
① 슬라이드: 프레젠테이션 각 장(page)을 의미한다.

| 정답 | 01 ④ 02 ① 03 ①

PC 운영체제

중요 해시태그

#다회독필요 #총16문제 #전산영어,UNIX매회반복출제

3과목 자기주도 학습 가이드

3과목은 60문제 중 약 16문제 정도가 출제되는 비중 높은 과목입니다. 이 장에서는 운영체제가 관리하는 자원인 프로세스, 기억장치, 파일 시스템과 관련된 기본 용어 문제와 더불어 이를 영어로 묻는 전산영어 문제가 출제되고 있습니다. 전산영어 문제는 기출문제가 매회 2문제 반복되어 출제되고 있으니 본 교재의 문제와 답을 반드시 암기하세요. 또한 다양한 운영체제 중 UNIX와 관련된 문제가 매회 2문제 반복 출제되고 있습니다. 3과목은 합격 점수 60점을 위해 안정적으로 점수를 득점해야 하는 주요 과목입니다. 3과목 개념 2회독 후 기출문제 위주로 공부하면 최소 10문제 이상의 정답을 확보할 수 있을 것입니다.

공부시간이 부족할 때는 EXIT 를 찾아서 먼저 공부하세요!

CHAPTER 01 운영체제

개념끝 27 운영체제의 개요 EXIT

개념끝 28 프로세스 관리 EXIT

개념끝 29 병행 프로세스와 교착상태

CHAPTER 02 기억장치와 파일 시스템

개념끝 30 기억장치 관리 EXIT

개념끝 31 디스크 스케줄링

개념끝 32 파일 시스템

CHAPTER 03 운영체제의 종류

개념끝 33 UNIX와 LINUX EXIT

개념끝 34 Windows EXIT

개념끝 35 MS-DOS EXIT

CHAPTER 04 전산영어

개념끝 36 운영체제 전산영어 EXIT

개념끝 37 기타 전산영어

개념끝

EXIT 27

운영체제의 개요

1 시스템 소프트웨어

컴퓨터 시스템을 제어하는 소프트웨어로, 컴퓨터 사용자나 응용 프로그램 사용자에게 편의를 제공하는 소프트웨어이다. 대표적인 시스템 소프트웨어가 운영체제(OS)이다.

2 운영체제의 발달 순서 (5번 출제)

일괄 처리 시스템 → 다중 프로그래밍 시스템/시분할 다중 처리 시스템/실시간 처리 시스템 → 다중 모드 시스템 → 분산 처리 시스템

3 시스템 소프트웨어의 구성 (10번 출제)

긴급처방 암기법

감을 작대기로 잘 제어해서 따야지!

감시 프로그램, 작업 제어 프로그램, 자료 관리(데이터 매니지먼트) 프로그램 = 제어 프로그램

(1) 제어 프로그램(Control Program)

① 감시 프로그램(Supervisor Program)

② 작업 제어 프로그램(Job Control Program)

③ 자료 관리 프로그램(Data Management Program)

(2) 처리 프로그램(Processing Program)

① 언어 번역 프로그램(Language Translator Program)

② 서비스 프로그램(Service Program)

③ 문제 프로그램(Problem Program)

4 언어 번역 (8번 출제)

(1) 원시 프로그램(Source Program): 사용자에 의해 각종 프로그래밍 언어로 작성된 프로그램

(2) 언어 번역 프로그램(Language Translate Program)

① 정의: 원시 프로그램을 기계어(Machine Language)로 된 목적 프로그램으로 번역하는 프로그램

② 종류

어셈블러 (Assembler)	어셈블리 언어(Assembly Language)로 작성된 원시 프로그램을 목적 프로그램으로 번역(Assemble)하는 프로그램
컴파일러 (Compiler)	• 고급 언어(High-level Language)로 작성된 원시 프로그램을 목적 프로그램으로 번역(Compile)하는 프로그램 • 컴파일러 언어: C, C++, Visual Basic 등
인터프리터 (Interpreter)	• 원시 프로그램을 한 줄 단위로 번역하고, 즉시 실행시키는 프로그램 • 목적 프로그램을 생성하지 않음 • 인터프리터 언어: BASIC, LISP, APL, Python, R, Javascript 등

③ 어셈블러의 종류

1 pass assembler	• 원시 프로그램을 한 명령문씩 읽는 즉시 기계어로 번역하여 출력하므로 전체 원시 프로그램의 입력이 끝나면 목적 프로그램이 완료됨 • 원시 프로그램에서 기호번지로 지적하는 데이터를 프로그램의 앞부분에 먼저 정의한 후 사용하고, 리터럴을 사용하지 않는 방법을 사용 • 속도는 빠르지만 프로그램 작성에 제한을 받음
2 pass assembler	• 원시 프로그램을 앞에서부터 끝까지 읽어서 1단계의 작업을 수행한 후, 다시 처음부터 읽으면서 1단계에서 수행한 결과를 사용하여 완전한 목적 프로그램이 생성됨 • 한 개의 패스만을 사용하면 기호를 모두 정의한 뒤에 해당 기호를 사용하는데, 이때 2 패스 어셈블러를 사용 • 원시 프로그램을 제 1단계(기호번지 처리)와 제 2단계(목적 코드 생성)에 2번 입력 • 리터럴 정의 및 번지 값을 할당하여 제 2단계에 넘겨줌 • 데이터를 정의하는 위치에 제한받지 않음

(3) 목적 프로그램(Object Program): 언어 번역 프로그램에 의해 즉시 실행할 수 없는 상태의 기계어로 번역된 프로그램

(4) Linkage Editor(연결 편집기, Linker): 목적 프로그램을 실행할 수 있는 로드 모듈(Load Module)로 변환하는 프로그램

(5) 로더(Loader)

① 정의: 프로그램을 실행하기 위하여 프로그램을 보조기억장치로부터 컴퓨터의 주기억장치에 올려놓는 기능을 가진 프로그램

② **로더의 4가지 기능**: 할당(Allocation), 연결(Linking), 재배치(Relocation), 적재(Loading)

③ **로더의 종류**

컴파일 앤드 고 로더 (Compile And GO Loader)	• 별도의 로더 없이 컴파일러가 번역 후 로더의 기능까지 수행 • 할당, 재배치, 적재를 컴파일러가 수행하고, 연결은 링커가 수행
절대 로더 (Absolute Loader)	• 적재 기능만 수행하는 로더 • 할당 및 연결은 프로그래머가 수행, 재배치는 언어 번역 프로그램이 수행 • 단점: 프로그래머 입장에서는 매우 어렵고 한번 지정한 주기억장소의 위치는 변경이 어려움
직접 연결 로더 (Direct Linking Loader)	• 일반적인 로더에 가장 가까움 • 단순한 로딩 외에 목적 프로그램의 재배치를 담당하기 때문에 '재배치 로더(Relocation Loader)'라고도 함
동적 적재 로더 (Dynamic Loading Loader)	• 프로그램을 한꺼번에 적재하는 것이 아니라 실행 시 필요한 일부분만을 차례로 적재 • CPU가 현재 사용 중인 부분만 로드하고 미사용 중인 프로그램은 보조기억장치에 저장해 두는 방식 • 'Load-on-call'이라고도 함

(6) **실행**(Execution): 주기억장치에 적재된 프로그램을 수행한다.

(7) **디버깅**(Debugging): 프로그래밍할 때 또는 작성한 프로그램을 실행할 때 오류가 발생하면 문제되는 부분을 찾아 수정한다.

5 운영체제(OS; Operating System)의 정의 (9번 출제)

잠깐 확인!
운영체제의 종류: Windows, UNIX, LINUX, iOS, Android 등

① 컴퓨터 사용자와 컴퓨터 하드웨어 간의 원활한 소통(상호 작용)을 위한 인터페이스로서 동작하는 시스템 소프트웨어의 일종이다.

② 컴퓨터를 편리하게 사용하고 컴퓨터 하드웨어를 효율적으로 사용할 수 있게 한다.

③ 다른 응용 프로그램이 유용한 작업을 할 수 있도록 환경을 마련한다.

④ **운영체제의 목적**

- 사용자 인터페이스를 제공한다.
- 자원(CPU, 기억장치, 입·출력장치 등)을 스케줄링한다.
- 신뢰성을 향상시킨다.

⑤ **운영체제의 성능 평가 기준**

- **처리 능력**(Throughput): 일정 시간 내에 시스템이 처리하는 일의 양

- **반환 시간**(Turnaround Time): 명령 지시 후 결과를 반환받는 시간으로, 짧을수록 좋다.
- **사용 가능도**(Availability): 한정된 각종 자원을 여러 사용자가 요구할 때, 어느 정도 신속하고 충분히 지원해 줄 수 있는지의 정도
- **신뢰도**(Reliability): 얼마나 정확한 결과를 출력하는지의 정도

6 운영체제의 운용 기법 7번 출제

(1) 일괄 처리 시스템(Batch Processing System)

① 한정된 시간 제약 조건에서 데이터를 분석하여 처리하는 시스템
② 시대적으로 가장 먼저 개발된 형태이다.

(2) 다중 프로그래밍 시스템(Multi-Programming System)

① 하나의 컴퓨터 시스템에서 여러 개의 프로그램이 같이 컴퓨터 시스템에 입력되어 주기억장치에 적재되고, 이들이 처리장치를 번갈아 사용하며 실행하도록 하는 시스템
② 처리량을 극대화한다.

(3) 다중 처리 시스템(Multi-Processing System): 여러 개의 CPU와 한 개의 주기억장치로 여러 프로그램을 동시에 처리하는 시스템

(4) 시분할 시스템(Time Sharing System)

① 다중 처리 시스템에서 하나의 프로세서가 CPU를 독점하는 것을 방지하기 위하여 각각 하나의 시간 슬롯을 할당하여 동작하도록 하는 시스템
② 여러 명의 사용자가 사용하는 시스템에서 컴퓨터가 사용자들의 프로그램을 번갈아 가며 처리해 줌으로써 각 사용자가 각자 독립된 컴퓨터를 사용하는 느낌을 가지게 한다.
③ 응답시간을 최소화한다.

(5) 실시간 처리 시스템(Real Time Processing System)

① 처리해야 할 작업이 발생한 시점에서 즉시 처리하여 그 결과를 얻어내는 시스템
② 정해진 시간에 반드시 수행되어야 하는 작업들을 처리하기에 가장 적합하다.

(6) 다중 모드 시스템(Multi-Mode System): 일괄 처리 시스템, 시분할 시스템, 다중 처리 시스템, 실시간 처리 시스템을 합친 시스템

(7) 분산 처리 시스템(Distributed Processing System): 여러 대의 컴퓨터들에 의해 작업들을 나누어 처리하여 그 내용이나 결과를 통신망을 이용하여 상호 교환되도록 연결된 시스템

개념 돋보기

운영체제의 발전 순서

- 1세대: 일괄 처리 시스템
- 2세대: 다중 프로그래밍 시스템, 다중 처리 시스템
- 3세대: 시분할 시스템
- 4세대: 다중 모드 시스템
- 5세대: 분산 처리 시스템

최빈출 기출 모음.ZIP

01

22년 1회, 21년 1회, 18년 2회, 16년 2회, 14년 5회, 13년 1회, 12년 2회, 10년 2회, 09년 2회

컴퓨터 시스템을 구성하고 있는 하드웨어 장치와 일반 컴퓨터 사용자 또는 컴퓨터에서 실행되는 응용 프로그램의 중간에 위치하여 사용자들이 보다 쉽고 간편하게 컴퓨터 시스템을 이용할 수 있도록 제어 관리하는 프로그램은?

① 운영체제　　② 컴파일러
③ 스풀러　　④ 매크로

02

22년 2회, 13년 1회, 12년 2회, 10년 2회, 09년 2회

운영체제의 제어 프로그램 중 주기억장치와 보조기억장치 사이의 자료 전송, 파일의 조작 및 처리, 입·출력 자료와 프로그램 간의 논리적 연결 등 시스템에서 취급하는 파일과 데이터를 표준적인 방법으로 처리할 수 있도록 관리하는 프로그램은?

① SuperVisor Program　　② Problem Program
③ Job Control Program　　④ Data Management Program

03

20년 1회, 19년 2회, 18년 2회, 15년 5회, 13년 4회, 12년 5회, 10년 1회, 09년 4회

다중 처리 시스템에서 하나의 프로세서가 CPU를 독점하는 것을 방지하기 위하여 각각 하나의 시간 슬롯을 할당하여 동작하도록 하는 시스템은?

① 병렬 처리 시스템　　② 분산 처리 시스템
③ 실시간 처리 시스템　　④ 시분할 처리 시스템

04

21년 3회, 19년 4회, 18년 2회, 10년 2회, 09년 2회

다음 중 운영체제의 발전 단계를 가장 올바르게 나열한 것은?

① 배치 처리 → 다중 프로그래밍 → 시분할 시스템
② 다중 프로그래밍 → 시분할 시스템 → 배치 처리
③ 시분할 시스템 → 배치 처리 → 다중 프로그래밍
④ 배치 처리 → 시분할 시스템 → 다중 프로그래밍

바로 보는 해설

01

| 해설 |

① 운영체제란 컴퓨터 사용자와 컴퓨터 하드웨어 간의 인터페이스로서 동작하는 시스템 소프트웨어의 일종으로, 컴퓨터를 편리하게 사용하고 컴퓨터 하드웨어를 효율적으로 사용할 수 있게 한다. 다른 응용 프로그램이 유용한 작업을 할 수 있도록 환경을 제공한다.

02

| 해설 |

④ 제어 프로그램(Control Program) 중 자료 관리 프로그램(Data Management Program)은 주기억장치와 보조기억장치 사이의 자료 전송, 파일의 조작 및 처리, 입·출력 자료와 프로그램 간의 논리적 연결 등 시스템에서 취급하는 파일과 데이터를 표준적인 방법으로 처리할 수 있도록 관리하는 프로그램이다.

03

| 해설 |

④ 시분할 처리 시스템(Time Sharing System): 하나의 컴퓨터를 여러 개의 단말 장치가 공동으로 사용하도록 하는 시스템

04

| 해설 |

① 운영체제의 발전 순서
일괄 처리 → 실시간 처리 → 다중 프로그래밍 → 다중 처리 → 시분할 처리 → 분산 처리

| 정답 | 01 ① 02 ④ 03 ④ 04 ①

개념끝

EXIT 28 프로세스 관리

1 프로세스(Process)의 정의 (12번 출제)

① 실행 중인 프로그램
② 프로시저의 활동
③ 비동기적 행위를 일으키는 주체
④ 운영체제가 관리하는 실행 단위

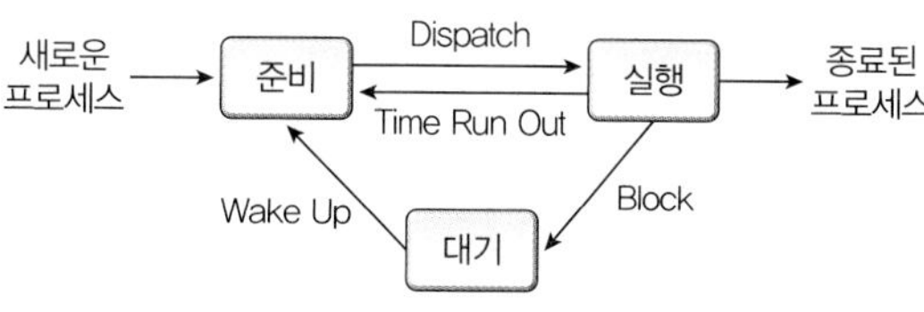

▲ 프로세스 상태 전이

2 프로세스 제어 블록(PCB; Process Control Block)

① **정의:** 운영체제가 프로세스에 대한 중요한 정보를 저장해 놓을 수 있는 저장장소
② 각 프로세스는 고유의 PCB를 가진다.
③ **PCB에 저장되어 있는 정보**
- 프로세스의 현재 상태
- 프로세스의 우선순위
- CPU 레지스터 정보
- 할당된 자원에 대한 정보

3 스레드(Thread)

① **정의:** 제어의 흐름을 의미하는 것으로 프로세스에서 실행의 개념만을 분리한 것
② 프로세스의 구성을 제어의 흐름 부분과 실행 환경 부분으로 나눌 때, 프로세스의 실행 부분을 담당하며 실행의 기본 단위가 된다.
③ 하나의 프로세스 내에서 병행성을 증대시키기 위한 메커니즘이다.
④ 프로세스의 일부 특성을 갖고 있기 때문에 '경량(Light Weight) 프로세스'라고도 한다.
⑤ 실행 환경을 공유시켜 기억장소의 낭비가 줄어들고 프로세스 간의 통신을 향상시킬 수 있다.

4 프로세스 스케줄링

① **정의**: 프로세스의 생성 및 실행에 필요한 시스템의 자원을 해당 프로세스에 할당하는 작업

② **프로세스 스케줄링의 목적**

- 모든 작업들에 대한 공평성을 유지하기 위하여
- 단위 시간당 처리량을 최대화하기 위하여
- 응답시간 및 오버헤드를 최소화하기 위하여
- 응답시간을 줄이고 CPU의 사용률을 높이기 위하여

5 비선점(Non-preemptive) 스케줄링 (6번 출제)

① 일단 CPU를 할당받으면 다른 프로세스가 CPU를 강제적으로 빼앗을 수 없는 방식이다.

② 모든 프로세스에 대한 공정한 처리가 가능하다.

③ 일괄 처리 시스템에 적합하다.

④ **종류**

FCFS (First Come First Service)	• 준비상태 큐에 도착한 순서대로 CPU를 할당하는 기법 • 'FIFO(First Input First Output)'라고도 함
SJF (Shortest Job First)	• 준비상태 큐에서 대기하는 프로세스 중에서 실행 시간이 가장 짧은 프로세스에게 먼저 CPU를 할당하는 기법 • 평균 대기 시간을 최소화함
HRN (Highest Response – ratio Next)	• 어떤 작업이 서비스받을 시간과 그 작업이 서비스를 기다린 시간으로 결정되는 우선순위에 따라 CPU를 할당하는 기법 • 우선순위 계산식 = (대기 시간 + 서비스 시간)/서비스 시간
기한부 (Deadline)	작업이 주어진 특별한 시간이나 만료 시간 안에 완료되도록 하는 기법
우선순위 (Priority)	• 준비상태 큐에서 대기하는 프로세스에게 부여된 우선순위가 가장 높은 프로세스에게 먼저 CPU를 할당하는 기법 • 에이징(Aging) 기법: 프로세스가 자원을 기다리고 있는 시간에 비례하여 우선순위를 부여함으로써 무기한 문제를 방지하는 기법

6 선점(Preemptive) 스케줄링 10번 출제

① 한 프로세스가 CPU를 할당받아 실행 중이라도 우선순위가 높은 다른 프로세스가 CPU를 강제적으로 빼앗을 수 있는 방식이다.
② 빠른 응답시간을 요구하는 시분할 대화식 시스템에 적합하다.
③ 높은 우선순위의 긴급한 프로세스들이 빠르게 처리될 수 있다.
④ 일정한 시간 배당에 대한 Interrupt Timer Clock이 필요하다.
⑤ 종류

SRT (Shortest Remaining Time)	• 실행 중인 프로세스의 남은 시간과 준비상태 큐에 새로 도착한 프로세스의 실행 시간을 비교하여 실행 시간이 더 짧은 프로세스에게 CPU를 할당하는 기법 • 시분할 시스템에 유용함
RR (Round Robin)	• 주어진 시간 할당량(Time slice) 안에 작업을 마치지 않으면 준비 완료 리스트(Ready List)의 가장 뒤로 배치되는 기법 • 시간 할당량이 너무 커지면 FCFS와 비슷하게 되고, 시간 할당량이 너무 작아지면 오버헤드가 커지게 됨
다단계 큐 (MQ; Multi – level Queue)	프로세스들을 우선순위에 따라 시스템 프로세스, 대화형 프로세스, 일괄 처리 프로세스 등으로 상위, 중위, 하위 단계의 단계별 준비큐를 배치하는 기법
다단계 피드백 큐 (MFQ; Multi – level Feedback Queue)	• 특정 그룹의 준비상태 큐에 들어간 프로세스가 다른 준비상태 큐로 이동할 수 없는 다단계 큐 기법을 준비상태 큐 사이를 이동할 수 있도록 개선한 기법 • 짧은 작업, 입·출력 위주의 작업권에 우선권을 부여함 • 마지막 단계의 큐에서는 작업이 완료될 때까지 Round Robin 방식을 반복함

개념 돋보기

문맥교환(Context Switching)
다중 프로그래밍 시스템에서 운영체제에 의하여 CPU가 할당되는 프로세스를 변경하기 위해, 현재 CPU를 사용하여 실행되고 있는 프로세서의 상태 정보를 저장하고, 앞으로 실행될 프로세스의 상태 정보를 설정한 다음에 중앙처리장치를 할당하여 실행되도록 하는 작업이다.

최빈출 기출 모음.ZIP

01

22년 2회, 21년 3회, 20년 4회, 18년 1회, 16년 4회, 14년 2회, 12년 1회 10년 3회, 09년 2회

컴퓨터에서 수행 중인 프로그램을 의미하는 용어는?

① 레지스터 ② 프로세스
③ 인터럽트 ④ 버퍼

02

21년 3회 15년 4회, 14년 4회, 11년 3회, 10년 2회

프로세스 스케줄링 방법 중 가장 먼저 CPU를 요청한 프로세스에게 가장 먼저 CPU를 할당하여 실행할 수 있게 하는 방법은?

① FIFO ② LRU
③ LFU ④ FILO

03

19년 1회, 16년 4회

프로세스 스케줄링에 대한 설명으로 옳은 것은?

① SRT는 가장 긴 실행 시간을 요구하는 프로세스에게 CPU를 할당하는 기법이다.
② 우선순위는 각 프로세스마다 우선순위를 부여하여 그중 가장 낮은 프로세스에게 먼저 CPU를 할당하는 기법이다.
③ FIFO는 가장 나중에 CPU를 요청한 프로세스에게 가장 먼저 CPU를 할당하여 실행한다.
④ 다단계 피드백 큐는 특정 그룹의 준비상태 큐에 들어간 프로세스가 다른 준비상태 큐로 이동할 수 없는 다단계 큐 기법을 준비상태 큐 사이를 이동할 수 있도록 개선한 기법이다.

04

19년 4회, 17년 1회, 15년 2회, 14년 4회, 11년 2회

운영체제의 스케줄링 기법 중 선점(Preemptive) 스케줄링에 해당하는 것은?

① SRT ② SJF
③ FIFO ④ HRN

바로 보는 해설

01

| 해설 |

② 프로세스(Process)의 정의
- 실행 중인 프로그램
- 프로시저의 활동
- 비동기적 행위를 일으키는 주체
- 운영체제가 관리하는 실행 단위

02

| 해설 |

① FCFS(First Come First Service) = FIFO: 준비상태 큐에 도착한 순서대로 CPU를 할당하는 기법

03

| 해설 |

④ 다단계 피드백 큐(MFQ; Multi-level Feedback Queue) : 특정 그룹의 준비상태 큐에 들어간 프로세스가 다른 준비상태 큐로 이동할 수 없는 다단계 큐 기법을 준비상태 큐 사이를 이동할 수 있도록 개선한 기법으로, 짧은 작업, 입·출력 위주의 작업권에 우선권을 부여하며, 마지막 단계의 큐에서는 작업이 완료될 때까지 Round Robin 방식을 취한다.

04

| 해설 |

① 선점 스케줄링 방식의 종류: SRT(Shortest Remaining Time), RR(Round Robin), 다단계 큐(MQ; Multi – level Queue), 다단계 피드백 큐(MFQ; Multi – level Feedback Queue)

| 정답 | 01 ② 02 ① 03 ④ 04 ①

05

16년 4회, 14년 2회, 10년 5회

CPU 스케줄링 방법 중 우선순위에 의한 방법의 단점은 무한정지(Indefinite Blocking)와 기아(Starvation) 현상이다. 이 단점을 해결하는 방안으로 가장 적합한 것은?

① 순환 할당　② 다단계 큐 방식
③ 에이징(Aging) 방식　④ 최소 작업 우선

06

10년 5회

비선점(Non−preemptive) 프로세스 스케줄링 방식에 해당하는 것은?

① SJF, SRT　② SJF, FIFO
③ Round−Robin, SRT　④ Round−Robin, SJF

07

23년 2회, 22년 1회, 19년 3회, 06년 4회

프로세스 스케줄링 방식 중 다른 기법에 비하여 시분할(Time slice) 시스템에 가장 적절한 방식은?

① HRN　② FIFO
③ RR　④ SJF

바로 보는 해설

05

| 해설 |

③ 에이징(Aging) 방식: 프로세스가 자원을 기다리고 있는 시간에 비례하여 우선순위를 부여함으로써 가까운 시간 내에 자원이 할당될 수 있도록 한다.

06

| 해설 |

② 비선점 스케줄링 방식의 종류: FCFS(First Come First Service), SJF(Shortest Job First), HRN(Highest Response−ratio Next), 기한부(Deadline), 우선순위(Priority)

07

| 해설 |

③ RR(Round Robin): 주어진 시간 할당량(Time slice) 안에 작업을 마치지 않으면 준비 완료 리스트(ready list)의 가장 뒤로 배치되는 선점형 프로세스 스케줄링 기법

| 정답 | 05 ③ 06 ② 07 ③

개념끝

29 병행 프로세스와 교착상태

1 병행 프로세스(Concurrent Process)

두 개 이상의 프로세스들이 동시에 실행 상태에 있는 것을 의미한다.

(1) 임계 구역(Critical Section)

① **정의**: 다중 프로그래밍 운영체제에서 여러 개의 프로세스가 공유하는 자원이나 데이터에 대하여 어느 한 시점에서 하나의 프로세스만 사용할 수 있도록 지정된 공유 자원

② 하나의 프로세스만 사용할 수 있으므로 다른 프로세스들은 대기하게 된다. 따라서 임계 구역에서의 작업은 신속하게 이루어져야 한다.

(2) 동기화 기법

세마포어 (Semaphore)	• Dijkstra가 제안한 상호 배제 알고리즘 • 각 프로세스가 임계 구역에 대해 각각의 프로세스들이 접근하기 위하여 사용되는 P(Wait)와 V(Wake up) 연산을 통해 프로세스 사이의 동기를 유지하고 상호 배제의 원리를 보장
모니터 (Monitor)	• 특정 공유 자원이나 한 그룹의 공유 자원들을 할당하는 데 필요한 데이터 및 프로시저를 포함하는 병행성 구조 • 한순간에 한 프로세스만이 모니터에 진입 가능 • 모니터 외부의 프로세스는 모니터 내부의 데이터에 접근 불가

2 교착상태(Deadlock) 10번 출제

(1) **교착상태의 개념**: 다중 프로그래밍상에서 두 개의 프로세스가 실행 중에 있게 되면 각 프로세스는 자신이 필요한 자원을 가지고 실행되다가, 자신이 점유하고 있는 자원을 포기하지 않은 상태에서 다른 프로세스가 자원을 요구하는 경우가 발생된다. 이 경우 두 프로세스 모두 더 이상 실행할 수 없게 되는 현상이다.

(2) 교착상태의 발생 조건

① **상호 배제(Mutual Exclusion)**: 한 번에 한 개의 프로세스만이 공유 자원을 사용할 수 있어야 한다.(데커 알고리즘, 피터슨 알고리즘, Lamport의 빵집 알고리즘, Test and set 기법, Swap 명령어 기법)

② **점유와 대기(Hold and Wait)**: 이미 자원을 가진 프로세스가 다른 자원의 할당을 요구한다.

③ 비선점(Non-preemption): 프로세스에 할당된 자원은 사용이 끝날 때까지 강제로 빼앗을 수 없다.
④ 환형 대기(Circular Wait): 이미 자원을 가진 프로세스가 앞이나 뒤의 프로세스 자원을 요구한다.

(3) 교착상태의 해결 방법

① 예방(Prevention): 상호 배제, 점유와 대기, 비선점, 환형 대기 중 어느 하나를 발생하지 않게 하는 방법이다.
② 회피(Avoidance): 교착상태의 발생 가능성을 인정하고 교착상태가 발생하려고 할 때, 교착상태 가능성을 피해 가는 방법이다.(은행원 알고리즘)
③ 회복(Recovery): 교착상태를 일으킨 프로세스를 종료하거나 교착상태에 있는 프로세스가 점유하고 있는 자원을 선점하여 다른 프로세스에게 할당하는 기법이다.
④ 발견(Detection): 시스템에 교착상태가 발생했는지 점검하여 교착상태에 있는 프로세스와 자원을 발견하는 것을 의미한다.

최빈출 기출 모음.ZIP

01 21년 2회, 20년 3회, 19년 3회, 17년 4회, 16년 1회, 14년 5회, 12년 1회, 11년 4회

다음 중 프로그래밍 시스템 내에서 서로 다른 프로세스가 일어날 수 없는 사건을 무한정 기다리고 있는 것은?

① 세마포어 ② 가비지 수집
③ 코루틴 ④ 교착상태

02 22년 2회, 20년 1회, 19년 4회, 17년 1회, 15년 1회, 14년 2회, 10년 4회

교착상태(Deadlock)에 관한 설명으로 옳지 않은 것은?

① 교착상태는 둘 이상의 프로세스들이 서로 다른 프로세스가 차지하고 있는 자원을 요구하여 무한정 기다리게 함으로 인해 결국 해당 프로세스의 진행이 중단되는 현상이다.
② 교착상태는 어떤 자원을 한 프로세스가 사용 중일 때 다른 프로세스가 그 작업이 끝날 때까지 기다리는 데서 발생한다.
③ 교착상태는 한 프로세스에게 할당된 자원을 스스로 내놓기 전에는 다른 자원을 강제로 빼앗을 수 없을 때 발생한다.
④ 교착상태는 프로세스들이 자신의 자원을 내놓고 상대방의 자원을 요구하는 것이 순환을 이룰 때 발생한다.

바로 보는 해설

01
| 해설 |
④ 교착상태(Deadlock): 두 개 이상의 프로세스들이 자원을 점유한 상태에서 서로 다른 프로세스가 점유하고 있는 자원을 요구하며 무한정 기다리는 현상

02
| 해설 |
④ 교착상태는 서로 자신이 점유하고 있는 자원을 포기하지 않은 상태에서 다른 프로세스가 자원을 요구하는 경우에 발생한다.

| 정답 | 01 ④ 02 ④

개념끝

EXIT

30 기억장치 관리

1 기억장치 반입 전략

(1) 반입(Fetch) 전략

① **정의**: 프로그램/데이터를 주기억장치로 가져오는 시기를 결정하는 전략

② **종류**: 요구 반입, 예상 반입

(2) 배치(Placement) 전략

① **정의**: 프로그램/데이터의 주기억장치 내의 위치를 정하는 전략

② **종류**: 최초 적합(First Fit), 최적 적합(Best Fit), 최악 적합(Worst Fit)

(3) 교체(Replacement) 전략

① **정의**: 주기억장치 내의 빈 공간 확보를 위해 제거할 프로그램/데이터를 선택하는 전략

② **종류**: FIFO, OPT, LRU, LFU, NUR, SCR 등

2 단편화(Fragmentation)

① **정의**: 주기억장치 상에서 빈번하게 기억장소가 할당되고 반납됨에 따라 기억장소들이 조각들로 나누어지는 현상

② **종류**: 내부 단편화, 외부 단편화

③ **단편화 해결 방법**

통합(Coalescing)	인접한 낭비 공간들을 모아서 하나의 큰 기억 공간을 만드는 작업
압축(Compaction)	서로 떨어져 있는 공백을 모아서 하나의 큰 기억 공간을 만드는 작업

3 가상기억장치 (12번 출제)

(1) 가상기억장치의 개념

① **정의**: 보조기억장치 일부를 주기억장치처럼 사용함으로써 용량이 작은 주기억장치를 마치 큰 용량을 가진 것처럼 사용하는 기법

② 기억장치의 이용률과 다중 프로그래밍의 효율을 높일 수 있다.

③ **구현 방법**: 페이징 기법, 세그먼테이션 기법

(2) 페이징(Paging) 기법

① **정의**: 가상기억장치에 보관된 프로그램과 주기억장치의 영역을 동일한 크기로 나눈 후, 나눠진 프로그램(Page)을 동일하게 나눠진 주기억장치의 영역(Page Frame)에 적재시켜 실행하는 기법

② 가상기억장치에서 주기억장치로 주소를 조정하는 매핑(Mapping)을 하기 위해 페이지의 위치 정보를 가진 페이지 맵 테이블(Page Map Table)이 필요하다.

(3) 세그먼테이션(Segmentation) 기법

① **정의**: 가상기억장치에 보관된 프로그램을 다양한 크기의 논리적인 단위(Segment)로 나눈 후 주기억장치에 적재시켜 실행시키는 기법

② 매핑을 하기 위해 세그먼트의 위치 정보를 가진 세그먼트 맵 테이블(Segment Map Table)이 필요하다.

③ 각 세그먼트는 고유한 이름과 크기를 가진다.

④ 기억장치 보호키가 필요하다.

4 페이지 교체 알고리즘

① **페이지 교체 알고리즘의 개념**: 프로세스 실행 시 참조할 페이지가 주기억장치에 없는 페이지 부재(Page Fault) 발생 시 가상기억장치의 페이지를 주기억장치에 적재해야 하는데, 이때 주기억장치의 모든 페이지 프레임이 사용 중이면 어떤 페이지 프레임을 교체할지 결정하는 기법이다.

② **종류** 6번 출제

알고리즘	설명
OPT (OPTimal replacement)	• 이후에 가장 오랫동안 사용되지 않을 페이지를 먼저 교체하는 기법 • 실현 가능성이 희박함
FIFO (First In First Out)	• 가장 먼저 적재된 페이지를 먼저 교체하는 기법 • 벨레이디의 모순(Belady's Anomaly) 현상이 발생
LRU (Least Recently Used)	가장 오랫동안 사용되지 않았던 페이지를 먼저 교체하는 기법
LFU (Least Frequently Used)	참조된 횟수가 가장 적은 페이지를 먼저 교체하는 기법
NUR (Not Used Recently)	• 최근에 사용하지 않은 페이지를 먼저 교체하는 기법 • 매 페이지마다 두 개의 하드웨어 비트[참조 비트(Reference Bit), 변형 비트(Modified Bit)]가 필요함
SCR (Second Chance Replacement)	각 페이지에 프레임을 FIFO 순으로 유지시키면서 LRU 알고리즘처럼 참조 비트를 갖게 하는 기법

개념 돋보기

벨레이디의 모순(Belady's Anomaly)

FIFO 알고리즘에서 기존 프레임 수를 증가시켰는데도 불구하고 페이지 부재(Page Fault)가 증가하는 현상

5 가상기억장치 관련 기타 주요 용어 (3번 출제)

(1) 구역성(Locality, 지역성)

① **정의**: 프로세스가 실행되는 동안 일부 페이지만 집중적으로 참조되는 경향

② **시간 구역성(Temporal Locality)**: 최근에 참조된 기억장소가 가까운 장래에도 계속 참조될 가능성이 높음을 의미한다.(루프, 서브 루틴, 스택, 집계에 사용되는 변수 등)

③ **공간 구역성(Spatial Locality)**: 하나의 기억장소가 가까운 장래에도 계속 참조될 가능성이 큼을 의미한다.(배열 순례, 프로그램의 순차적 수행 등)

(2) 워킹 셋(Working Set): 프로세스를 효과적으로 실행하기 위하여 주기억장치에 유지되어야 하는 페이지들의 집합

(3) 스래싱(Thrashing): 페이지 부재가 계속 발생되어 프로세스가 수행되는 시간보다 페이지 대체에 소비되는 시간이 더 많은 현상

개념 돋보기

스래싱 현상 방지 기법

- CPU 이용률 증가
- 페이지 부재율 조절 후 대처
- Working Set 방법 사용

최빈출 기출 모음.ZIP

01

20년 1회, 18년 4회, 17년 2회, 16년 2회, 14년 1회, 12년 1회, 10년 5회, 10년 4회

페이지 대체 알고리즘에서 계수기를 두어 가장 오랫동안 참조되지 않은 페이지를 교체할 페이지로 선택하는 것은?

① FIFO ② LRU
③ LFU ④ OPT

02

22년 1회, 18년 2회, 18년 1회, 17년 1회, 14년 3회, 14년 1회, 12년 5회, 11년 4회, 08년 3회

주기억장치의 용량을 실제보다 크게 활용할 수 있도록 하기 위하여 실제 자료를 보조기억장치에 두고 주기억장치에 있는 것과 같이 처리시킬 수 있는 기억장치는?

① 가상기억장치
② 확장기억장치
③ 캐시기억장치
④ 기본기억장치

03

20년 2회, 18년 2회, 18년 1회, 17년 1회, 14년 3회, 14년 1회, 12년 5회, 10년 5회

다중 프로그래밍 환경에서 CPU가 주기억장치 내부 프로그램을 실행하는 데 걸리는 시간보다 페이지 부재에 따른 페이지 대체에 많은 시간을 보내게 됨으로써 전체 컴퓨터 시스템의 성능이 급격히 저하되는 현상은?

① Workload ② Locality
③ Thrashing ④ Collision

바로 보는 해설

01
| 해설 |
② LRU(Least Recently Used) : 가장 오랫동안 사용되지 않았던 페이지를 먼저 교체하는 기법

02
| 해설 |
① 가상기억장치: 주기억장치의 용량을 실제보다 크게 활용할 수 있도록 실제 자료를 보조기억장치에 두고 주기억장치에 있는 것과 같이 처리시킬 수 있는 기억장치

03
| 해설 |
③ 스래싱(Thrashing): 다중 프로그래밍 환경에서 CPU가 주기억장치 내부 프로그램을 실행하는 데 걸리는 시간보다 페이지 부재에 따른 페이지 대체에 많은 시간을 보내게 됨으로써 전체 컴퓨터 시스템의 성능이 급격히 저하되는 현상

| 정답 | 01 ② 02 ① 03 ③

개념끝

31 디스크 스케줄링

1 디스크 스케줄링(Disk Scheduling)

① **정의**: 사용할 데이터가 디스크의 여러 곳에 저장되어 있을 때 데이터를 액세스하기 위해 디스크 헤드의 이동 경로를 결정하는 기법

② **목적**: 극대화, 평균 반응 시간 단축, 응답 시간 최소화

2 디스크 스케줄링의 종류

FCFS (First Come First Service)	디스크 대기 큐에 먼저 들어온 트랙에 대한 요청을 먼저 서비스하는 기법
SSTF (Shortest Seek Time First)	탐색 거리가 가장 짧은 트랙에 대한 요청을 먼저 서비스하는 기법 • 장점: FCFS보다 성능 우수 • 단점: 헤더가 한쪽에 오래 머무를 수 있음(기아 상태)
SCAN	현재 헤드의 위치에서 진행 방향의 모든 요청을 서비스하면서 끝까지 이동한 후 반대 방향의 요청을 서비스하는 기법
C-SCAN (Circular SCAN)	헤드가 항상 바깥쪽에서 안쪽으로 움직이며 모든 요청을 서비스하면서 끝까지 이동한 후 다시 바깥쪽에서 안쪽으로 이동하면서 요청을 서비스하는 기법
N-step SCAN	어떤 방향의 진행이 시작될 당시에 대기 중이던 요청들만 서비스하고, 진행 도중 도착한 요청들은 한데 모아서 다음의 반대 방향 진행 때 최적으로 서비스하는 기법

개념 돋보기 우선순위(Priority) 스케줄링

- 정의: 각 프로세스에게 우선순위를 부여하여 우선순위가 높은 순서대로 처리하는 방법
- 종류: 정적 우선순위(Static Priority), 동적 우선순위(Dynamic Priority)
- 주요 문제: 무한 대기(Indefinite Blocking) 또는 기아(Starvation) 현상 발생 가능
- 낮은 우선순위의 프로세스들의 무한 대기 문제에 대한 해결책: 에이징(Aging)
- 에이징: 오랫동안 시스템에서 대기하는 프로세스들의 우선순위를 점진적으로 증가시키는 방법

(1) 디스크 스케줄링 FCFS: 사용자가 요청한 디스크 입·출력 내용이 다음의 직업 대기 큐(90, 183, 37, 122, 14, 128, 65, 67)와 같다. 단, 현재 디스크 헤드 위치는 53이고, 가장 안쪽이 1번, 가장 바깥쪽이 200번 트랙이라고 가정한다.

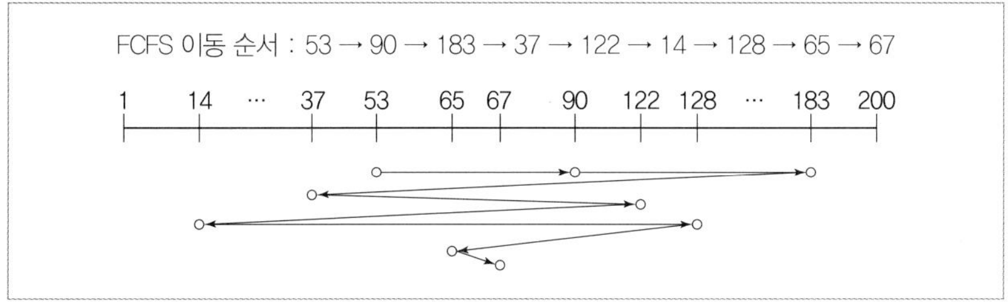

(2) 디스크 스케줄링 SSTF: 사용자가 요청한 디스크 입·출력 내용이 다음의 직업 대기 큐(90, 183, 37, 122, 14, 128, 65, 67)와 같다. 단, 현재 디스크 헤드 위치는 53이고, 가장 안쪽이 1번, 가장 바깥쪽이 200번 트랙이라고 가정한다.

SSTF 이동 순서: 53 → 65 → 67 → 90 → 122 → 128 → 183 → 37 → 14

1 14 … 37 53 65 67 90 122 128 … 183 200

(3) 디스크 스케줄링 SCAN: 사용자가 요청한 디스크 입·출력 내용이 다음의 직업 대기 큐(90, 183, 37, 122, 14, 128, 65, 67)와 같다. 단, 현재 디스크 헤드 위치는 53이고, 가장 안쪽이 1번, 가장 바깥쪽이 200번 트랙이라고 가정한다.(트랙의 이동방향: 바깥쪽)

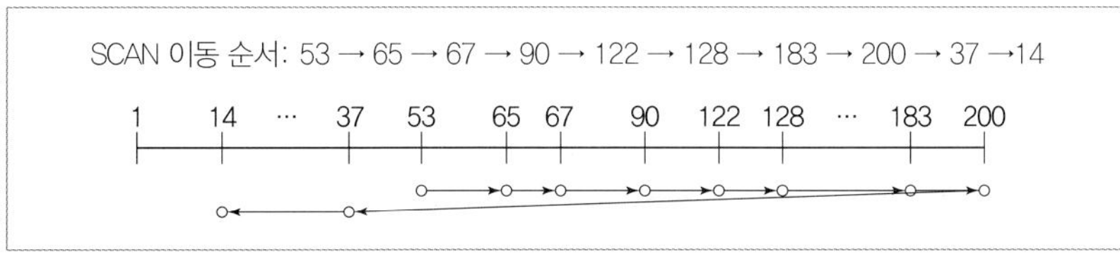

(4) 디스크 스케줄링 C-SCAN: 사용자가 요청한 디스크 입·출력 내용이 다음의 직업 대기 큐(90, 183, 37, 122, 14, 128, 65, 67)와 같다. 단, 현재 디스크 헤드 위치는 53이고, 가장 안쪽이 1번, 가장 바깥쪽이 200번 트랙이라고 가정한다.(트랙의 이동방향: 안쪽)

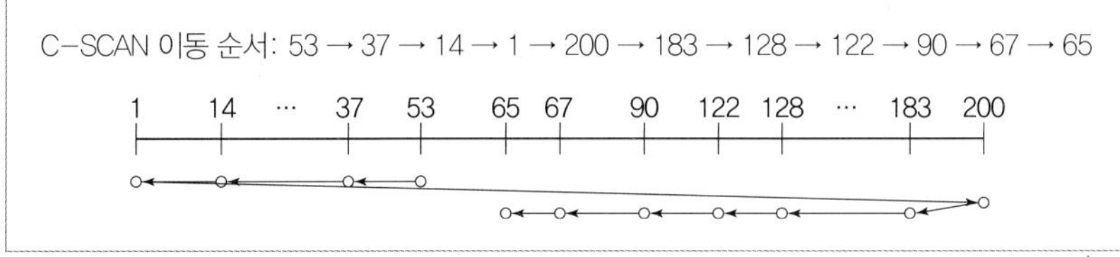

최빈출 기출 모음.ZIP

01

출제예상

디스크 스케줄링의 목적과 거리가 먼 것은?

① 처리율 극대화
② 평균 반응 시간의 단축
③ 응답 시간의 최소화
④ 디스크 공간 확보

02

출제예상

SCAN의 무한 대기 발생 가능성을 제거한 것으로 SCAN보다 응답 시간의 편차가 적고, SCAN과 같이 진행 방향상의 요청을 서비스하지만, 진행 중에 새로이 추가된 요청은 서비스하지 않고 다음 진행 시에 서비스하는 디스크 스케줄링 기법은?

① N-step SCAN 스케줄링
② C-SCAN 스케줄링
③ SSTF 스케줄링
④ FCFS 스케줄링

03

출제예상

디스크 스케줄링에서 SSTF(Shortest Seek Time First)에 대한 설명으로 가장 적합하지 않은 것은?

① 탐색 거리가 가장 짧은 요청이 먼저 서비스를 받는다.
② 일괄 처리 시스템보다는 대화형 시스템에 적합하다.
③ 가운데 트랙이 안쪽이나 바깥쪽 트랙보다 서비스받을 확률이 높다.
④ 헤드에서 멀리 떨어진 요청은 기아(starvation) 상태가 발생할 수 있다.

바로 보는 해설

01

| 해설 |

④ 디스크 스케줄링(Disk Scheduling): 사용할 데이터가 디스크의 여러 곳에 저장되어 있을 때 데이터를 액세스하기 위해 디스크 헤드의 이동 경로를 결정하는 기법으로 처리율 극대화, 평균 반응 시간 단축, 응답 시간 최소화가 목적이다.

02

| 해설 |

① N-step SCAN: 어떤 방향의 진행이 시작될 당시에 대기 중이던 요청들만 서비스하고, 진행 도중 도착한 요청들은 한데 모아서 다음의 반대 방향 진행 때 최적으로 서비스하는 기법이다.

03

| 해설 |

② SSTF(Shortest Seek Time First): 탐색 거리가 가장 짧은 트랙에 대한 요청을 먼저 서비스하는 기법이다.

- 장점: FCFS보다 성능 우수
- 단점: 헤더가 한쪽에 오래 머무를 수 있고(기아 상태), 응답 시간의 편차가 커서 대화형 시스템에는 부적합하다.

| 정답 | 01 ④ 02 ① 03 ②

개념끝

32 파일 시스템

1 파일 시스템(File System)

(1) 파일 시스템의 개념

① **파일(File)**: 연관된 데이터들의 집합으로, 고유한 이름을 가진다.

② **파일 시스템(File System)**: 사용자와 보조기억장치 사이에서 인터페이스를 제공하는 기술로 한 파일을 여러 사용자가 공동으로 사용할 수 있도록 하는 파일 관리 기술이다.

(2) 파일 시스템의 기능 및 특징

① 파일의 생성, 변경, 제거 등의 사용자와 보조기억장치 간의 인터페이스를 제공한다.

② 파일에 대한 여러 가지 접근 제어 방법을 제공하며, 파일 공동 사용을 가능하게 한다.

③ 정보 손실이나 파괴를 방지하기 위해 백업(Backup)과 회복(Recovery) 등의 기능을 제공한다.

④ 정보를 암호화하고 해독할 수 있는 기능을 제공한다.

2 파일 디스크립터(File Descriptor)

(1) 파일 디스크립터의 정의: 파일이 액세스되는 동안 운영체제가 관리 목적으로 알아야 할 정보를 모아 놓은 자료 구조

(2) 파일 디스크립터의 특징

① 파일 디스크립터는 파일 관리를 위한 블록이므로 보조기억장치의 유형, 파일의 구조, 접근 제어 정보 등 중요 제어 정보들을 모두 가진다.

② 사용자가 직접 참조할 수 없도록 되어 있다.

③ 운영체제의 파일 시스템에 따라 다른 자료 구조를 가진다.

④ 파일 디스크립터 내용에는 파일의 ID 번호, 디스크 내 주소, 파일 크기 등에 대한 정보가 수록된다.

⑤ 해당 파일이 Open되면 FCB(File Control Block)가 메모리에 올라와야 한다.

(3) 파일 디스크립터의 내용

① 보조기억장치의 유형, 파일의 ID 번호

② 디스크 내 주소, 접근 제어 정보

③ 파일 구조, 파일 크기

④ 파일 사용횟수, 생성일, 삭제일, 최종 수정일

3 파일 구조

(1) 순차 파일(Sequential File)

① **정의**: 입력되는 데이터의 논리적 순서에 따라 물리적으로 연속된 위치에 차례대로 기록하는 파일
② 저장 매체의 효율이 높고 다음 레코드에 대한 접근 속도가 빠르다.
③ 검색 효율이 낮다.
④ 자기 테이프를 사용한다.

(2) 직접 파일(Direct File)

① **정의**: 직접 접근 기억장치의 물리적 주소를 통해 직접 레코드에 접근하는 파일
② 해싱 등의 사상 함수를 사용하여 레코드 키에 의한 주소 계산을 통해 레코드에 접근할 수 있도록 구성한다.
③ 자기 디스크 등을 사용한다.

(3) 색인 순차 파일(Indexed Sequential Access File)

① **정의**: 순차 처리와 랜덤 처리가 모두 가능하도록 레코드들을 키 값 순으로 정렬시켜 기록하고, 레코드의 키 항목만을 모은 색인을 구성한 파일
② 기본 영역, 색인 영역, 오버플로우 영역이 있다.
③ 레코드를 참조할 때 색인을 탐색한 후 색인이 가리키는 포인터를 사용하여 직접 참조할 수 있다.
④ 레코드를 추가 및 삽입하는 경우, 파일 전체를 복사할 필요가 없다.
⑤ 인덱스를 저장하기 위한 공간과 오버플로우 처리를 위한 별도의 공간이 필요하다.
⑥ 색인 구역은 트랙(Track) 색인 구역, 실린더(Cylinder) 색인 구역, 마스터(Master) 색인 구역으로 구성된다.

4 파일 편성법에 의한 분류

(1) 순차 편성(Sequential Organization, 순서 편성)

① **정의**: 레코드의 논리적 순서에 따라 연속된 물리적 저장 공간에 기록하는 파일 구조
② **특징**
- 검색 효율이 낮다.
- 저장 매체의 효율이 높고 다음 레코드에 대한 접근 속도가 빠르다.
- 주로 자기 테이프에 사용되며, 일괄 처리 중심의 업무 처리에 많이 이용된다.

(2) 색인 순차 편성(Indexed Sequential Organization)

① **정의**: 각 레코드가 레코드 키 값에 따라 논리적으로 배열되는 파일 구조

② 특징

- 순차 파일 + 직접 파일로 구성되어 있다.
- 자기 디스크에서 많이 사용된다.

(3) 랜덤 편성(Random Organization) 

① 정의: 직접 접근 기억장치의 물리적 주소를 통해 직접 레코드에 접근하는 파일 구조

② 특징

- 해싱 등의 사상 함수를 사용하여 레코드 키에 의한 주소 계산을 통해 레코드를 접근할 수 있도록 구성한다.
- 자기 디스크 등을 사용한다.
- 해당 레코드를 직접 접근할 경우에 가장 적합하다. 즉, 레코드의 키 값으로부터 레코드가 기억되어 있는 기억장소의 주소를 직접 계산함으로써 원하는 레코드를 직접 접근할 수 있다.

(4) 리스트 편성(List Organization)

① 정의: 레코드가 다음 레코드의 위치를 가진 포인터로 연결된 파일 구조

② 특징

- 삽입, 삭제가 쉽다.
- 검색 효율이 낮다.

01

22년 1회, 15년 3회, 12년 5회

다음 파일 편성법 중 Random Access와 관계 없는 것은?

① 프로그램이나 자료를 준비하는데 편리하다.
② 사용 빈도에 제한이 없다.
③ 기억공간을 절약할 수 있다.
④ 비순차적으로 처리할 수 있다.

02

출제예상

파일 디스크립터(File Descriptor)에 대한 설명으로 옳지 않은 것은?

① 파일 관리를 위한 파일 제어 블록이다.
② 시스템에 따라 다른 구조를 가질 수 있다.
③ 보조기억장치에 저장되어 있다가 파일이 개방될 때 주기억장치로 옮겨진다.
④ 사용자의 직접 참조가 가능하다.

03

출제예상

색인 순차 파일에 대한 설명으로 옳지 않은 것은?

① 레코드를 참조할 때 색인을 탐색한 후 색인이 가리키는 포인터를 사용하여 직접 참조할 수 있다.
② 레코드를 추가 및 삽입하는 경우, 파일 전체를 복사할 필요가 없다.
③ 인덱스를 저장하기 위한 공간과 오버플로우 처리를 위한 별도의 공간이 필요 없다.
④ 색인 구역은 트랙 색인 구역, 실린더 색인 구역, 마스터 색인 구역으로 구성된다.

바로 보는 해설

01

| 해설 |

③ 랜덤 편성(Random Organization) : 직접 접근 기억장치의 물리적 주소를 통해 직접 레코드에 접근하는 파일 구조로, 해싱 등의 사상 함수를 사용하여 레코드 키에 의한 주소 계산을 통해 레코드를 접근할 수 있도록 구성하며 자기 디스크 등을 사용한다.

02

| 해설 |

④ 파일 디스크립터는 파일 관리를 위한 블록이므로 보조기억장치의 유형, 파일의 구조, 접근 제어 정보 등 중요 제어 정보들을 모두 가진다. 그러므로 사용자가 직접 참조할 수 없도록 되어 있다.

03

| 해설 |

③ 색인순차파일(Indexed Sequential Access File)은 인덱스를 저장하기 위한 공간과 오버플로우 처리를 위한 별도의 공간이 필요하다.

| 정답 | 01 ③ 02 ④ 03 ③

개념끝

EXIT 33 UNIX와 LINUX

1 UNIX의 특징

① **정의**: 사용자의 명령으로 시스템이 수행되고 그에 따른 결과를 나타내 주는 대화식 운영체제

② **특징**

- 소스가 공개된 개방형 시스템으로 높은 이식성과 확장성을 가진다.
- 네트워킹 시스템을 통해 멀티유저, 멀티태스킹을 지원한다.
- 계층적(트리형) 파일 시스템 구조를 사용한다.
- 표준 입·출력을 통해 명령어와 명령어가 파이프라인으로 연결된다.
- C 언어로 구성되어 타 기종에 높은 이식성을 제공한다.

2 UNIX 시스템의 구성 (11번 출제)

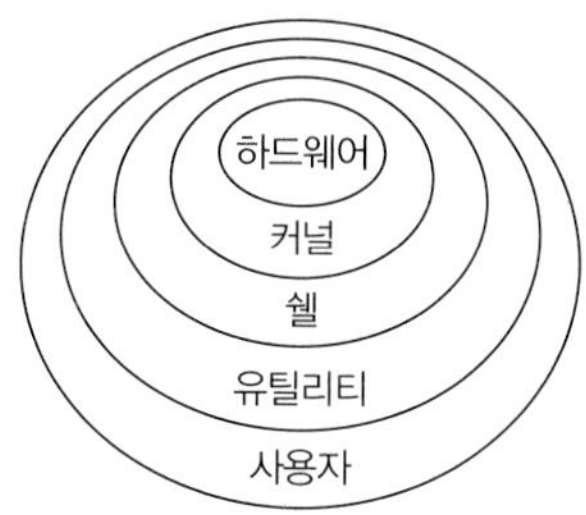

(1) 커널(Kernel)

① UNIX 시스템의 중심부에 해당한다.

② **특징**

- 주기억장치에 적재된 후 상주하면서 실행된다.
- 프로세스 관리, 기억장치 관리, 입·출력 관리, 파일 관리, 시스템 호출 인터페이스 등의 기능을 담당한다.
- 하드웨어를 캡슐화한다.

(2) 쉘(Shell)

① 명령어 해석기이다.

② **특징**

- 사용자의 명령어를 인식하여 필요한 프로그램을 호출하고 그 명령을 수행하는 기능을 담당한다.
- 사용자와 시스템 간의 인터페이스를 제공한다.

(3) 유틸리티(Utility): 사용자의 편의를 위한 프로그램이다.

3 UNIX 파일 시스템 (6번 출제)

① UNIX 파일 시스템의 디렉터리 구조는 트리구조이다.

② UNIX 파일 시스템의 구조

부트 블록 (Boot Block)	부팅에 필요한 코드를 저장하고 있는 블록
슈퍼 블록 (Super Block)	전체 파일 시스템에 대한 정보를 저장하고 있는 블록
I-node 블록 (Index Node Block)	• 각 파일에 대한 정보를 저장하고 있는 블록 • 파일 소유자의 식별 번호, 파일 크기, 파일의 생성 시간, 파일의 최종 수정 시간, 파일 링크 수 등이 기록됨 • 데이터가 저장된 블록의 시작 주소를 확인
데이터 블록 (Data Block)	실제 데이터를 저장하고 있는 블록

4 UNIX 명령어 (25번 출제)

개념 돋보기

UNIX 편집기의 종류

ed, vi(vim), ex, emacs, gedit

명령어	기능
cat	파일 내용을 화면에 표시
chmod	파일의 사용자별 권한 변경 • r: read(읽기) • w: write(쓰기) • x: excute(실행) <table><tr><th>소유자(User)</th><th>그룹(Group)</th><th>그 외 사용자(Other)</th></tr><tr><td>rwx</td><td>rwx</td><td>rwx</td></tr></table>
chown	소유자 변경
cmp	두 개 파일의 내용 차이를 행 번호로 표시하는 도구(Compare)
comm	파일을 비교하여 출력하는 도구
cp	파일 복사
diff	두 개 파일이 동일한 파일일지 확인하는 도구(Different)
exec	새로운 프로세스 수행
exit	프로세스 수행 종료
finger	현재 시스템 사용자 정보 표시
fork	프로세스 생성, 복제
getpid	자신의 프로세스 아이디 확인

getppid	부모의 프로세스 아이디 확인
kill	수행 중인 프로세스 강제 종료
ls	현재 디렉터리 내의 파일 목록 확인
mkdir	디렉터리 생성
mount	기존 파일 시스템에 새로운 파일 시스템을 서브 디렉터리에 연결
mv	파일 이동
open	텍스트 문서 열기
passwd	로그인 암호 변경
paste	파일 합성 도구
ps	현재 사용 중인 프로세스 정보 출력
ping	사용 중인 단말과 원격 단말과의 연결을 확인
rm	파일 삭제
rmdir	디렉터리 삭제
vi	텍스트 파일 화면 편집
wait	자식 프로세스의 하나가 종료될 때까지 부모 프로세스를 임시 중지
wc	wc [옵션] [파일] 파일에 포함된 총 라인 수, 단어 수, 파일 수를 계산
who	현재 사용 중인 사용자의 이름 표시

개념 돋보기 UNIX vs MS-DOS 명령어 비교

UNIX	MS-DOS	비고
ls	dir	파일 목록
cp	copy	복사
cd	cd	디렉터리 변경
rmdir	rd	디렉터리 삭제
rm	del	파일 삭제

5 UNIX 시스템의 특징

① 이식성이 높으며 대화식 운영체제이다.
② 파일 생성, 삭제, 보호 기능을 가지며, 디렉터리 구조는 트리 구조 형태이다.
③ 멀티태스킹(Multi-tasking), 멀티유저(Multi-user) 운영체제이다.
④ 파일 소유자, 그룹 및 그 외 다른 사람들로부터 사용자를 구분하여 파일을 보호한다.
⑤ 주변장치를 파일과 동일하게 취급한다.

6 LINUX

① **정의**: UNIX를 기반으로 개발된 UNIX 호환 커널로 오픈 소스 운영체제

② **특징**

- 누구나 자유롭게 사용하고 수정, 배포할 수 있는 무료 오픈 소스 소프트웨어이다.
- 다중 사용자 시스템으로 보안성이 높은 안정적인 운영체제이다.
- 전 세계적인 개발자 커뮤니티가 지원되고 있다.
- 다양한 하드웨어 플랫폼과 응용 프로그램을 지원하며, 개인용, 중대 규모 서버에 사용된다.
- LINUX와 UNIX의 기본 명령어는 동일하다.

  예 우분투(Ubuntu), 데비안(Debian), 레드헷(Red Hat), 페도라(Fedora), Cent OS 등

- LINUX와 UNIX의 차이점

구분	LINUX(리눅스)	UNIX(유닉스)
개발회사	커뮤니티	IBM, HP 등
사용자	개발자, 일반 사용자	대형 시스템 관리자
배포	오픈 소스	개발회사 배포
비용	대부분 무료	대부분 유료
사용 분야	모바일 폰, 태블릿 등	대형 서비스

최빈출 기출 모음.ZIP

01

20년 1회, 19년 4회, 17년 2회, 15년 2회, 13년 4회, 12년 2회, 11년 4회, 10년 1회

UNIX에서 사용할 수 있는 편집기가 아닌 것은?

① ed ② vi
③ ex ④ et

02

21년 2회, 19년 4회, 17년 3회, 16년 4회, 15년 2회, 13년 1회, 12년 1회, 11년 1회

UNIX 시스템에서 명령어 해석기에 해당하는 것은?

① 쉘(shell) ② 커널(kernel)
③ 유틸리티(utility) ④ 응용 프로그램(application program)

03

16년 2회, 13년 5회, 11년 1회

UNIX의 특징을 설명한 것으로 옳지 않은 것은?

① 대부분 고급 언어인 C 언어로 구성되어 타 기종에 이식성이 높다.
② 동시에 여러 작업(task)을 수행할 수 있는 시스템이다.
③ 파일 구조가 선형 구조의 형태로 되어 있어 파일을 효과적으로 운영할 수 있다.
④ 다수의 사용자(user)가 동시에 사용할 수 있는 시스템이다.

04

18년 3회, 14년 2회, 11년 4회

UNIX에서 파일을 삭제할 때 사용되는 명령어는?

① ls ② cp
③ pwd ④ rm

05

16년 2회, 11년 2회

다음에서 설명하고 있는 UNIX 파일 시스템의 구조에 해당하는 것은?

> UNIX 시스템에서 파일 및 디렉터리를 관리하기 위해 사용되는 자료 구조이며, 각 파일이나 디렉터리에 대한 모든 정보를 지정하고 있다.

① 부트 블록 ② 슈퍼 블록
③ I-node ④ 데이터 블록

바로 보는 해설

01

| 해설 |
④ UNIX 편집기의 종류: ed, vi(vim), ex, emacs, gedit

02

| 해설 |
① UNIX의 쉘(Shell)
- 사용자가 지정한 명령들을 해석하여 커널로 전달하는 명령어 해석기이다.
- 종류: C Shell, Bourne Shell, Korn Shell 등

03

| 해설 |
③ UNIX는 계층적(트리형) 파일 시스템 구조를 사용한다.

04

| 해설 |
④ rm: 파일 삭제
- ls: 현재 디렉터리 내의 파일 목록 확인
- cp: 파일 복사

05

| 해설 |
③ I-node 블록(Index Node Block)
- 각 파일에 대한 정보를 저장하고 있는 블록
- 파일 소유자의 식별 번호, 파일 크기, 파일의 생성 시간, 파일의 최종 수정 시간, 파일 링크 수 등이 기록된다.
- 데이터가 저장된 블록의 시작 주소를 확인한다.

| 정답 | 01 ④ 02 ① 03 ③ 04 ④ 05 ③

EXIT 개념끝 34

Windows

1 Windows 개요

(1) 정의: 1980년대에 MS-DOS에서 멀티태스킹과 GUI 환경을 제공하기 위한 응용 프로그램으로 출시된 운영체제

(2) 특징

① Windows10은 64비트 운영체제로 선점형 멀티태스킹, GUI(Graphic User Interface) 향상, 설치마법사, 255자까지의 긴 파일명(공백 포함), 폴더 개념이 적용되어 있다.

② 알림 센터, 가상 데스크톱, 에어로 스냅, 비트로커 등의 기능을 제공한다.

Windows 지원 시스템	설명
파일 시스템	• 파일이나 하위 디렉터리가 디스크에서 어떤 위치에 저장되어 있는지의 위치 정보를 저장하는 테이블 구조를 의미함 • 파일 시스템: FAT16 → FAT32 → NTFS → exFAT
PnP (Plug and Play)	하드웨어 장치를 추가할 때 사용자가 직접 설정하지 않고, 시스템이 자동으로 설정해 주는 기능
OLE (Object Linking and Embedding)	• 다른 응용 프로그램에서 작성된 문자나 그림 등의 개체(Object)를 현재 작성 중인 문서에 자유롭게 연결(Linking)하거나 삽입(Embedding)하여 편집할 수 있게 하는 기능 • 이 기능을 지원하는 그래픽 프로그램에서 그린 그림을 문서 편집기에 연결한 경우 그래픽 프로그램에서 그림을 수정하면 문서 편집기의 그림도 같이 변경됨
드래그 앤 드롭 (Drag & Drop, 끌어서 놓기)	GUI 환경에서 시각적인 객체를 클릭하면서 다른 위치나 다른 가상 객체로 드래그하는 행위로, 네트워크 기능을 제공함

(3) 윈도우 단축키

단축키	기능
Ctrl + Esc	시작 메뉴 열기
Ctrl + X	잘라내기

개념 돋보기

선점형 멀티태스킹
운영체제가 각 작업을 제어하는 것으로, 프로그램 실행 중 문제가 발생하면 해당 프로그램을 강제 종료시키고 모든 자원을 반환하여 여러 개의 프로그램을 동시에 작업할 수 있도록 하는 기능이다.

GUI(Graphic User Interface)
그래픽 사용자 인터페이스로 키보드가 아닌 마우스를 사용하여 아이콘이나 메뉴들을 실행하는 방식이다.

에어로 스냅(Aero Snap)
화면을 최대 4개까지 분할하여 사용할 수 있는 창 정렬 및 조절 기능이다.

비트로커(Bit Locker)
이동식 디스크를 암호화하여 허가받지 않은 접근을 막는다.

Ctrl + A	모두 선택
Ctrl + C	복사
Ctrl + V	붙여넣기
Alt + Tab	프로그램 전환
Alt + PrintScreen	활성창 스크린샷
Shift + F10	바로가기 메뉴 표시 / 마우스 오른쪽 클릭과 같은 기능
Alt + F4	현재 활성화된 창(Windows)의 프로그램 종료

(4) 휴지통 6번 출제

① 삭제된 파일이 저장되는 공간이다.

② **특징**

- 휴지통의 용량은 초기값은 디스크의 10%가 할당되며, 비율을 조절할 수 있다.
- 휴지통에 있는 파일은 직접 실행이 불가능하다.
- 휴지통에서 복원한 다음 복원된 위치에서 실행해야 한다.
- **삭제 대상 클릭 → Shift+Delete**: 휴지통에 남지 않아 복원 불가능하게 삭제된다.

(5) 단축 아이콘(바로가기 아이콘)

① 자주 사용하는 문서나 프로그램을 빠르게 실행시키기 위한 아이콘이다.

② **특징**

- 단축 아이콘으로, 실제 실행 파일과 연결된다.
- 바로가기 아이콘의 확장자는 .LNK이며, 컴퓨터에 여러 개 존재해도 상관없다.
- 바로가기 아이콘을 삭제해도 원본 프로그램에는 영향을 주지 않고 연결만 끊어진다.
- **Ctrl+Shift+마우스 드래그**: 파일, 폴더를 바탕화면에 드래그하면 단축 아이콘을 만들 수 있다.

(6) 윈도우 멀티부팅 메뉴

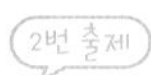

① Normal
② Logged
③ Safe Mode
④ Safe Mode with network support
⑤ Step By Step confirmation
⑥ Command prompt only
⑦ Safe mode command prompt only
⑧ Previous version of MS-DOS

> **개념 돋보기**
> Windows에서 도스창을 열어 작업한 후, 다시 윈도우로 복귀하고자 할 때 도스창을 종료하는 방법은 "EXIT" 명령어를 입력하고 Enter를 누른다.

(7) Windows의 작업 표시줄

① 작업 표시줄의 오른쪽에서 현재 시간과 각종 하드웨어 사용을 알 수 있다.

② 작업 표시줄 등록 정보는 작업 표시줄의 빈 곳에서 마우스 오른쪽 단추를 클릭하면 실행되는 바로가기 메뉴의 '작업 표시줄 설정' 메뉴에서 확인할 수 있다.

③ 모니터의 작업 표시줄을 화면의 왼쪽, 오른쪽, 위쪽 또는 아래쪽에 고정할 수 있지만 가운데에 놓을 수 없다.

(8) 시스템 도구 기능

① 디스크 공간 늘림(DBLSPACE)

② 디스크 검사(SCANDISK)

③ 디스크 조각 모음(DEFRAG)

④ 디스크 정리, 백업

개념 돋보기

Windows 설치를 위한 DOS 시동 디스크는 프로그램 추가/제거 메뉴에서 기능을 제공한다.

(9) 디스크 조각 모음

① 디스크를 효율적으로 사용하기 위해 파일을 정리해 준다.

② **특징**

- 분산 저장되어 있는 파일을 연속된 공간으로 이동시킨다.
- 조각 모음을 하는 데 걸리는 시간은 볼륨에 있는 파일의 수와 크기, 조각난 양 등에 따라 달라진다.
- 컴퓨터 시스템의 속도를 향상시키는 방법 중 하나이다.
- 디스크를 효율적으로 사용하기 위해 파일을 정리하는 것이다.
- **디스크 조각 모음을 수행할 수 없는 대상**: CD-ROM, DVD, Blu-ray 등의 광학 드라이브, 네트워크 드라이브, Windows가 지원하지 않는 형식의 압축 프로그램

2 탐색기 (3번 출제)

개념 돋보기

폴더(Folder)

도스에서 사용하는 디렉터리와 같은 개념으로 폴더 이름을 바꾸거나 삭제, 생성할 수 있다.

① **기능**: Windows에서 컴퓨터의 내용, 폴더 계층 및 폴더의 파일을 볼 수 있게 해 준다.

② **탐색기에서 파일이나 폴더를 같은 드라이브로 이동 및 선택하는 방법**

- 마우스의 오른쪽 단추를 누른 후 드래그 앤 드롭을 이용하여 이동한다.
- 마우스의 왼쪽 단추로 드래그 앤 드롭을 이용하여 이동한다.
- 이동할 파일이나 폴더의 전체 항목을 선택하는 단축키는 Ctrl+A이다.

③ **탐색기에서 파일, 폴더 선택하기**

- 비연속인 여러 개의 파일이나 폴더를 선택할 경우 Ctrl 키를 사용한다.
- 연속인 여러 개의 파일이나 폴더를 선택할 경우 Shift 키를 사용한다.

④ 이동, 복사 방법

동작	설명
드래그	• 같은 드라이브: 이동 • 다른 드라이브: 복사
Ctrl + 드래그	• 같은 드라이브: 복사 • 다른 드라이브: 복사
Shift + 드래그	• 같은 드라이브: 이동 • 다른 드라이브: 이동

개념 돋보기

바탕화면과 내문서는 같은 C 드라이브에 위치한다.

3 Windows 폴더명 작성 규칙

① 하나의 폴더 내에 동일한 이름의 폴더가 존재할 수 없다.
② 폴더명은 공백을 포함할 수 있다.
③ 폴더의 이름은 255자 이내로 작성한다.
④ ?, ₩, /는 폴더 이름으로 사용할 수 없다.

4 보조프로그램 멀티미디어 항목

(1) 매체 재생기: 동영상(MPG, AVI, DVI 파일), 소리파일(WAV), 음악CD(MID, RMI)

(2) CD 재생기

① CD-ROM에 음악 CD를 삽입하여 음악을 들을 수 있게 한다.
② CD 재생기의 자동 실행을 원치 않을 때는 Shift 키를 누르고 CD를 삽입한다.

(3) 녹음기

① 소리를 녹음하여 소리 파일로 저장하고 저장된 파일을 불러와 듣고 재편집한다.
② WAV: 가장 많이 사용되는 멀티미디어 파일로, WAV 파일은 자유롭게 녹음이나 편집이 가능하다.
③ MID: MIDI 파일을 이용해 여러 음악들을 연주한다.
④ AVI: 윈도우에서 지원하는 동영상 파일이다.

(4) 볼륨 조절: 음의 높낮이를 조절해 준다.

개념 돋보기

MIDI(Musical Instrument Digital Interface)

- 전자악기 간의 디지털 신호에 의한 통신이나 컴퓨터와 전자악기 간의 통신규약
- 음성이나 효과음의 저장은 불가능하고, 연주 정보만 저장되므로 크기가 작다.
- 시퀀싱 작업을 통해 작성되며, 16개 이상의 악기를 동시에 연주할 수 있다.
- MIDI는 제어판의 멀티미디어에서 설정할 수 있다.

5 클립보드(Clipboard) (5번 출제)

① 프로그램 간에 전송되는 자료를 일시적으로 보관하는 장소이다.

② **특징**

- 다른 프로그램의 정보를 가져오거나 보낼 수 있다.
- 한 번에 한 가지의 정보만 저장할 수 있다.
- 클립보드를 사용하면 서로 다른 프로그램 간에 데이터를 쉽게 전달할 수 있다.
- 클립보드의 내용은 여러 번 사용이 가능하지만 가장 최근에 저장된 것 하나만 기억한다.
- 한 위치에서 복사하거나 이동하고 다른 위치에서 사용할 정보의 임시 저장 영역이다.
- 선정된 대상을 클립보드에 복사하는 단축키는 Ctrl+C이다.

6 Windows 프로그램 종료 방법

① Alt+F4 키를 누른다.

② 오른쪽 상단에 있는 단추를 누른다.

③ 좌측 상단에 있는 조절 메뉴상자를 더블클릭한다.

④ 좌측 상단에 있는 조절 메뉴상자를 클릭 후 단축 메뉴에서 닫기를 누른다.

⑤ **프로그램 강제 종료(Ctrl+Alt+Delete → 작업 관리자)**: 특정 프로그램 실행 시 문제가 발생할 경우 강제 종료할 수 있다.

최빈출 기출 모음.ZIP

01 21년 3회, 19년 2회, 18년 4회, 17년 2회, 15년 2회, 13년 5회, 12년 1회, 10년 2회

Windows 환경에서 여러 개의 프로그램을 동시에 작업하는 것을 무엇이라 하는가?

① 멀티유저 ② 멀티태스킹

③ 멀티스케줄링 ④ 멀티컨트롤

02 19년 2회, 10년 2회

Windows에서 파일 삭제 시 휴지통 폴더로 이동하지 않고 복원이 불가능한 삭제에 사용되는 키 입력은?

① Alt+Delete ② Ctrl+Delete

③ Shift+Delete ④ Tab+Delete

바로 보는 해설

01

| 해설 |

② 선점형 멀티태스킹: 운영체제가 각 작업을 제어하는 것으로, 프로그램 실행 중 문제가 발생하면 해당 프로그램을 강제 종료시키고 모든 자원을 반환하여 여러 개의 프로그램을 동시에 작업할 수 있도록 하는 기능이다.

02

| 해설 |

③ 삭제 대상 클릭 → Shift+Delete : 휴지통에 남지 않아 복원 불가능하게 삭제된다.

| 정답 | 01 ② 02 ③

03

15년 2회, 11년 2회, 10년 2회

Windows에서 컴퓨터의 내용, 폴더 계층 및 폴더의 파일을 볼 수 있게 해 주는 것은?

① 탐색기 ② 워드패드
③ 시스템도구 ④ 하이퍼터미널

04

18년 2회, 16년 2회, 14년 4회, 12년 3회, 11년 1회, 10년 5회

Windows에서 다음 설명에 해당하는 것은?

- 확장자가 .LNK인 파일이다.
- 해당 프로그램을 찾아서 실행하지 않고 바탕화면에서 바로 실행할 수 있도록 도와준다.
- 삭제 시 해당 프로그램에는 영향이 없다.
- 그림 아래에 화살표가 표시된다.

① 아이콘 ② 단축 아이콘
③ 폴더 ④ 작업 표시줄

05

17년 2회, 11년 2회

Windows에서 하나의 디렉터리 내의 모든 파일을 선택할 때 사용하는 단축키는?

① Shift + F5 ② Ctrl + A
③ Shift + Alt ④ Ctrl + F1

06

17년 4회, 15년 2회, 11년 4회, 09년 4회

Windows에서 한 번의 마우스 조작만으로 현재 실행 중인 응용 프로그램 사이를 오가며 작업할 수 있는 환경을 제공하는 것은?

① 바탕화면 ② 내 컴퓨터
③ 시작 버튼 ④ 작업 표시줄

07

22년 1회, 21년 2회, 19년 3회, 17년 3회, 16년 1회, 15년 2회, 15년 1회, 14년 2회, 13년 5회, 12년 5회, 10년 4회

Windows에서 클립보드(Clipboard)의 역할은?

① 도스 영역을 확보해 준다.
② 그래픽 영역을 설정해 준다.
③ 프로그램 간에 전송되는 자료를 일시적으로 보관하여 준다.
④ 네트워크 환경을 자동으로 설정해 준다.

바로 보는 해설

03

| 해설 |
① 탐색기를 통해 컴퓨터에 존재하는 파일이나 폴더 등을 탐색할 수 있다.

04

| 해설 |
② 바로가기 아이콘은 자주 사용하는 문서나 프로그램을 빠르게 실행시키기 위한 아이콘으로, 실제 실행 파일과 연결된다. 바로가기 아이콘의 확장자는 .LNK이며, 컴퓨터에 여러 개 존재해도 상관없다. 바로가기 아이콘을 삭제해도 원본 프로그램에는 영향을 주지 않는다.(연결만 끊어짐)

05

| 해설 |
② Windows의 단축키

단축키	기능
Ctrl + Esc	시작 메뉴 열기
Ctrl + C	복사
Ctrl + X	잘라내기
Ctrl + V	붙여넣기
Ctrl + A	모두 선택
Alt + Tab	프로그램 전환

06

| 해설 |
④ 작업 표시줄에서는 현재 실행 중인 응용 프로그램을 클릭하여 작업 전환을 할 수 있다.

07

| 해설 |
③ 클립보드는 프로그램 간에 전송되는 자료를 일시적으로 보관하여 준다.

| 정답 | 03 ① 04 ② 05 ② 06 ④ 07 ③

EXIT 개념끝 35

MS-DOS

1 MS-DOS의 개요

(1) 정의: CUI 방식의 개인용 컴퓨터에서 사용하는 운영체제

(2) 특징

① Single-User, Single-Tasking이다.

② 트리 구조 파일 시스템을 가진다.

③ **시스템 부팅 시 반드시 필요한 파일**: MSDOS.SYS, IO.SYS, COMMAND.COM

(3) MS-DOS 시스템 파일 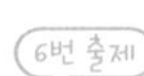

파일명	설명
config.sys	• DOS의 기본 부팅 파일로 시스템 환경을 설정하는 기능을 제공 • Windows의 장치 관리자와 레지스트리를 통합한 형태 • DOS 운영에 필요한 환경을 설정하는 파일 • ROOT 디렉터리에 존재해야 제 역할을 수행 • 사용자가 만들며, 수정 가능 • TYPE 명령으로 내용 확인 가능
io.sys	DOS의 입·출력 관련 내부 명령어를 가지고 있는 시스템 파일
command.com	프롬프트에 입력된 명령어를 처리하는 기능을 제공
autoexec.bat	• 파일 내에 작성된 명령어는 DOS 부팅 시 자동으로 실행 • Windows의 시작 프로그램과 같은 기능을 제공

(4) 부팅

① **부팅 과정**: 전원 → POST 수행 → IO.SYS 적재 → MSDOS.SYS → CONFIG.SYS 실행 → COMMAND.COM 실행 → AUTOEXEC.BAT 실행

② **부팅 종류** 2번 출제

웜(Warm)부팅	Ctrl+Alt+Delete를 눌러 재부팅(메모리 테스트 과정을 거치지 않는 부팅)
콜드(Cold)부팅	Reset, Power SW를 이용하여 재부팅(메모리 테스트 과정을 거치는 부팅)

개념 돋보기

문자 사용자 인터페이스(CUI; Character User Interface)
문자를 입력하여 사용자와 시스템이 서로 인터페이스하는 방식

그래픽 사용자 인터페이스(GUI; Graphic User Interface)
사용자가 알아보기 쉬운 아이콘이나 메뉴를 마우스로 선택하여 모든 작업을 수행하는 사용자 작업 환경을 제공하는 방식

자연스러운 사용자 조작 환경(NUI; Natural User Interface)
인간의 신체를 통합 입력과 출력 제어로서 자연스러운 신체 움직임으로 직접적으로 시스템과 소통하는 방식

개념 돋보기

io.sys, msdos.sys 파일이 삭제되면 DOS 부팅을 할 수 없으므로 숨김 파일 형태로 설치된다.

(5) 파일

① 디스크에 저장되는 기본 단위로서 파일명과 확장자로 구성되어 있다.
② 같은 디렉터리에 동일한 파일명은 존재할 수 없다.

(6) 디렉터리

① 서로 관련된 파일들이 저장되는 공간이다.
② 루트 디렉터리: 드라이브마다 하나만 존재하며, 삭제 불가능하다.(₩, 표시)
③ 서브 디렉터리: 현 디렉터리 하위에 있는 디렉터리를 의미한다.
④ 작업 디렉터리: 현재 위치하고 있는 디렉터리를 의미한다.
⑤ 상위 디렉터리: 현 디렉터리 상위에 있는 디렉터리를 의미한다.

2 MS-DOS 명령어 (12번 출제)

(1) 명령어의 구성

① 내부 명령어
- 명령어 처리 루틴이 메모리에 상주하는 명령어(DIR, COPY, DEL, TYPE, CLS 등)
- COMMAND.COM 파일이 실행되어 부팅 시 주기억장치에 내장되어 아무 곳에서나 실행 가능한 명령어이다.

② 외부 명령어
- 디스크에 파일로 저장된 명령어(FORMAT, DISKCOPY, DISKCOMP 등)
- 주기억장치에 적재되지 않고, 반드시 디스크에 파일로 존재한다.
  예 COM, EXE

③ 기본 명령어 (4번 출제)

명령어	설명
CLS	화면의 내용을 깨끗이 지워주는 역할
DATE	현재 시스템 날짜를 확인하거나 변경
TIME	현재 시스템 시간을 확인하거나 변경
PROMPT	프롬프트를 사용자가 변경
VER	사용 중인 DOS의 버전 확인

개념 돋보기

파일명 규칙
- 파일명은 8자 이내로 하며, 공백은 사용할 수 없다.
- 한글은 4글자 이내로 작성한다.
- 몇몇 특수문자 제외, 예약어 사용이 불가능하다.
  예 AUX, CON, NUL, PRN
- 확장자: 3자 이내로 작성한다. (한글 1자)

만능 문자

*	모든 문자 대응
?	한 문자 대응

개념 돋보기

확장자별 실행 우선순위
COM → EXE → BAT

④ 파일 관련 명령 (16번 출제)

<table>
<tr><th>명령어</th><th>설명</th></tr>
<tr><td>DIR</td><td>드라이브나 디렉터리의 목록을 출력
<table><tr><td>/P</td><td>한 화면씩 출력</td><td>/S</td><td>서브 디렉터리 포함</td></tr><tr><td>/W</td><td>한 줄에 5개 파일 나열</td><td>/A</td><td>속성(D, H, R, S, A)</td></tr><tr><td>/O</td><td colspan="3">정렬된 순서로 화면 출력
• N: 이름순, E: 확장자명순
• S: 크기순, D: 날짜/시간순
• G: 그룹 디렉터리를 제일 먼저 화면에 출력
• −: 순서를 반대로 하는 접두사</td></tr></table></td></tr>
<tr><td>COPY</td><td>파일 복사, 텍스트 파일 결합</td></tr>
<tr><td>XCOPY</td><td>파일과 하위 디렉터리를 한꺼번에 복사</td></tr>
<tr><td>DEL</td><td>파일 삭제</td></tr>
<tr><td>UNDELETE</td><td>DEL 또는 ERASE 명령으로 삭제한 파일 복구</td></tr>
<tr><td>REN(RENAME)</td><td>파일 이름 변경</td></tr>
<tr><td>TYPE</td><td>텍스트 파일 내용을 보여줌 ※ 만능 문자 사용 불가능</td></tr>
<tr><td>ATTRIB</td><td>파일에 속성(H, R, S, A)을 설정
• 적용(+), 해제(−)
• 백업 파일 속성: A(Attribute)
• 시스템 파일 속성: S(System)
• 읽기 전용 파일 속성: R(Read Only)
• 숨김 파일 속성: H(Hidden File)</td></tr>
<tr><td>FC</td><td>두 개 이상의 파일을 비교하여 차이점 출력</td></tr>
<tr><td>MOVE</td><td>파일 이동</td></tr>
</table>

개념 돋보기

- ATTRIB +H: 숨겨진 파일의 속성을 지정하는 명령
- ATTRIB −H: 숨겨진 파일의 속성을 해제하는 명령

⑤ 디스크 관련 명령 (8번 출제)

<table>
<tr><th>명령어</th><th>설명</th></tr>
<tr><td>FORMAT</td><td>• 디스크의 파일 시스템을 초기화
• 포맷을 실행하면 디스크 내의 모든 내용이 삭제됨
<table><tr><td>/Q</td><td>빠른 포맷(2번째부터)</td><td>/4</td><td>360KB로 포맷</td></tr><tr><td>/S</td><td>부팅용 디스크 작성</td><td>/V</td><td>포맷 후 이름 지정</td></tr></table></td></tr>
<tr><td>SYS</td><td>시스템 파일(IO.SYS, MSDOS.SYS, COMMAND)을 전송</td></tr>
<tr><td>LABEL</td><td>디스크의 이름 확인, 변경, 삭제</td></tr>
<tr><td>VOL</td><td>디스크의 이름 확인</td></tr>
</table>

개념 돋보기

Format /S

Format 명령어의 옵션으로 시스템 파일(IO.SYS, MSDOS.SYS, COMMAND)을 포함하여 포맷하여 부팅 디스크를 만든다.

DISKCOPY	플로피 디스크 원본을 다른 디스크로 동일하게 복사
DISKCOMP	DISKCOPY로 복사된 디스크 비교
CHKDSK	디스크 검사, 결과 출력 /V: 검사 실행 파일을 보여줌 /F: 검사할 때 오류 수정
FDISK	• 하드 디스크를 논리적으로 분할 • 파티션 생성, 수정, 삭제

⑥ 디렉터리 관련 명령 (13번 출제)

명령어	설명
MD	디렉터리 생성
CD	디렉터리 이동
RD	디렉터리 삭제
DELTREE	서브 디렉터리를 포함한 모든 파일 삭제
PATH	실행할 파일의 경로 지정
XCOPY	서브 디렉터리 포함 파일 복사 /S: 서브 디렉터리 포함 복사 /S: 비어 있는 디렉터리 복사 반드시 /S와 같이 사용
DOSKEY	이전에 사용한 명령어 표시, 매크로 지정

⑦ 필터와 리다리엑션

>	출력(파일 생성)	>>	추가(파일에 추가)	<	입력

명령어	설명
FIND	지정한 문자열을 찾음
SORT	내용을 정렬하여 출력(기본적으로 오름차순, /R 내림차순)
MORE	화면 단위로 출력

3 일괄 처리와 환경 설정

(1) AUTOEXEC.BAT (8번 출제)

① 일괄 처리 파일의 특수한 경우로 컴퓨터 부팅 시 시스템에서 자동으로 수행하고, 정해진 일을 순서에 따라 처리한다. 루트에 존재하지 않으면 날짜와 시간을 물어본다.

② **전용 명령어**: REM, ECHO, PAUSE, IF, GOTO, FOR, SHIFT, CALL

(2) CONFIG.SYS (3번 출제)

① 부팅될 때 시스템 환경을 설정한다. 동시에 열 수 있는 파일 수, 캐시 설정, 기타 주변장치 설정, 메모리를 설정할 때 사용한다.

② **전용 명령어**: BREAK, COUNTRY, FCBS, FILES, SHELL, STACKS, NUMLOCK, DEVICE, LASTDRIVE, INSTALL, DEVICEHIGH

개념 돋보기

상위 메모리를 사용하기 위한 CONFIG.SYS의 내용

```
DEVICE = HIMEM.SYS
DOS = HIGH
```

- 연속 확장 메모리(XMS): 1MB 이상의 메모 영역이다.
- RAMDRIVE: 메모리 일부분을 가상의 드라이브로 사용하고 수행 속도를 향상시킨다.
- INSTALL: CONFIG.SYS에서 램 상주 프로그램을 읽어 들이는 명령이다.

최빈출 기출 모음.ZIP

01

21년 4회, 18년 2회, 15년 3회, 13년 5회, 07년 2회, 06년 1회

도스(MS-DOS)에서 특정 파일의 감추기 속성, 읽기 속성을 지정할 수 있는 명령은?

① MORE ② FDISK
③ ATTRIB ④ DEFRAG

02

22년 3회, 21년 4회, 19년 2회, 18년 3회, 15년 3회, 14년 5회, 07년 2회, 06년 1회

도스(MS-DOS)에서 감추어진 파일의 속성을 해제하는 명령은?

① ATTRIB /+A ② ATTRIB /−A
③ ATTRIB /−H ④ ATTRIB /+H

03

22년 3회, 21년 4회, 19년 2회, 17년 3회, 16년 3회, 13년 5회, 07년 2회, 06년 1회

도스(MS-DOS)에서 파일의 이름을 알파벳순으로 표시하는 명령어는?

① DIR/ON ② DIR/OS
③ DIR/OA ④ DIR/OD

04

19년 2회, 17년 3회, 16년 3회, 15년 2회, 14년 2회, 13년 5회, 07년 2회, 06년 1회

도스(MS-DOS)에서 시스템 부팅 시 'SUNGJUK.EXE' 파일을 실행하려면 어느 파일에 포함해야 하는가?

① IO.SYS ② AUTOEXEC.BAT
③ COMMAND.COM ④ CONFIG.SYS

바로 보는 해설

01

| 해설 |

③ 파일 속성 변경 명령어 ATTRIB

- 백업 파일 속성: A
- 시스템 파일 속성: S
- 읽기 전용 파일 속성: R
- 숨김 파일 속성: H

02

| 해설 |

③ 파일에 속성(H, R, S, A)을 설정

- 적용(+), 해제(−)
- 백업 파일 속성: A(Attribute)
- 시스템 파일 속성: S(System)
- 읽기 전용 파일 속성: R(Read Only)
- 숨김 파일 속성: H(Hidden File)

03

| 해설 |

① DIR: 드라이브나 디렉터리의 목록 출력

/P	한 화면씩 출력
/S	서브 디렉터리 포함
/W	한 줄에 5개 파일 나열
/A	속성(D, H, R, S, A)
/O	정렬된 순서로 화면 출력 • N: 이름순 • E: 확장자명순 • S: 크기순 • D: 날짜/시간순 • G: 그룹 디렉터리를 제일 먼저 화면에 출력 • −: 순서를 반대로 하는 접두사

04

| 해설 |

② AUTOEXEC.BAT: 파일 내에 작성된 명령어는 DOS 부팅 시 자동으로 실행된다. Windows의 시작 프로그램과 같은 기능을 제공한다.

| 정답 | 01 ③ 02 ③ 03 ① 04 ②

바로 보는 해설

05

| 해설 |

④ CD: 디렉터리 이동

• REN: 파일 이름 변경
• FIND: 지정한 문자열을 찾음
• MORE: 화면 단위로 출력

06

| 해설 |

① REN은 파일 이름을 변경하는 명령이다.

07

| 해설 |

④ CLS: 화면에 있는 내용을 지운다.

08

| 해설 |

② 내부 명령어: 부팅 중 Command.com 명령이 실행되면서 주기억장치에 내장되어 상주하는 명령어로, 프롬프트 상태에서 언제든지 사용 가능하다.

09

| 해설 |

④ IO.SYS, MSDOS.SYS 파일이 삭제되면 DOS 부팅이 안 되므로 숨김 파일 형태로 설치된다.

| 정답 | 05 ④ 06 ① 07 ④ 08 ② 09 ④

05

19년 2회, 17년 3회, 16년 3회, 13년 5회, 11년 4회

도스(MS-DOS) 명령어에 대한 설명으로 옳은 것은?

① REN: 디렉터리를 지운다.
② FIND: 파일의 목록을 보여준다.
③ MORE: 화면을 깨끗이 지운다.
④ CD: 특정 디렉터리로 이동한다.

06

22년 3회, 22년 1회, 21년 4회, 19년 2회, 13년 5회, 11년 5회

도스(MS-DOS)에서 지정한 파일의 이름을 바꾸어 주는 명령은?

① REN ② MD
③ XCOPY ④ CHKDSK

07

22년 3회, 16년 3회, 13년 1회, 11년 1회, 10년 5회

도스(MS-DOS) 명령어 중 내부 명령어에 해당하는 것은?

① ATTRIB ② SORT
③ FORRMAT ④ CLS

08

21년 1회, 19년 4회, 18년 2회, 17년 1회, 16년 4회, 15년 4회, 13년 5회, 12년 3회, 11년 2회, 10년 5회

도스(MS-DOS)의 내부 명령어에 대한 설명으로 옳은 것은?

① 디스크에 별도의 독립 파일로 존재한다.
② 프롬프트 상태에서 언제든지 사용 가능하다.
③ COMMAND.COM 파일이 없어도 사용할 수 있다.
④ 보조기억장치에 저장되어 있으므로 Load하여 사용한다.

09

19년 2회, 15년 2회, 10년 5회

도스(MS-DOS)의 시스템 파일 중 감춤(Hidden) 속성의 파일로만 짝지어진 것은?

① COMMAND.COM, IO.SYS
② COMMAND.COM, MSDOS.SYS
③ COMMAND.COM, MSDOS.SYS, IO.SYS
④ MSDOS.SYS, IO.SYS

XIT

개념끝

36 운영체제 전산영어

1 다음은 무엇을 설명하고 있는가? = Batch Processing

Jobs are submitted in sequential batches on input devices such as card readers, and job results are similarly received in batches from output devices such as printers.

작업은 카드 판독기와 같은 입력 장치에서 순차적인 배치로 제출되고 작업 결과는 마찬가지로 프린터와 같은 출력 장치에서 배치로 수신된다.

일괄 처리 시스템(Batch Processing System)

- 데이터를 일정 기간 또는 일정 단위로 묶어서 한꺼번에 처리하는 데이터 처리 방식이다.
- 시스템 중심의 자료 처리 방법이다. 트랜잭션당 처리비용이 적게 든다.
- 테이프와 같은 순차 접근 방법을 사용하는 업무에 적합하다.
- 단위 시간당 처리하는 작업 수가 많으므로 시스템 성능은 높다.
- 급여 계산, 회계 마감 업무, 세무 처리 등의 업무 형태에 적합하다.

2 다음 문장의 "This system"이 의미하는 것은? = Time Sharing System

This system was developed in which users could interface directly with the computer through terminals. Programs in the system are given a limited amount of CPU time called a time-slice.

이 시스템은 사용자가 터미널을 통해 컴퓨터와 직접 인터페이스할 수 있도록 개발되었다. 시스템의 프로그램에는 타임 슬라이스라고 하는 CPU 시간이 할당된다.

데이터 통신 시스템의 처리 형태

① 온라인 시스템(On – line System)

- 데이터 발생 현장에 설치된 단말 장치가 원격지에 설치된 컴퓨터와 통신 회선을 통해 직접 연결된 형태의 시스템
- 데이터의 전송과 처리 과정에 사람이 개입되지 않는다.

② 일괄 처리 시스템(Batch Processing System)

처리할 데이터를 일정량 또는 일정 기간 수집한 후 일괄 처리하는 시스템

③ 실시간 처리 시스템(Real – time Processing System)
데이터가 발생하는 즉시 처리하여 그 결과를 돌려주는 시스템
④ 시분할 처리 시스템(Time Sharing System)
하나의 컴퓨터를 여러 개의 단말 장치가 공동으로 사용하도록 하는 시스템

3 다음은 무엇에 대한 설명인가? = Interrupt

A hardware signal that suspends execution of a program and calls a special handler program. It breaks the normal flow of the program execution. After the handler program executed, the suspended program is resumed.

프로그램 실행을 중지하고 특수 핸들러 프로그램을 호출하는 하드웨어 신호이다. 프로그램 실행의 정상적인 흐름을 방해한다. 핸들러 프로그램이 실행된 후 일시 중단된 프로그램이 재개된다.

인터럽트(Interrupt)
어떤 특수한 상태 발생 시 현재 실행 중인 프로그램이 일시 중단되고, 그 특수한 상태를 처리하는 프로그램으로 분기 및 처리한 후 다시 원래의 프로그램을 처리하는 것이다.

4 Which one does below sentence describe? = Throughput

The quantity of work which a computer system can process within a given time.

컴퓨터 시스템이 주어진 시간 내에 처리할 수 있는 작업의 양이다.

Throughput(처리량)
컴퓨터 시스템이 주어진 시간 내에 처리할 수 있는 작업의 양을 의미한다.

5 도스(MS-DOS)에서 다음의 내용이 설명하는 것은? = CONFIG.SYS

This file configures the user's computer for various kinds of hardware device that might be installed system.

이 파일은 시스템에 설치될 수 있는 다양한 종류의 하드웨어 장치에 대해 사용자 컴퓨터를 구성한다.

CONFIG.SYS
MS-DOS의 기본 부팅 파일로 시스템 환경을 설정하는 기능을 제공하며 동시에 열 수 있는 파일 수, 캐시 설정, 기타 주변장치 설정, 메모리를 설정할 때 사용한다.

6 다음 설명으로 가장 적합한 것은? = Formatting

Before a disk can store data, it must be divided into sectors that the disk controller can read and write.

디스크가 데이터를 저장하려면 먼저 디스크 컨트롤러가 읽고 쓸 수 있는 섹터로 나누어야 한다.

FORMAT
디스크가 데이터를 저장하려면 먼저 디스크 컨트롤러가 읽고 쓸 수 있는 섹터로 나누어야 하는데 이때 디스크를 초기화하는 명령이다.

/Q	빠른 포맷(2번째부터)	/4	360KB로 포맷
/S	포맷 후 시스템 전송	/V	포맷 후 이름 지정

7 What is the name of the program that can fix minor errors on your hard drive? = SCANDISK

하드 드라이브의 사소한 오류를 수정할 수 있는 프로그램의 이름은 무엇인가?

MS-DOS 기본명령어

- FDISK: 하드 디스크를 논리적으로 분할(파티션 생성, 수정, 삭제)
- FORMAT: 디스크 초기화

/Q	빠른 포맷(2번째부터)	/4	360KB로 포맷
/S	포맷 후 시스템 전송	/V	포맷 후 이름 지정

• CHKDSK: 디스크 검사, 결과 출력

/V	검사 실행 파일을 보여줌	/F	검사 시 오류 수정

• SCANDISK: CHKDSK의 업그레이드 버전

8 다음 (　　) 안에 들어갈 내용은? = kernel, shell, file system

The UNIX operation system has three important features – (　　), (　　) and (　　).

유닉스 운영체제는 3가지 중요한 특징을 가지고 있다.

UNIX의 구성
Kernel, Shell, File System

9 Which one is not related to processing program?

① Language Translator Program　② Service Program
③ Job Management Program　④ Problem Program

다음 중 프로세스(처리) 프로그램과 관련 없는 것은?　| 정답 | ③
① 언어 번역 프로그램　② 서비스 프로그램
③ 작업 제어 프로그램　④ 문제 프로그램

시스템 소프트웨어의 구성
① 제어 프로그램(Control Program)
- 감시 프로그램(Supervisor Program)
- 작업 제어 프로그램(Job Control Program)
- 자료 관리 프로그램(Data Management Program)

② 처리 프로그램(Processing Program)
- 언어 번역 프로그램(Language Translator Program)
- 서비스 프로그램(Service Program)
- 문제 프로그램(Problem Program)

10 다음 문장의 (   ) 안에 알맞은 용어는? = Deadlock

A(n) (   ) is a situation where a group of processes are permanently blocked as a result of each process haying acquired a subset of the resources needed for its completion and waiting for release of the remaining resources held by others in the same group−thus making it impossible for any of the processes to proceed.

(   )는 각 프로세스가 완료에 필요한 리소스의 하위 집합을 획득하고 동일한 그룹의 다른 리소스가 보유한 나머지 리소스의 해제를 기다리는 결과로 프로세스 그룹이 영구적으로 차단되는 상황을 의미한다. 따라서 프로세스가 진행되는 것이 불가능해진다.

교착상태(Deadlock)
두 개 이상의 프로세스들이 자원을 점유한 상태에서 서로 다른 프로세스가 점유하고 있는 자원을 요구하며 무한정 기다리는 현상을 말한다.

11 다음 설명이 의미하는 것은? = Deadlock

A situation that two or more processes are unable to proceed because each is waiting for the device in use by other program.

2개 이상의 프로세스가 각각은 다른 프로그램에 사용 중인 장치를 기다리고 있어 진행하지 못하고 대기하는 상황이다.

교착상태(Deadlock)
두 개 이상의 프로세스들이 자원을 점유한 상태에서 서로 다른 프로세스가 점유하고 있는 자원을 요구하며 무한정 기다리는 현상을 말한다.

12 다음 (　　) 안에 알맞은 것은? = Deadlock Prevention

> Most of the practical deadlock-handling techniques fail into one of these three categories, which are customarily called (　　), deadlock avoidance, and deadlock detection and recovery respectively.

대부분의 실용적인 교착상태 처리 기술은 일반적으로 (　　), 교착상태 회피, 교착상태 감지 및 복구라고 하는 세 가지 범주 중 하나에 속한다.

교착상태의 해결 방법

- 예방(Prevention): 상호 배제, 점유와 대기, 비선점, 환형 대기 중 어느 하나를 발생하지 않게 하는 방법이다.
- 회피(Avoidance): 교착상태의 발생 가능성을 인정하고 교착상태가 발생하려고 할 때, 교착상태 가능성을 피해가는 방법(은행원 알고리즘)이다.
- 회복(Recovery): 교착상태를 일으킨 프로세스를 종료하거나 교착상태에 있는 프로세스가 점유하고 있는 자원을 선점하여 다른 프로세스에게 할당하는 기법이다.
- 발견(Detection): 시스템에 교착상태가 발생했는지 점검하여 교착상태에 있는 프로세스와 자원을 발견하는 것을 의미한다.

13 다음 (　　) 안에 들어갈 알맞은 용어는? = FIFO

> The (　　) algorithm replaces the resident page that has spent the longest time in memory. Whenever a page is to be evicted, the oldest page is identified and removed from main memory.

(　　) 알고리즘은 메모리에서 가장 오랜 시간을 보낸 상주 페이지를 대체한다. 페이지가 퇴거될 때마다 가장 오래된 페이지가 식별되고 메인 메모리로부터 제거된다.

교체(Replacement) 전략

- 주기억장치 내의 빈 공간 확보를 위해 제거할 프로그램/데이터를 선택하는 전략이다.
- 종류: FIFO, OPT, LRU, LFU, NUR, SCR 등

14 다음 문장의 (　　) 안에 알맞은 내용은? = Scheduler

(　　) selects from among the processes in memory that are ready to execute, and allocates the CPU

(　　) 메모리에서 실행할 준비가 된 프로세스 중에서 선택하고 CPU를 할당한다.

스케줄러(Scheduler)

한정적인 메모리를 여러 프로세스가 효율적으로 사용할 수 있도록 다음 실행 시간에 실행할 수 있는 프로세스의 순서를 결정하고 CPU에 전달하는 역할을 수행한다.

15 다음에서 설명하고 있는 것은? = Bootstrap

The term often used for starting a computer, especially one that loads its operating software from the disk.

컴퓨터, 특히 디스크에서 운영 소프트웨어를 로드하는 데 자주 사용되는 용어이다.

Bootstrap(부트스트랩)

- Boot+strap으로, 긴 부츠의 뒷부분에 달린 고리를 뜻한다.
- 일반적으로 한 번 시작되면 알아서 진행되는 일련의 과정을 뜻한다.
- 컴퓨터가 시작되면 운영체제가 주기억장치에 적재되는 과정을 의미한다.

16 다음 (　　) 안에 들어갈 내용으로 가장 적절한 것은? = Operating Systerm

A(n) (　　) is a program that acts an intermediary between a user of computer and the computer hardware.

(　　)는 컴퓨터 사용자와 컴퓨터 하드웨어 사이에서 중개자 역할을 하는 프로그램이다.

운영체제(Operating System)

- 컴퓨터 사용자와 컴퓨터 하드웨어 간의 인터페이스로서 동작하는 시스템 소프트웨어의 일종이다.
- 컴퓨터를 편리하게 사용하고 컴퓨터 하드웨어를 효율적으로 사용할 수 있게 한다.
- 다른 응용 프로그램이 유용한 작업을 할 수 있도록 환경을 제공한다.
- 하나의 컴퓨터에 여러 운영체제 설치가 가능하지만 한 운영체제 내의 소프트웨어는 같은 운영체제 내에서 작동된다.

17 다음 (　　) 안에 알맞은 용어는? = Real – time operating systems

> (　　) are used in environments where a large number of events, mostly external to the computer system, must be accepted and processed in a short time or within certain deadlines.

(　　)은 대부분 컴퓨터 시스템 외부에 있는 많은 수의 이벤트를 짧은 시간 또는 특정 기한 내에 수락하고 처리해야 하는 환경에서 사용된다.

데이터 통신 시스템의 처리 형태

- 온라인 시스템(On-line System): 데이터 발생 현장에 설치된 단말 장치가 원격지에 설치된 컴퓨터와 통신 회선을 통해 직접 연결된 형태의 시스템, 데이터의 전송과 처리 과정에 사람이 개입되지 않는다.
- 일괄 처리 시스템(Batch Processing System): 처리할 데이터를 일정량 또는 일정 기간 수집한 후 일괄 처리하는 시스템
- 실시간 처리 시스템(Real-time Processing System): 데이터가 발생하는 즉시 처리하여 그 결과를 돌려주는 시스템
- 시분할 처리 시스템(Time Sharing System): 하나의 컴퓨터를 여러 개의 단말 장치가 공동으로 사용하도록 하는 시스템

개념끝

37 기타 전산영어

1 다음 (   ) 안에 공통으로 들어갈 알맞은 용어는? = Central Processing Unit

> When the program and data are ready to be used, they are copied into the primary memory unit from an input device or storage device. Once the program and data have been loaded into the primary memory, the (   ) Performs computation on the data. The (   ) is made up of a control unit and an arithmetical logical unit.

프로그램과 데이터를 사용할 준비가 되면 입력 장치나 저장 장치에서 기본 메모리 장치로 복사된다. 프로그램과 데이터가 기본 메모리에 로드되면 (   )는 데이터에 대한 계산을 수행한다. (   )는 제어장치와 산술 논리장치로 구성된다.

마이크로프로세서(MicroProcessor)

- 연산장치, 레지스터(기억), 제어장치 등을 포함한 여러 가지 기능을 작은 칩 안에 집적하여 놓은 것이다.
- 컴퓨터 프로세서 또는 중앙처리장치(CPU; Central Processing Unit)라고 한다.
- 중앙처리장치(CPU)에 해당하는 부분을 하나의 대규모 집적회로의 칩에 내장시켜 기능을 수행하게 한다.

2 다음 문장의 (　　) 안에 들어갈 용어는? = control

Computer components fall into blank three categories : processor, input and output. The processor consists of primary storage or memory, the arithmetic and logic unit and the (　　) unit.

컴퓨터 구성 요소는 프로세서, 입력 및 출력의 세 가지 범주로 나뉜다. 프로세서는 기본 저장장치 또는 메모리, 산술 및 논리장치 및 (　　)장치로 구성된다.

CPU 구성 요소

제어장치, 연산장치, 레지스터, 버스

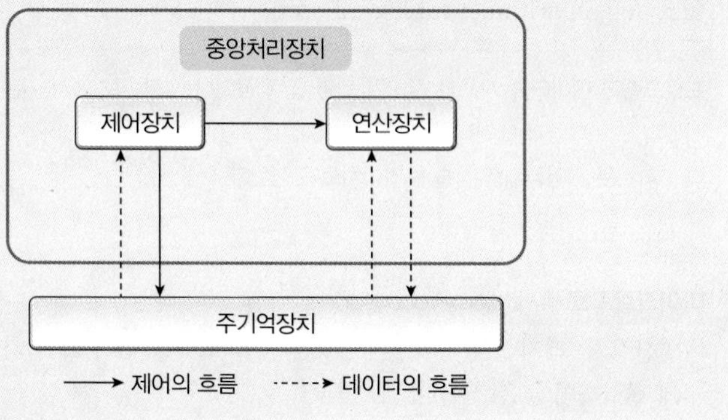

마음을 위대한 일로 이끄는 것은 오직 열정,
위대한 열정뿐이다.

– 드니 디드로(Denis Diderot)

PART 04

정보 통신 일반

중요 해시태그

#교재문제제발암기 #총10문제 #기출만출제 #OSI7계층필히득점

4과목 자기주도 학습 가이드

4과목은 총 60문제 중 10문제 정도가 출제됩니다. 이 장에서 처음 접하는 각종 통신 관련 용어와 영문 약어로 된 프로토콜명은 처음부터 무조건 암기하기보다는 영문 풀네임을 한 번 확인 후 간단한 정의를 정리하며 반복하여 손으로 직접 적어가면서 공부하세요. 이 장은 필기시험과 더불어 실기시험의 학습범위가 같습니다. 학습범위에 비해 출제문제 수가 적지만 반드시 5문제 이상 득점해야 하는 과목입니다. 다행히 간단한 용어 중심의 기출문제가 출제되고 있고 새로운 신규 문제는 출제되지 않는 과목입니다. 4과목 개념 1회독 후 기출문제 위주로 공부하면서 부담을 갖지 말고 꼭! 득점해야만 하는 OSI 7계층 관련 문제와 간단한 계산 문제는 실수하지 않도록 꼼꼼히 암기하세요.

공부시간이 부족할 때는 EXIT를 찾아서 먼저 공부하세요!

CHAPTER 01 데이터 통신의 개요

개념끝 38 데이터 통신 EXIT
개념끝 39 데이터 전송 방식
개념끝 40 신호 변환 방식 EXIT
개념끝 41 다중화와 전송 속도 EXIT

CHAPTER 02 전송 제어

개념끝 42 전송 제어 방식
개념끝 43 회선 제어, 오류 제어 EXIT
개념끝 44 데이터 회선망
개념끝 45 경로 제어 및 트래픽 제어 EXIT
개념끝 46 LAN
개념끝 47 인터넷 EXIT

CHAPTER 03 통신 프로토콜

개념끝 48 통신 프로토콜과 OSI 7계층 EXIT
개념끝 49 TCP/IP
개념끝 50 뉴미디어와 멀티미디어

개념끝

EXIT 38

데이터 통신

1 데이터 통신의 개념

(1) 데이터와 정보

① 데이터(Data): 현실 세계로부터 단순한 관찰이나 측정을 통해 수집된 사실이나 값

② 정보(Information): 데이터를 처리하여 얻은 결과로써 의사 결정을 위한 값이 되기도 한다.

(2) 데이터 통신과 정보 통신

① 데이터 통신(Data Communication): 정보를 기계로 처리하거나 처리한 정보를 전송하는 것(ITU-T의 정의)

② 정보 통신(Information Communication): 컴퓨터와 통신 기술의 결합에 의해 통신 처리 기능과 정보 처리 기능은 물론 정보의 변환, 저장 과정이 추가된 형태의 통신을 의미

2 데이터 통신 시스템의 구성 (9번 출제)

개념 돋보기

데이터 통신 시스템의 구성 요소

DTE, DCE, 전송 회선, CCU, 컴퓨터

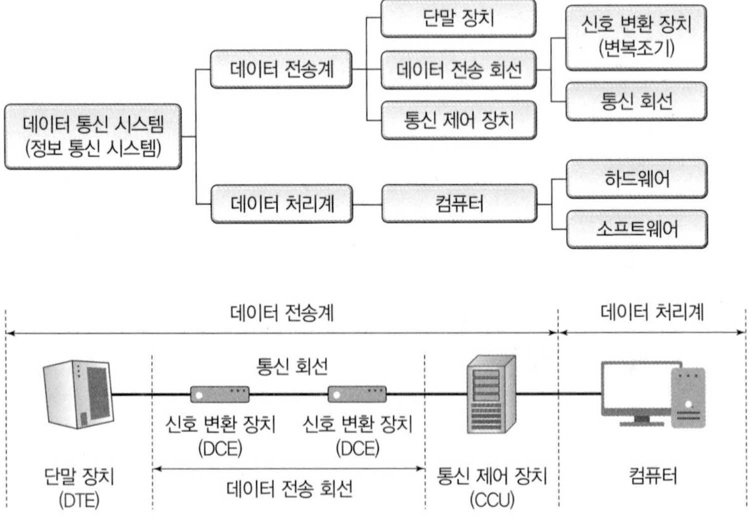

3 데이터 전송계

(1) 데이터 단말 장치(DTE; Data Terminal Equipment)

① 정의: 데이터 통신 시스템과 사용자의 접점에 위치하여 데이터의 입·출력을 처리하는 장치

② 기능: 입·출력 기능, 전송 제어 기능, 기억 기능

③ 분류

구분		내용
기능에 따른 분류	입력 전용 단말 장치	• 데이터 입력만 가능 • 키보드, 판독기(OMR/OCR/MICR) 등
	출력 전용 단말 장치	• 데이터 출력만 가능 • 모니터, 프린터 등
	입·출력 공용 단말 장치	• 입력과 출력 모두 가능 • 대부분의 단말 장치
작업 처리 능력 유무에 따른 분류	스마트(Smart) 단말 장치	• 작업 처리 가능 • '지능형(Intelligent) 단말 장치'라고도 함
	더미(Dummy) 단말 장치	• 작업 처리 불가 • '비지능형(Non-intelligent) 단말 장치'라고도 함

(2) 데이터 신호 변환 장치(DCE; Data Circuit Equipment)

① 정의: 단말 장치나 컴퓨터의 데이터를 통신 회선에 적합한 신호로 변환하거나 다시 반대로 변환을 수행하는 장치로, '데이터 회선 종단 장치(DCE; Data Circuit-terminal Equipment)'라고도 한다.

② 종류

구분	내용
전화(Phone)	아날로그 신호 → 아날로그 회선
모뎀(MODEM; MOdulator/DEModulator)	디지털 신호 → 아날로그 회선
코덱(CODEC; COder/DECoder)	아날로그 신호 → 디지털 회선
DSU(Digital Service Unit)	디지털 신호 → 디지털 회선

(3) 통신 제어 장치(CCU, Communication Control Unit)

① 정의: 전송 회선과 컴퓨터 사이에 위치하여 컴퓨터를 대신하여 전송 관련 제어 기능을 수행하는 장치

② 기능: 전송 제어, 동기 제어, 오류 제어 등

개념 돋보기

데이터 처리계

- 하드웨어: 중앙처리장치, 주변 장치 등을 의미
- 소프트웨어: 운영체제, 통신 소프트웨어, 응용 소프트웨어 등

③ 그 외 통신 장치

분류	설명
통신 제어 처리장치 (CCP; Communication Control Processor)	• 통신 제어 장치(CCU)와 마찬가지로 통신 제어 기능을 수행하는 장치로, 컴퓨터가 처리하는 데이터를 메시지 단위로 조립하고 분해하는 메시지 제어에 관한 부분까지도 처리하는 장치 • 컴퓨터 중앙처리장치(CPU)의 부담을 줄여줌 • 프로그램 가능한 제어장치이므로 기능의 변경이나 추가가 용이하여 유연성이 큼 • 단말 장치의 증설이나 회선의 고속화 등 확장성이 큼
전처리기 (FEP; Front End Process)	• 중앙제어장치 전단에 위치하여 통신 기능을 전담하는 장치 • 현장에 위치한 단말 장치와의 통신 기능 및 타 시스템과의 연계 기능 등 메시지의 조립과 분해, 전송 메시지 검사, 통신 회선 및 단말 장치 제어 등을 수행 • 호스트 컴퓨터와 단말 장치 사이에 고속 통신 회선으로 설치됨

4 DTE/DCE 접속규격

① **정의**: 서로 다른 하드웨어인 단말 장치(DTE)와 데이터 회선 종단 장치(DCE) 간의 접속을 정확하게 수행하기 위한 기계적, 전기적, 기능적, 절차적 특성을 사전에 정의해 놓은 규격

② 특성

구분	내용
기계적 특성	연결기기의 크기, 핀의 개수 등 물리적 연결을 규정
전기적 특성	DTE와 DCE 간 커넥터에 흐르는 신호의 전압 레벨, 전압 변동, 잡음 마진 등 전기적 신호법을 규정
기능적 특성	• DTE와 DCE 간을 연결하는 RS-232C 주요 핀 이름처럼 각 회선에 의미를 부여 • 데이터, 제어, 타이밍, 접지 등을 수행하는 기능을 규정
절차적 특성	• 데이터를 전송하기 위하여 사건 흐름 순서를 규정 • 물리적 연결의 활성화 및 비활성화, 동작 종료 절차 등

5 접속 규격 표준안

구분		설명
ITU – T (International Telecommunication Union – Telecommunication)	V 시리즈	• DTE와 아날로그 통신 회선 간에 접속할 때의 규정을 정의 • 공중 전화 교환망(PSTN)을 통한 DTE/DCE 접속 규격 • V.24: 데이터 터미널과 데이터 통신기기의 접속 규격으로 기능적, 절차적 조건에 대한 규정
	X 시리즈	• DTE와 디지털 교환망 간에 접속할 때의 규정을 정의 • 공중 데이터 교환망(PSDN)을 통한 DTE/DCE 접속 규격 • X.25: 패킷 전송을 위한 DTE/DCE 접속 규격 • X.400: 전자메시지 처리 시스템(MHS; Message Handling Service)의 시스템과 서비스를 규정하는 권고안
EIA (Electronic Industries Association)	RS –232C	• DTE와 DCE 간의 물리적 연결과 신호 수준을 정의 • 공중 전화 교환망(PSTN)을 통한 DTE/DCE 접속 규격 • ISO2110, V.24, V.28을 사용하는 접속 규격
ISO (International Standards Organization)	ISO 2110	• 공중 전화 교환망(PSTN)을 통한 DTE/DCE 접속 규격 • 주로 기계적 조건에 대한 규정

개념 돋보기

전자메시지 처리 시스템(MHS; Message Handling Service)

메시지를 축적하는 사서함 기능을 가지며 사용자 간의 메시지를 송·수신하는 기능을 가진다. MHS는 UA, MTA, MS로 구성된다.

6 RS–232C 커넥션 (5번 출제)

① **정의:** DTE와 DCE 사이의 접속 규격으로, 정보 통신망에서 변복조 장치를 단말 장치에 접속할 때 사용하는 표준안

② 데이터 단말 장치(DTE)와 데이터 회선 종단 장치(DCE)의 전기적, 기계적 인터페이스이다.

③ 스탠다드 케이블은 25핀으로 구성되어 있으며, 2번 핀은 송신(=전송) 데이터의 신호를 취급하고 3번 핀은 수신 데이터의 신호를 취급한다.

④ RS-232C 커넥션의 핀별 기능

핀 이름	핀 번호	기능
DTR(Data Terminal Ready)	20	DTE가 정상적인 동작 상태에 있음을 DCE에게 통보
DSR(Data Set Ready)	6	DCE가 송신할 준비가 완료되었는지 여부를 DTE에게 통보
RTS(Ready To Send)	4	DTE에서 DCE한테 송신을 요청
CTS(Clear To Send)	5	DCE에서 DTE한테 송신 준비 완료 여부를 통보
DCD(Data Carrier Detect)	8	DCE가 선로 쪽으로부터 감지할 수 있는 크기를 수신하고 있음을 DTE에게 통보
TxD(Transmit Data)	2	데이터를 송신하는 기능
RxD(Receive Data)	3	데이터를 수신하는 기능

7 데이터 통신 시스템의 처리 형태

(1) 온라인 시스템(On-line System)

① 데이터 발생 현장에 설치된 단말 장치가 원격지에 설치된 컴퓨터와 통신 회선을 통해 직접 연결된 형태의 시스템

② 데이터의 전송과 처리 과정에 사람이 개입되지 않는다.

(2) 일괄 처리 시스템(Batch Processing System): 처리할 데이터를 일정량 또는 일정 기간 수집한 후 일괄 처리하는 시스템

(3) 실시간 처리 시스템(Real-time Processing System) 3번 출제

① 데이터가 발생하는 즉시 처리하여 그 결과를 돌려주는 시스템

② 사용자 중심의 자료 처리 방법이다.

③ 좌석 예약, 은행의 On-Line 시스템과 같은 실시간 처리 업무 형태에 적합하다.

(4) 시분할 처리 시스템(Time Sharing System): 하나의 컴퓨터를 여러 개의 단말 장치가 공동으로 사용하도록 하는 시스템

8 데이터 통신 시스템의 발달 과정

SAGE (Semi–Automatic Ground Environment)	• 미국의 반자동 방공 시스템 • 최초의 데이터 통신 시스템
SABRE (Semi–Automatic Business Research Environment)	• 최초의 상업용 데이터 통신 시스템 • 항공기 좌석 예약 응용
CTSS (Compatible Time Sharing System)	MIT에서 개발한 최초의 시분할 시스템
ARPAnet (Advanced Research Project Agency Network)	• 미 국방성에 설치된 최초의 유선 패킷 교환 시스템 • 인터넷의 시초
ALOHA (Additive Links On–line Hawaii Area)	실험용으로 개발한 최초의 무선 패킷 교환망
SNA (System Network Architecture)	IBM에서 발표한 컴퓨터 간 접속 네트워크 방식

최빈출 기출 모음.ZIP

01
17년 2회, 14년 1회, 11년 2회

데이터 통신 시스템의 구성 요소에 해당하지 않는 것은?

① 단말계 ② 데이터 전송계
③ 데이터 처리계 ④ 멀티시스템계

02
19년 2회, 15년 2회, 13년 2회, 11년 2회

온라인 실시간 시스템의 조회 방식에 가장 적합한 업무는?

① 객관식 채점 업무 ② 좌석 예약 업무
③ 봉급 계산 업무 ④ 성적 처리 업무

03
19년 2회, 17년 2회, 16년 2회, 13년 5회, 11년 5회

RS-232C 25핀 인터페이스에서 데이터 전송(TXD)과 수신(RXD)에 해당되는 핀(Pin) 번호가 순서대로 옳은 것은?

① 1, 2 ② 3, 4
③ 2, 3 ④ 4, 5

04
15년 2회, 05년 3회

ITU-T X 시리즈 권고안 중 공중 데이터 네트워크에서 패킷형 터미널을 위한 DCE와 DTE 사이의 접속 규격은?

① X.3 ② X.21
③ X.25 ④ X.45

바로 보는 해설

01
| 해설 |
④ 데이터 통신 시스템의 구성: 데이터 통신 시스템에는 데이터 전송계, 데이터 처리계, 데이터 전송 회선과 단말 장치가 있다.

02
| 해설 |
② 실시간 처리 시스템: 데이터가 발생하는 즉시 처리하여 그 결과를 돌려주는 시스템으로, 좌석 예약, 은행의 On-Line 시스템과 같은 실시간 처리 업무 형태에 적합하다.

03
| 해설 |
③ RS-232C 커넥션: 스탠다드 케이블은 25핀으로 구성되어 있으며, 2번 핀은 송신 데이터의 신호를 취급하고, 3번 핀은 수신 데이터의 신호를 취급한다.

04
| 해설 |
③ X.25: 패킷 전송을 위한 DTE/DCE 접속 규격이다.

| 정답 | 01 ④ 02 ② 03 ③ 04 ③

개념끝

39 데이터 전송 방식

1 아날로그 및 디지털 전송

(1) 아날로그 전송

① **아날로그(Analog) 신호**: 시간적으로 연속인 전압, 전류 또는 그 밖의 형태의 신호

② 신호의 감쇠 현상이 심해 장거리 전송 시 증폭기(Amplifier)에 의해 신호 증폭 후 전송해야 한다.

(2) 디지털 전송

① **디지털(Digital) 신호**: 전기적인 2가지 상태(0 또는 1)로만 표현되는 신호

② 장거리 전송 시 데이터의 감쇠 및 왜곡 현상을 방지하기 위해서 리피터(Repeater)를 사용한다.

③ 전송 용량을 다중화하여 효율성이 높다.

④ 암호화 작업이 가능하므로 안정성이 높다.

2 통신 방식 (7번 출제)

① **단방향(Simplex) 통신**: 한쪽 방향으로만 전송이 가능한 방식 예 TV, 라디오

② **반이중(Half – duplex) 통신**: 양쪽 방향으로 전송이 가능하지만 동시에 양쪽 방향으로 전송이 불가능한 방식 예 무전기

③ **전이중(Full – duplex) 통신**: 동시에 양쪽 방향으로 전송이 가능한 방식 예 전화

3 직렬 전송과 병렬 전송

(1) 직렬 전송

① 1바이트를 8개의 비트로 분리해서 한 번에 1비트씩 순서대로 선로를 통해 전송하는 방식이다.

② 모든 비트들이 동일한 전송 회선을 사용하기 때문에 전송 회선이 비트별로 대응되는 병렬 전송 방식보다 오류 발생 가능성이 줄어든다.

③ 원거리 전송에 적합하다.

(2) 병렬 전송

① 각 비트들이 각자의 전송 선로를 통해 한꺼번에 전송되는 방식이다.
② 단위 시간에 다량의 데이터를 전송할 수 있지만 전송 거리가 길어지면 전송 회선별로 비트가 도착하는 시간이 다를 수 있어 원래의 비트 블록을 복원하기 어렵고 비용도 증가한다.
③ 전송 선로가 직렬 전송에 비해 많으므로 전송 속도가 빠르다.
④ 컴퓨터의 CPU와 주변장치 사이의 전송에 이용된다.

4 비동기식 및 동기식 전송

(1) 비동기식(Asynchronous) 전송 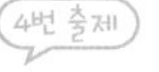

Start Bit	Data Bit	Parity Bit	Stop Bit
1Bit	5～8Bit	1Bit	1～2Bit

① Byte와 Byte를 구분하기 위해 문자의 앞뒤에 각각 Start Bit와 Stop Bit를 가진다.
② 동기식보다 주로 저속도의 전송에 이용된다.
③ 비트열이 전송되지 않을 때는 휴지 상태(Idle Time)가 된다.
④ 수신기는 자신의 클록 신호를 사용하여 회선을 샘플링하고 각 비트의 값을 읽어내는 방식이다.

(2) 동기식(Synchronous) 전송

① 송신기와 수신기의 동일한 클록을 사용하여 데이터를 송·수신하는 방법이다.
② 문자 또는 비트들의 데이터 블록을 송·수신한다.
③ 전송 속도가 빠르고, 전송 효율이 좋으며, 주로 원거리 전송에 사용한다.
④ 프레임으로 구성된다.
⑤ 제어 정보의 앞부분을 프리 앰블, 뒷부분을 포스트 앰블이라고 한다.
⑥ 정보 프레임 구성에 따라 문자 동기 방식, 비트 동기 방식, 프레임 동기 방식으로 구분한다.

개념 돋보기

프레임(Frame)
동기 문자와 제어 정보, 데이터 블록으로 구성된다.

최빈출 기출 모음.ZIP

01

22년 1회, 21년 4회, 20년 2회, 19년 1회, 18년 2회, 17년 2회, 16년 1회, 15년 2회, 14년 2회

정보 통신 신호의 전송이 양쪽에서 가능하나, 동시 전송은 불가능하고 한쪽 방향으로만 전송이 교대로 이루어지는 통신 방식은?

① 반송 주파수 통신 방식 ② 반이중 통신 방식
③ 단방향 통신 방식 ④ 전이중 통신 방식

02

22년 4회, 21년 4회, 21년 1회, 19년 3회, 19년 1회, 18년 4회, 17년 4회, 16년 3회, 15년 2회, 14년 2회, 14년 1회, 10년 4회, 10년 2회, 10년 1회

단말기에서 메시지(Message) 출력 중 동시에 호스트 컴퓨터로부터 입력 신호를 받아들일 수 있는 방식은?

① 전이중 방식 ② 반이중 방식
③ 단향 방식 ④ 우회 방식

03

21년 2회, 19년 5회, 15년 4회, 12년 1회

데이터 전송의 형태에서 한 문자 전송 시마다 스타트 비트와 스톱 비트를 삽입하여 전송하는 방식은?

① 동기식 ② 비동기식
③ 베이스 밴드식 ④ 혼합 동기식

04

15년 3회, 06년 1회

한 바이트를 8개의 비트로 분리해서 한 번에 한 비트씩 순서적으로 선로를 통해 전송하는 방식은?

① 직렬 전송 ② 병렬 전송
③ 직병렬 전송 ④ ON LINE 전송

바로 보는 해설

01

| 해설 |

② 반이중(Half-duplex) 통신: 양쪽 방향으로 전송이 가능하지만 동시에 양쪽 방향으로 전송이 불가능한 방식 예 무전기

02

| 해설 |

① 전이중(Full-duplex) 통신: 동시에 양쪽 방향으로 전송이 가능한 방식 예 전화

03

| 해설 |

② 비동기식(Asynchronous) 전송

Start Bit	Data Bit	Parity Bit	Stop Bit
1Bit	5~8Bit	1Bit	1~2Bit

Byte와 Byte를 구분하기 위해 문자의 앞뒤에 각각 Start Bit와 Stop Bit를 가진다.

04

| 해설 |

① 직렬 전송: 1바이트를 8개의 비트로 분리해서 한 번에 1비트씩 순서적으로 선로를 통해 전송하는 방식이다. 모든 비트들이 동일한 전송 회선을 사용하기 때문에 전송 회선이 비트별로 대응되는 병렬 전송 방식보다 오류 발생 가능성이 줄어든다.

| 정답 | 01 ② 02 ① 03 ② 04 ①

EXIT 개념끝 40

신호 변환 방식

1 아날로그 데이터 → 아날로그 신호

① **정의**: 아날로그 데이터를 아날로그 회선을 통해 전송하기 위해 아날로그 형태로 변조하는 것

② **종류**

구분	설명
진폭 변조 (AM; Amplitude Modulation	변조 파형에 따라 진폭을 변조하는 방식
주파수 변조 (FM; Frequency Modulation)	변조 파형에 따라 주파수를 변조하는 방식
위상 변조 (PM; Phase Modulation)	변조 파형에 따라 위상을 변조하는 방식

2 아날로그 데이터 → 디지털 신호

(1) 개요

① **정의**: 아날로그 데이터를 디지털 회선을 통해 전송하기 위해 디지털 형태로 변환하는 것

② 코덱(CODEC)을 이용한다.

(2) 펄스 코드 변조(PCM; Pulse Code Modulation)

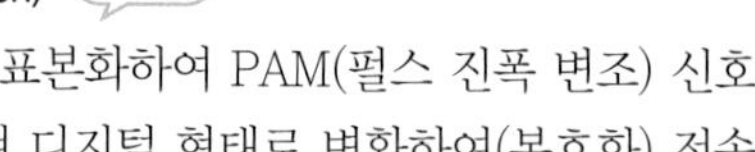

① **정의**: 송신 측에서 아날로그 데이터를 표본화하여 PAM(펄스 진폭 변조) 신호를 만든 후 양자화, 부호화 과정을 거쳐 디지털 형태로 변환하여(복호화) 전송하는 방식

② **PCM 과정**: 표본화 → 양자화 → 부호화

구분	설명
표본화 (Sampling)	• 어떤 신호 f(t)를, f(t)가 가지는 최고 주파수의 2배 이상으로 채집하면, 채집된 신호는 원래의 신호가 가지는 모든 정보를 포함한다는 이론 • 표본화 횟수 = 최고 주파수×2 • 표본화 간격 = 1/표본화 횟수

양자화 (Quantization)	표본화에 의해 얻어진 PAM(펄스 진폭 변조) 신호를 평준화시키는 단계
부호화 (Encoding)	PAM(펄스 진폭 변조)에서 나타난 펄스 진폭의 크기를 디지털량으로 변환하는 단계

(3) 코덱(CODEC; COder/DECoder) 4번 출제

① **정의**: 아날로그 형태를 디지털 신호로 변환하거나 다시 아날로그로 환원하는 장치

② 펄스 부호 변조(PCM) 방식을 이용하여 데이터를 변환한다.

③ 비디오 데이터의 압축 및 복원과 관련이 깊다.

④ **펄스 부호 방식의 분류**

구분	설명
연속 레벨 변조 (아날로그 변조)	• 펄스 진폭 변조(PAM; Pulse Amplitude Modulation): 펄스의 진폭을 변화시켜 변조 • 펄스 폭 변조(PWM; Pulse Width Modulation): 펄스의 폭을 변화시켜 변조 • 펄스 위치 변조(PPM; Pulse Position Modulation): 펄스의 위치를 변화시켜 변조
불연속 레벨 변조 (디지털 변조)	• 펄스 수 변조(PNM; Pulse Number Modulation): 펄스의 숫자를 변화시켜 변조 • 펄스 부호 변조(PCM; Pulse Code Modulation): 펄스의 부호를 변화시켜 변조

(4) 모뎀

① **정의**: 컴퓨터와 단말기에서 발생된 디지털 신호를 아날로그 신호로, 수신 측에서 변조된 신호를 복조하여 본래의 디지털 신호로 변환하는 것

② 디지털 데이터를 공중 전화 교환망(PSTN)과 같은 아날로그 통신망을 이용한다.

③ 모뎀은 변조와 복조 기능, 펄스를 전송 신호로 변환(디지털 데이터를 아날로그 신호로 변환)하는 기능, 데이터 통신 및 속도 제어, 자동 응답 기능, 자동 호출 기능 등이 있다.

3 디지털 데이터 → 아날로그 신호

① **정의**: 디지털 데이터를 아날로그 회선을 통해 전송하기 위해 아날로그 형태로 변조하는 것

② 모뎀(MODEM)을 이용한다.

> **개념 돋보기**
> **PSK(Phase Shift Keying) 방식이 적용되는 변조 방식의 종류**
> ① QDPSK(Quadrature Differential Phase Shift Keying): 직교 차동 위상 편이 방식이다.
> ② QAM(Quadrature Amplitude Modulation): 직교 진폭 변조 방식이다.
> ③ DPSK(Differential Phase Shift Keying): 차동 위상 편이 방식이다.

③ 종류

구분	설명
진폭 편이 변조 (ASK; Amplitude Shift Keying)	0과 1을 서로 다른 진폭의 신호로 변조하는 방식
주파수 편이 변조 (FSK; Frequency Shift Keying)	0과 1에 따라 주파수를 변화시키는 변조 방식
위상 편이 변조 (PSK; Phase Shift Keying)	• 반송파로 사용하는 정현파의 위상에 정보를 싣는 변조 방식 • 동기식 변복조기(Synchronous MODEM)에서 주로 사용
직교 진폭 변조 (QAM; Quadrature Shift Keying)	• 위상과 진폭을 함께 변화시켜서 변조하는 방식 • 고속(주로 9,600bps) 데이터 전송에 이용됨 • 진폭 위상 변조라고도 함

4 디지털 데이터 → 디지털 신호 (4번 출제)

(1) 개요

① **정의:** 디지털 데이터를 디지털 회선을 통해 전송하기 위해 디지털 형태로 변환하는 것

② DSU를 이용한다.

(2) DSU(Digital Service Unit)

① **정의:** 디지털 데이터를 디지털 회선을 통하여 전송하기 위한 변환 장치

② 디지털 데이터를 공중 데이터 교환망(PSDN)과 같은 디지털 통신망을 이용하여 전송할 때 사용된다.

③ 직렬 유니폴라(Unipolar) 신호가 입력되면 이를 변형된 바이폴라(Bipolar) 신호로 바꾸어 주고, 수신 측에서는 반대의 과정을 거쳐 원래의 신호로 만들어 주는 기능을 수행한다.

5 베이스밴드(Baseband) 전송

① **정의:** 디지털 데이터(펄스 파형)를 변조 없이 그대로 전송하는 방식

② 베이스밴드 방식은 주로 단말 장치 사이의 통신이나 랜(근거리 통신망), 펄스 부호 변조(PCM) 방식의 통신에서 주로 사용한다.

③ 종류

신호 방식	내용
RZ (Return to Zero)	비트 신호 1 이 전송될 때 비트 시간 길이의 약 1/2시간 동안 양 또는 음의 전압을 유지하고 그 나머지 시간은 0 상태로 돌아오는 방식
NRZ (Non Return to Zero)	RZ와 같은 방식이지만, 비트 0, 1의 값을 전압으로 표시한 후에 0 볼트로 되돌아오지 않는 방식
단극성 (Unipolar)	• 신호를 부호화할 때 동일한 부호의 전압(양 또는 음)으로 표현하는 방식 • 2진수의 0은 영 전압으로, 1은 양이나 음의 전압으로 표현
양극성 (Bipolar)	• 신호를 부호화할 때 양의 전압과 음의 전압을 모두 사용함 • 비트 1이 전송될 경우에만 극성을 교대로 바꾸어 출력 • 비트 0인 경우에는 영 전압으로 나타내는 방식
맨체스터 방식	• 비트 0은 전압이 낮은 곳에서 높은 곳으로 상태 변화할 때 • 비트 1은 전압이 높은 곳에서 낮은 곳으로 상태 변화할 때

최빈출 기출 모음.ZIP

01

19년 2회, 17년 4회, 17년 2회, 12년 5회, 11년 1회

통신 속도가 50[Baud]일 때 최단 부호 펄스의 시간은?

① 0.1[sec] ② 0.02[sec]
③ 0.05[sec] ④ 0.01[sec]

02

20년 2회, 20년 1회, 18년 2회, 15년 2회, 13년 1회, 11년 4회

PCM 방식에서 표본화 주파수가 8[khz]라 하면 이때 표본화 주기는?

① 125[㎲] ② 100[㎲]
③ 85[㎲] ④ 8[㎲]

03

22년 1회, 19년 2회, 17년 4회

데이터의 회선 전송에서 직류 펄스의 형태 그대로 전송하는 방식으로 음 대 양 전이를 2진수로 표현하고 양 대 음 전이를 2진수 0으로 표현하는 것은?

① RZ(Return to Zero)
② 바이폴라(Bipolar)
③ 맨체스터(Manchester)
④ NRZ-I(Non Return to Zero-I)

바로 보는 해설

01

| 해설 |

② 1초 동안에 50번의 신호 변화가 있으므로 1번의 신호 변화에 걸리는 시간은 1/50 = 0.02[sec]이다.

02

| 해설 |

① 표본화 주기 = 1/주파수
1/8000[hz] = 0.000125[s] → 125[㎲]

03

| 해설 |

③ 데이터의 회선 전송에서 직류 펄스의 형태 그대로 전송하는 방식으로 음 대 양 전이를 2진수로 표현하고 양 대 음 전이를 2진수 0으로 표현하는 것은 맨체스터 방식이다.

| 정답 | 01 ② 02 ① 02 ③

04

19년 3회, 17년 2회, 08년 2회, 07년 1회

데이터 단말 장치와 디지털 통신 회선 사이에 있는 DCE로 적합한 것은?

① 통신 제어 장치　　② 멀티플렉서
③ MODEM　　④ DSU

05

20년 2회, 18년 4회, 12년 5회, 11년 2회

진폭과 위상을 변화시켜 정보를 전달하는 디지털 변조 방식은?

① QAM　　② FSK
③ PSK　　④ ASK

06

21년 3회, 20년 1회, 19년 2회, 16년 2회, 14년 2회, 11년 1회

변조 방식을 분류한 것에 속하지 않는 것은?

① 진폭 편이 변조
② 주파수 편이 변조
③ 위상 편이 변조
④ 멀티포인트 변조

07

21년 2회, 20년 1회, 19년 2회, 18년 2회, 16년 2회, 15년 2회, 12년 3회, 10년 1회

비디오 데이터의 압축 및 복원과 관련이 깊은 것은?

① 모뎀(MODEM)　　② 코덱(CODEC)
③ 브리지(bridge)　　④ 멀티플렉스(multiplexer)

08

21년 2회, 20년 1회, 19년 2회, 18년 2회, 16년 2회, 15년 2회, 12년 3회, 10년 1회

PCM(Pulse Code Modulation)의 과정이 순서대로 옳은 것은?

① 신호 → 양자화 → 표본화 → 부호화 → 복호화
② 신호 → 표본화 → 양자화 → 부호화 → 복호화
③ 신호 → 표본화 → 양자화 → 복호화 → 부호화
④ 신호 → 복호화 → 양자화 → 부호화 → 표본화

바로 보는 해설

04

| 해설 |

④ DSU(Digital Service Unit): 디지털 데이터를 디지털 회선을 통하여 전송하기 위한 변환 장치로, 디지털 데이터를 공중 데이터 교환망(PSDN)과 같은 디지털 통신망을 이용하여 전송할 때 사용된다.

05

| 해설 |

① QAM: 진폭 편이 + 위상 편이 변조
- FSK: 주파수 편이 변조
- PSK: 위상 편이 변조
- ASK: 진폭 편이 변조

06

| 해설 |

④ 모뎀의 신호 방식(디지털 → 아날로그로 변조)
- ASK: 진폭 편이 변조
- FSK: 주파수 편이 변조
- PSK: 위상 편이 변조
- QAM: 진폭 편이 + 위상 편이 변조

07

| 해설 |

② 코덱(CODEC; COder/DECoder): 아날로그 형태를 디지털 신호로 변환하거나 다시 아날로그로 환원하는 장치로, 비디오 데이터의 압축 및 복원과 관련이 깊다.

08

| 해설 |

② 펄스 코드 변조(PCM; Pulse Code Modulation)
PCM 과정: 표본화 → 양자화 → 부호화

| 정답 | 04 ④ 05 ① 06 ④ 07 ② 08 ②

개념끝

EXIT 41 다중화와 전송 속도

1 다중화(Multiplexing)

(1) 다중화의 개념

① **정의:** 효율적인 전송을 위해 넓은 대역폭(고속 전송 속도)을 가진 하나의 전송 링크를 통하여 여러 신호(데이터)를 동시에 실어 보내는 기술

② **특징:** 통신 회선을 다중화하면 선로의 공동 이용이 가능해 전송 효율을 높일 수 있다.

③ **다중화의 종류:** 주파수분할 다중화(FDM), 시분할 다중화(TDM)

> 🔍 개념 돋보기
>
> **다중화기(Multiplexer)**
> 다중화를 수행하는 장치이다.

(2) 주파수분할 다중화(FDM; Frequency Division Multiplexing)

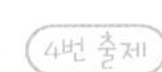

① **정의:** 주파수 대역폭을 작은 대역폭으로 나누어 사용하는 기법

② **특징**

- 전송하려는 신호의 필요 대역폭보다 전송 매체의 유효 대역폭이 클 때 사용된다.
- 채널 간의 간섭을 막기 위해 보호 대역(Guard Band)이 필요하므로 채널의 이용률이 낮아진다.
- 전화 회선에서 1,200[baud] 이하의 비동기식에서만 이용된다.
- 전송 매체를 지나는 신호는 아날로그 신호이다.

> 🔍 개념 돋보기
>
> **가드 밴드(Guard band)**
> 주파수분할 다중화 방식에서 각 채널 간 간섭을 막기 위해서 일종의 완충 지역으로 인접하는 sub-channel들 사이에 위치한다.

(3) 시분할 다중화(TDM; Time Division Multiplexing)

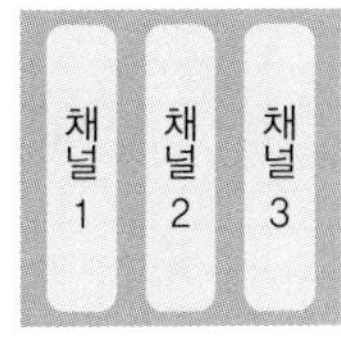

① **정의:** 한 전송로를 일정한 시간 폭으로 나누어 사용하는 기법

② 종류

동기식 시분할 다중화 (STDM; Synchronous Time Division Multiplexing)	모든 단말 장치에 타임 슬롯(Time Slot)을 고정적으로 할당하므로 타임 슬롯이 낭비될 수 있음
비동기식 시분할 다중화 (ATDM; Asynchronous Time Division Multiplexing)	• 실제로 전송할 데이터가 있는 단말 장치에만 타임 슬롯을 할당하므로 전송 효율이 높음 • 기억장치, 복잡한 주소 제어 회로 등이 필요함 • 동기식 시분할 다중화기에 비해 가격이 비싸고, 접속에 소요되는 시간이 길어짐 • 지능 다중화, 통계적 다중화(Statistical Time Division Multiplexing)라고도 함

2 역다중화 및 집중화

(1) 역다중화(Demultiplexing)

① **정의**: 다중화된 복합 신호를 분리하여 원래의 신호로 복원하는 것

② **특징**

- 비용 절감이 가능하다.
- 광대역 통신 속도를 얻을 수 있다.
- 한 채널 고장 시 나머지 한 채널을 1/2의 속도로 계속 운영이 가능하다.

(2) 집중화(Concentrating)

① **정의**: 여러 개의 채널을 몇 개의 소수 채널로 공유화시키는 것

② 회선의 이용률이 낮고, 불규칙적인 전송에 적합하다.

3 통신 속도 (12번 출제)

(1) 변조 속도

① **정의**: 초당 발생한 신호의 상태 변화 수

② **단위**: 보(baud)

③ **변조 시 상태 변화 수**: 모노 비트(1비트), 디 비트(2비트), 트리 비트(3비트), 쿼드 비트(4비트)

(2) 신호 속도

① **정의**: 초당 전송된 비트 수

② **단위**: bps(bit/sec)

③ 신호 속도[bps] = 변조 속도[baud] × 변조 시 상태 변화 수

4 BPS와 Baud와의 관계 (24번 출제)

(1) bps(bit per second)

① **정의:** 정보 통신에서 1초에 전송되는 비트(bit)의 수를 나타내는 통신 속도의 기본 단위

② 데이터 신호 속도(bps) = 변조 속도(baud)×단위 신호당 비트 수

③ 변조 속도(baud) = $\frac{\text{데이터 신호 속도(bps)}}{\text{단위 신호당 비트 수}}$

(2) BPS와 Baud

① 1비트가 한 단위 신호일 경우 baud의 속도와 bps는 같다.

② 2비트가 한 단위 신호일 경우 baud의 속도는 bps의 1/2배가 된다.

③ 3비트가 한 단위 신호일 경우 baud의 속도는 bps의 1/3배가 된다.

④ 4비트가 한 단위 신호일 경우 baud의 속도는 bps의 1/4배가 된다.

개념 돋보기

- 1비트 신호 단위인 경우(onebit; 2위상): bps = 1baud
- 2비트 신호 단위인 경우(dibit; 4위상): bps = 2baud
- 3비트 신호 단위인 경우(tribit; 8위상): bps = 3baud
- 4비트 신호 단위인 경우(Quadbit; 16위상): bps = 4baud

예제로 확실히 알기

① **쿼드 비트를 사용하여 1600[baud]의 변조 속도를 지니는 데이터 신호가 있다. 이때 데이터 신호 속도[bps]는?**
데이터 신호 속도[bps] = 변조 속도×단위 신호 당 비트 수
쿼드 비트 = 4bit
따라서 bps = 1600[baud]×4bit = 6400[bps]

① **8위상 2진폭 변조를 하는 모뎀이 2400[baud]라면 그 모뎀의 속도는?**
8위상 = 2진수 3비트로 표현, 2진폭(2위상) = 2진수 1비트로 표현
3bit+1bit = 4bit
따라서 bps = 2400[baud]×4bit = 9600[bps]

5 통신(채널) 용량

(1) 샤논의 정리: 잡음이 있는 전송로로, 신호 전송 시 전송 가능한 최대 통신 용량

C = Blog2(1+S/N)

• C: 통신 용량	• B: 대역폭
• S: 신호 전력	• N: 잡음 전력

개념 돋보기

dB(decibel, 데시벨)
신호 대 잡음비로 소음 정도를 나타낸다.

(2) 통신 회선의 전송 용량을 증가시키는 방법

① 주파수 대역폭을 늘린다.

② 신호 대 잡음비를 높인다.(신호 전력을 늘리고, 잡음 전력은 줄인다.)

최빈출 기출 모음.ZIP

01

22년 4회, 19년 2회, 17년 4회, 16년 2회, 14년 5회, 12년 5회

공중파 TV 방송 신호는 일정한 대역폭에 맞추어 음성과 영상 신호들을 각 채널 반송파에 할당하여 전송한다. 이러한 방식에 해당하는 것은?

① 시분할 다중화
② 통계적 시분할 다중화
③ 코드분할 다중화
④ 주파수분할 다중화

02

21년 3회, 15년 2회, 13년 2회, 11년 4회

주파수분할 다중화 방식에서 각 채널 간 간섭을 막기 위해서 일종의 완충 지역 역할을 하는 것은?

① 서브 채널(Sub-CH)
② 채널 밴드(CH Band)
③ 채널 세트(CH Set)
④ 가드 밴드(Guard Band)

03

22년 2회, 19년 2회, 18년 1회, 17년 4회, 16년 2회, 15년 2회, 14년 5회, 13년 2회, 12년 5회, 11년 5회, 09년 4회, 08년 4회

위상이 일정하고 진폭이 0[V]와 5[V] 2가지 변화로써 신호를 1200보[Baud]의 속도로 전송할 때 매초당 비트 수[bps]는?

① 1200
② 2400
③ 4800
④ 9600

04

21년 2회, 18년 2회, 16년 2회, 14년 2회, 11년 1회, 10년 5회

정보 통신에서 1초에 전송되는 비트(bit)의 수를 나타내는 전송 속도의 단위는?

① bps
② baud
③ cycle
④ Hz

05

21년 2회, 19년 2회, 18년 2회, 18년 1회, 16년 2회, 14년 2회, 11년 5회

데이터 변조 속도가 3600[Baud]이고 쿼드 비트(Quad bit)를 사용하는 경우 전송 속도는?

① 14400[bps]
② 10800[bps]
③ 9600[bps]
④ 7200[bps]

바로 보는 해설

01

| 해설 |

④ 주파수분할 다중화(FDM; Frequency Division Multiplexing)

- 주파수 대역폭을 작은 대역폭으로 나누어 사용하는 기법이다.
- 전송하려는 신호의 필요 대역폭보다 전송 매체의 유효 대역폭이 클 때 사용된다.
- 공중파 TV 방송 신호가 이 방식을 사용한다.

02

| 해설 |

④ 가드 밴드(Guard band): 주파수분할 다중화 방식에서 각 채널 간 간섭을 막기 위해서 일종의 완충 지역으로 인접하는 sub-channel들 사이에 위치한다.

03

| 해설 |

① baud: 초당 변복조 속도를 의미한다.

- 0V, 5V 두 가지 변화는 2위상을 의미한다.
- 1비트 신호 단위인 경우(onebit; 2위상): bps = 1baud
- 전송 속도 계산식
  bps = baud×비트 수

따라서 1200[baud]×1=1200[bps]

04

| 해설 |

① bps는 정보 통신에서 1초에 전송되는 비트(bit)의 수를 나타내는 통신 속도의 기본 단위이다.

05

| 해설 |

① bps=baud×비트 수

- 4비트 신호 단위인 경우 (Quadbit; 16위상) bps=4baud

따라서 3600[baud]×4=14400 [bps]

| 정답 | 01 ④ 02 ④ 03 ① 04 ① 05 ①

개념끝

42 전송 제어 방식

1 전송 제어(Transmission Control)

① **정의**: 통신망에 접속된 컴퓨터와 단말 장치 간에 효율적이고 원활한 정보를 교환하기 위하여 정보 통신 시스템이 갖추어야 할 제어 기능과 방식의 총칭
② 입·출력 제어, 동기 제어, 오류 제어, 흐름 제어 등을 수행한다.

2 전송 제어 절차 (4번 출제)

(1) **회선 접속**: 수신 측 주소를 전송하여 데이터 전송이 가능하도록 물리적인 통신 회선을 접속시켜 주는 단계

(2) **데이터 링크 확립**: 접속된 통신 회선상에서 송신 측과 수신 측 간의 확실한 데이터 전송을 수행하기 위한 논리적 경로를 구성하는 단계

(3) **데이터 전송**: 데이터를 수신 측에 전송하며, 잡음에 의한 데이터의 오류 제어와 순서 제어를 수행하는 단계

(4) **데이터 링크 종결**: 송·수신 측 간의 논리적인 경로를 해제하는 단계

(5) **회선 절단**: 연결된 물리적인 통신 회선을 절단하는 단계

3 데이터 링크 제어 프로토콜

(1) 전송 제어 문자 (4번 출제)

구분	기능
SYN(SYNchronous idle)	동기를 취하거나 유지
SOH(Start Of Heading)	헤딩의 개시
STX(Start of TeXt)	본문의 개시 및 헤딩의 종료
ETX(End of TeXt)	본문의 종료
ETB(End of Transmission Block)	블록의 종료
BCC(Block Check Character)	오류 검사 수행
EOT(End Of Transmission)	전송 종료 및 데이터 링크 해제
ENQ(ENQuiry)	상대국에 데이터 링크 설정 및 응답 요구

DLE(Data Link Escape)	데이터 투과성을 위해 삽입되며, 전송 제어 문자 앞에 삽입하여 전송 제어 문자임을 알림
ACK(ACKnowledge)	수신 측에서 송신 측으로 보내는 긍정 응답을 전송하여 수신 측에서 문자 동기를 취하기 위해서 사용
NAK(Negative AcKnowledge)	수신 측에서 송신 측으로 보내는 부정 응답

(2) BSC(Binary Synchronous Control) 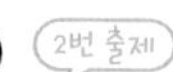

SYN	SYN	SOH	Heading	STX	본문	ETX/ETB	BCC

① 문자(Character) 위주의 프로토콜이다.

② 각 프레임에 전송 제어 문자를 삽입하여 전송을 제어한다.

③ 반이중 전송만 지원한다.

④ 주로 동기식 전송 방식을 사용하나 비동기식 전송 방식을 사용하기도 한다.

⑤ 점-대-점(Point-to-Point), 멀티포인트(Multi-Point) 방식에서 주로 사용한다.

⑥ 오류 제어와 흐름 제어를 위해 정지-대기(Stop-and-Wait) ARQ를 사용한다.

(3) HDLC(High-level Data Link Control) (5번 출제)

플래그	주소부	제어부	정보부	FCS	플래그

개념 돋보기

FCS(Frame Check Sequence Field)
오류 검출

① 비트(Bit) 위주의 프로토콜이다.

② 프레임의 시작과 끝 부분에 플래그 신호를 삽입하여 동기식 전송 방식을 사용한다.

(4) HDLC 프레임 구성

① **플래그(Flag)**: 프레임의 시작과 끝을 나타내며, 동기화에 사용된다. 항상 '01111110'을 취한다.

② **주소부(Address Field)**: 송·수신국 식별

③ **제어부(Control Field)**: 프레임 종류 식별

④ **정보부(Information Field)**: 실제 정보를 포함한다.

(5) HDLC 프레임 종류

구분	기능
정보 프레임	• I-프레임(Information Frame) • 사용자 데이터 전달 • 피기백킹(piggybacking) 기법을 통해 데이터에 대한 확인 응답을 보낼 때 사용
감독 프레임	• S-프레임(Supervisor Frame) • 에러 제어, 흐름 제어
비번호 프레임	• U-프레임(Unnumbered Frame) • 링크의 설정과 해제, 오류 회복을 위해 사용 • 방식: NRM, ARM, ABM

개념 돋보기 비번호 프레임 방식

① 비동기 응답 모드(ARM; Asynchronous Response Mode): 전이중 통신을 하는 포인트 투 포인트(Point-to-Point) 불균형 링크 구성에 사용하며 종국은 주국의 허가 없이도 송신이 가능하지만, 링크 설정이나 오류 복구 등의 제어 기능은 주국에서만 이루어진다.
② 비동기 평형 모드(ABM; Asynchronous Balanced Mode): 전이중 전송의 점 대 점 균형 링크 구성에 사용하며, 포인트 투 포인트 균형 링크에서 사용하면 혼합국끼리 허가 없이 언제나 전송할 수 있도록 설정한다.
③ 정규 응답 모드(NRM; Normal Response Mode): 반이중 통신을 하는 포인트 투 포인트 또는 멀티포인트 불균형 링크 구성에 사용하며 종국은 주국의 허가가 있을 때만 송신한다.

(6) SDLC(Synchronous Data Link Control)

① 비트(Bit) 위주의 프로토콜이다.
② BSC의 제한을 보완하고, HDLC의 기초가 된다.
③ HDLC와 프레임 구조가 동일하다.

최빈출 기출 모음.ZIP

01

19년 3회, 15년 2회, 12년 1회, 10년 4회

데이터 전달의 기본 단계를 순서대로 옳게 나열한 것은?

① 회선 연결 → 링크 확립 → 메시지 전달 → 링크 단절 → 회선 단절
② 링크 확립 → 회선 연결 → 메시지 전달 → 회선 단절 → 링크 단절
③ 회선 연결 → 링크 단절 → 메시지 전달 → 링크 확립 → 회선 단절
④ 링크 확립 → 회선 단절 → 메시지 전달 → 회선 연결 → 링크 단절

02

21년 3회, 20년 1회, 19년 3회, 16년 2회, 14년 3회, 11년 4회, 09년 4회

HDLC(High-level Data Link Control) 프레임을 구성하는 순서로 바르게 열거한 것은?

① 플래그, 주소부, 정보부, 제어부, 검색부, 플래그
② 플래그, 검색부, 주소부, 정보부, 제어부, 플래그
③ 플래그, 주소부, 제어부, 정보부, 검색부, 플래그
④ 플래그, 제어부, 주소부, 정보부, 검색부, 플래그

03

15년 2회, 08년 4회

HDLC 전송 프레임 중에서 시작과 끝을 나타내는 것은?

① 제어(CONTROL)부
② 프레임 검사 시퀀스(FCS)
③ 플래그(FLAG)
④ 주소(ADDRESS)부

04

22년 3회, 07년 4회

데이터 링크 계층에서 감시 시퀀스의 전송 제어 문자 중 'ACK'의 설명으로 옳은 것은?

① 응답을 요구하는 부호이다.
② 부정적인 의미를 나타낸다.
③ 수신 측에서 문자 동기를 취하기 위해서 사용한다.
④ 오류 검출 결과 정확한 정보를 수신하였음을 나타낸다.

05

22년 3회

다음 중 문자 방식의 프로토콜인 것은?

① SDLC
② ADCCP
③ HDLC
④ BSC

바로 보는 해설

01

| 해설 |

① 전송 제어 절차: 회선 접속 → 데이터 링크 확립 → 데이터 전송 → 데이터 링크 종결 → 회선 절단

02

| 해설 |

③ HDLC(High-level Data Link Control)

플래그	주소부	제어부	정보부	FCS	플래그

03

| 해설 |

③ 플래그(Flag): 프레임의 시작과 끝을 나타내며, 동기화에 사용된다.

04

| 해설 |

③ ACK(ACKnowledge): 수신 측에서 송신 측으로 보내는 긍정 응답을 전송하여 수신 측에서 문자 동기를 취하기 위해서 사용한다.

05

| 해설 |

④ BSC(Binary Synchronous Control)는 문자(Character) 위주의 프로토콜이다.

| 정답 | 01 ① 02 ③ 03 ③ 04 ③ 05 ④

개념끝

EXIT 43

회선 제어, 오류 제어

1 회선 제어 방식

(1) 경쟁(Contention) 방식

① 정의: 회선에 접근하기 위해 서로 경쟁하는 방식

② 송신 요구를 먼저 한 쪽이 송신권을 가진다.

③ ALOHA 방식이 대표적이다.

(2) 폴링 및 셀렉션

① 폴링(Polling): 컴퓨터가 단말기에게 전송할 데이터의 유무를 묻는 방식이다.

Do you have anything to send?

② 셀렉션(Selection): 컴퓨터가 단말기에게 전송할 데이터가 있는 경우 단말기의 상태를 확인하는 방식이다.

Are you ready to receive?

2 오류 제어 방식

(1) 오류의 발생 원인

① 감쇠(Attenuation): 전송 신호의 전력이 전송 매체를 통과하면서 거리에 따라 약해지는 현상

② 지연 왜곡(Delay Distortion): 주로 하드와이어 전송 매체에서 발생되며, 전송 매체를 통한 신호 전달이 주파수에 따라 그 속도를 달리함으로써 유발되는 신호 손상

(2) 잡음(Noise)의 종류 (12번 출제)

① 누화 잡음: 인접한 전송 매체의 전자기적 상호 유도 작용에 의해 생기는 잡음으로, 전화 통화 중 다른 전화의 내용이 함께 들리는 현상을 말한다.

② 상호 변조 잡음(Intermodulation Noise): 서로 다른 주파수들이 하나의 전송 매체를 공유할 때 이 주파수들이 서로의 합과 차의 신호를 발생함으로써 발생되는 잡음이다.

③ 충격 잡음(Impulse Noise): 외부의 전자기적 충격이나 기계적인 통신 시스템에서의 결함 등에 의해 발생하는 잡음이다.

④ 백색 잡음(White Noise): 전송 매체 내부의 온도 변화에 따라 발생하는 잡음으로, '열 잡음'이라고도 한다.

3 전송 오류 제어 방식 (12번 출제)

(1) 전진 오류 수정(FEC; Forward Error Correction)

① **정의**: 데이터 전송 과정에서 오류가 발생하면 수신 측에서 오류를 검출하여 스스로 수정하는 방식

② **특징**
- 역채널이 필요 없다.
- 연속적인 데이터의 흐름이 가능하다.
- 오류 검출과 수정을 위해 해밍 코드와 상승 코드를 사용한다.

(2) 후진 오류 수정(BEC; Backward Error Correction)

① **정의**: 데이터 전송 과정에서 오류가 발생하면 송신 측에 재전송을 요구하는 방식

② 역채널이 필요하다.

4 자동 반복 요청(ARQ; Automatic Repeat reQuest) (6번 출제)

① **정의**: 통신 경로에서 오류 발생 시 수신 측은 오류의 발생을 송신 측에 통보하고, 송신 측은 오류가 발생한 프레임을 재전송하는 오류 제어 방식

② **종류**

정지-대기 ARQ (Stop and Wait ARQ)	• 송신 측이 한 블록 전송 후 수신 측에서 오류의 발생을 점검한 후 오류 발생 유무 신호(ACK/NAK 신호)를 보내올 때까지 기다리는 방식 • 수신 측에서 오류 점검 후 제어 신호를 보내올 때까지 오버헤드가 효율 면에서 가장 부담이 큼
연속적 ARQ (Continuous ARQ)	• Go-Back-N ARQ: 수신 측으로부터 NAK 수신 시 오류 발생 이후의 모든 블록을 재전송하는 방식 • 선택적 재전송 ARQ(Selective-Repeat ARQ): 수신 측으로부터 NAK 수신 시 오류가 발생한 블록만 재전송하는 방식
적응적 ARQ (Adaptive ARQ)	채널 효율을 최대화하기 위해 데이터 블록의 길이를 채널의 상태에 따라 동적으로 변경하는 방식

개념 돋보기

ACK(ACKnowledge)
수신 측에서 송신 측으로 보내는 긍정 응답

NAK(Negative AcKnowledge)
수신 측에서 송신 측으로 보내는 부정 응답

5 오류 검출 방식

(1) 패리티 검사(Parity Check)

① **정의**: 데이터 블록에 1비트의 패리티 비트(Parity Bit)를 추가하여 오류를 검출하는 방식

② **종류**: 짝수(우수) 패리티, 홀수(기수) 패리티

(2) 순환 중복 검사(CRC; Cyclic Redundancy Check)

① **정의**: 집단 오류에 대한 신뢰성 있는 오류 검출을 위해 다항식 코드를 사용하여 에러를 검사하는 방식

② 동기 전송 방식에서 주로 사용되는 오류 검출 방식으로 프레임 단위로 오류 검출을 위한 코드를 계산하여 프레임 끝에 FCS를 부착한다.

(3) 해밍 코드(Hamming Code) **방식**

① **정의**: 자기 정정 부호로서 오류를 검출하여 1비트의 오류를 수정하는 방식

② 1, 2, 4, 8, 16 … 비트 위치에 패리티 비트를 삽입하여 에러 검출 및 수정을 수행한다.

③ 정보 비트 외에 추가되어야 할 패리티 비트가 많이 필요하다.

(4) 상승 코드 방식: 순차적 디코딩과 한계 값 디코딩을 사용하여 여러 비트의 오류를 수정하는 방식

개념 돋보기

해밍 거리(Hamming Distance)
송신 데이터와 수신 데이터의 각 대응 비트가 서로 다른 비트의 개수를 뜻한다.

최빈출 기출 모음.ZIP

01

19년 3회, 10년 4회

소프트웨어에 의하여 우선순위를 판별하는 방법은?

① 인터럽트 벡터 ② 데이지 체인
③ 폴링 ④ 핸드 쉐이킹

02

21년 3회, 11년 4회, 10년 10회

패리티 검사에 대한 설명으로 옳지 않은 것은?

① 패리티 검사는 주로 저속 비동기 방식에서 이용된다.
② 패리티 비트는 짝수(Even) 혹은 홀수(Odd) 패리티로 사용된다.
③ 전송 중 짝수 개의 오류 비트가 발생해도 오류 검출이 가능하다.
④ 패리티 검사를 통하여 전송 신뢰를 높일 수 있다.

바로 보는 해설

01
| 해설 |
③ 폴링(Polling)은 소프트웨어에 의하여 우선순위를 판별하는 방법이고, 데이지 체인(Daisy Chain)은 하드웨어에 의하여 우선순위를 판별하는 방법이다.

02
| 해설 |
③ 패리티 검사(Parity Check): 데이터 블록에 1비트의 패리티 비트(Parity Bit)를 추가하여 오류를 검출하는 방식이다.

| 정답 | 01 ③ 02 ③

03
19년 3회, 18년 3회, 16년 1회, 14년 1회, 10년 4회, 10년 1회

에러를 검출하고 검출된 에러를 교정하기 위하여 사용되는 코드는?

① BCC 코드
② Hamming 코드
③ 8421 코드
④ ASCII 코드

04
20년 4회, 17년 4회, 14년 2회, 11년 4회, 11년 2회

전송하려는 부호들의 최소 해밍 거리가 6일 때 수신 시 정정할 수 있는 최대 오류의 수는?

① 1 ② 2 ③ 3 ④ 6

05
22년 1회, 21년 4회, 19년 1회, 17년 4회, 17년 2회, 15년 2회, 15년 1회, 14년 5회, 13년 2회, 12년 1회, 11년 5회, 10년 2회

전자, 정전 결합 등 전기적 결합에 의하여 서로 다른 회선에 영향을 주는 현상은?

① 감쇠
② 누화
③ 위상 왜곡
④ 비선형 왜곡

06
22년 1회, 20년 2회, 19년 3회, 17년 3회, 16년 2회, 15년 2회, 14년 1회, 11년 4회

ARQ 방식이란?

① 에러를 정정하는 방식
② 부호를 정정하는 방식
③ 에러를 검출하는 방식
④ 에러를 검출하여 재전송을 요구하는 방식

07
23년 1회, 19년 3회, 16년 2회, 11년 2회, 10년 1회

오류를 검출한 후 재전송하는 방식으로 옳지 않은 것은?

① 정지-대기(Stop and Wait) ARQ
② 연속적(Continuous) ARQ
③ 적응적(Adaptive) ARQ
④ 이산적(Discrete) ARQ

바로 보는 해설

03

| 해설 |
② 해밍 코드: 자기 정정 부호로서 오류를 검출하여 1비트의 오류를 수정하는 방식으로, 1, 2, 4, 8, 16 … 비트 위치에 패리티 비트를 삽입해 에러 검출 및 수정을 수행한다.

04

| 해설 |
② 해밍 거리(Hamming Distance): 송신 데이터와 수신 데이터의 각 대응 비트가 서로 다른 비트의 수이다.
오류 수 = (n−2)/2 → (6−2)/2=2

05

| 해설 |
② 누화 잡음: 인접한 전송 매체의 전자기적 상호 유도 작용에 의해 생기는 잡음으로, 전화 통화 중 다른 전화의 내용이 함께 들리는 현상이다.

06

| 해설 |
④ 자동 반복 요청(ARQ; Automatic Repeat reQuest): 통신 경로에서 오류 발생 시 수신 측은 오류의 발생을 송신 측에 통보하고, 송신 측은 오류가 발생한 프레임을 재전송하는 오류 제어 방식이다.

07

| 해설 |
④ 자동 반복 요청(ARQ)의 종류: 정지-대기 ARQ, 연속적 ARQ, 적응적 ARQ

| 정답 | 03 ② 04 ② 05 ② 06 ④ 07 ④

개념끝

44 데이터 회선망

1 전용 회선 및 교환 회선

(1) 전용 회선(Leased Line)

① **정의**: 회선이 단말기 상호 간에 항상 고정되어 있는 방식

② 전송 속도가 빠르며, 전송 오류가 적다.

(2) 교환 회선(Switched Line)

① **정의**: 교환기에 의해 단말기 상호 간에 연결되는 방식

② 전용 회선에 비해 속도가 느리다.

2 회선 구성 방식

(1) 점-대-점(Point-to-Point) 방식

① **정의**: 중앙 컴퓨터와 단말기를 일 대 일로 연결하는 방식

② 통신망을 성형(Star)으로 구성 시 사용한다.

(2) 다중 점(Multi-Point) 방식

① **정의**: 한 개의 통신 회선에 여러 개의 단말기를 연결하는 방식

② '멀티드롭(Multi-Drop) 방식'이라고도 한다.

③ 통신망을 버스형(Bus)으로 구성 시 사용한다.

(3) 회선 다중(Line Multiplexing) 방식: 여러 개의 단말기를 다중화기를 이용하여 중앙 컴퓨터와 연결하는 방식

3 데이터 교환 방식

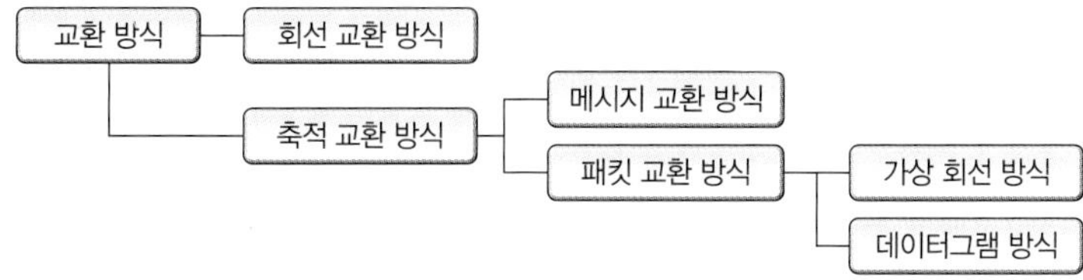

4 회선 교환 방식(Circuit Switching) 2번 출제

① **정의**: 음성 전화망과 같이 메시지가 전송되기 전에 발생지에서 목적지까지의 물리적 통신 회선 연결이 선행되어야 하는 교환 방식

② **특징**

- 일단 통신 경로가 설정되면 데이터의 형태, 부호, 전송 제어 절차 등에 의한 제약을 받지 않는다.
- 고정된 대역폭 전송 방식으로 일정한 데이터 전송률을 제공하므로 두 가입자가 동일한 전송 속도로 운영된다.
- 송·수신자 간의 실시간 데이터 전송에 적합하다.
- 전송된 데이터에 있어서의 오류 제어나 흐름 제어는 사용자에 의해 수행되어야 한다.

③ **종류**

구분	설명
공간 분할 교환 방식 (SDS; Space Division Switching)	• 다수의 접점(교차점)을 이용하여 교환을 수행하는 방식 • 데이터 전송에 필요한 시간이 가장 긴 일반 전화 회선 교환 방식이 해당됨
시분할 교환 방식 (TDS; Time Division Switching)	• 여러 개의 디지털 신호를 시분할시켜 다중화하는 방식 • 종류: TDM 버스 교환 방식, 타임 슬롯 교환 방식, 시간 다중화 교환 방식

개념 돋보기

제어 신호 종류

- 감시 제어 신호 (Supervisory Control Signal)
- 주소 제어 신호 (Address Control Signal)
- 신호 정보 제어 신호 (Call Information Control Signal)
- 망 관리 제어 신호 (Communication Management Control Signal)

5 축적 교환 방식 6번 출제

(1) 메시지 교환 방식(Message Switching)

① **정의**: 하나의 메시지 단위로 저장-전달(Store-and-Forward) 방식에 의해 데이터를 교환하는 방식

② 각 메시지마다 수신 주소를 붙여서 전송하므로 메시지마다 전송 경로가 다르다.

③ 네트워크에서 속도나 코드 변환이 가능하다.

(2) 패킷 교환 방식(Packet Switching)

① **정의**: 메시지를 일정한 길이의 전송 단위인 패킷으로 나누어 전송하는 방식

② **특징**

- 다수의 사용자 간에 비대칭적 데이터 전송을 원활하게 하므로 모든 사용자 간에 빠른 응답 시간 제공이 가능하다.
- 전송에 실패한 패킷의 경우 재전송이 가능하다.
- 패킷 단위로 헤더를 추가하므로 패킷별 오버헤드가 발생한다.
- 패킷 교환 방식에서 패킷을 작게 분할할 경우 헤더와 노드 지연 시간이 증가되며 패킷의 분할/조립 시간이 늘어난다.

(3) 패킷 교환 방식 종류

가상 회선 방식 (Virtual Circuit)	• 단말기 간에 논리적인 가상 회선을 미리 설정하여 송신 측과 수신 측 사이의 연결을 확립한 후에 설정된 경로로 패킷들을 발생 순서대로 전송하는 연결 지향형 방식 • 모든 패킷은 같은 경로로 전송되므로 경로 설정이 필요 없음 • 연결 설정 시에 경로가 미리 결정되기 때문에 각 노드에서 데이터 패킷의 처리 속도가 비교적 빠름 • 패킷 전송을 완료하면 접속 종료 Clear Request 패킷을 전송함 • '호 설정 → 전송 → 호 단절' 순으로 처리
데이터그램 방식 (Datagram)	• 데이터를 패킷 단위로 나누어 특정 경로의 설정 없이 전송되는 방식 • 패킷마다 전송 경로가 다름 • 네트워크의 상황에 따라 적절한 경로로 전송되므로 융통성이 좋음 • 데이터 통신 시 연결 설정 및 연결 해제의 단계가 없이 각 패킷마다 수신처 주소를 기반으로 네트워크 내에서 라우팅되는 패킷 교환 방식 • 속도 및 코드 변환이 가능 • 각 패킷은 오버헤드 비트가 필요함 • 송신지는 같지만 전송 회선이 다양해 수신되는 패킷의 순서가 달라 재조립 과정이 필요함

개념 돋보기

패킷 교환망의 기능

패킷 다중화, 경로 제어, 트래픽 제어, 에러 제어 등

01

22년 3회, 20년 3회, 18년 4회, 17년 2회, 14년 5회, 12년 3회, 11년 2회, 09년 5회

회선 교환 방식에 대한 일반적인 설명으로 옳지 않은 것은?

① 고정된 대역폭 전송 방식이다.
② 실시간 전송에 적합하다.
③ 접속에는 짧은 시간이 소요되며 전송 지연은 길다.
④ 속도나 코드 변환이 불가능하다.

02

21년 2회, 19년 2회, 14년 5회, 12년 3회, 11년 2회, 10년 4회

두 지점 간을 직통 회선으로 연결한 회선 방식으로, 트래픽이 많은 경우에 가장 적합한 방식은?

① 분기 회선 방식 ② 전용 회선 방식
③ 루프 회선 방식 ④ 교환 회선 방식

03

22년 3회, 21년 2회, 20년 4회, 20년 1회, 19년 3회, 18년 2회, 17년 2회, 14년 5회, 12년 3회, 11년 2회, 10년 4회

데이터 통신의 교환 방식에 해당하지 않는 것은?

① 메시지 교환 ② 수동 교환
③ 패킷 교환 ④ 회선 교환

04

14년 5회, 12년 3회, 11년 2회, 10년 4회, 08년 3회

다음 중 공중 데이터 통신망을 통하여 순간적으로 대량의 패킷 데이터를 전송하는 데 가장 적합한 것은?

① 메시지 교환 ② 회선 교환
③ 시분할 교환 ④ 패킷 교환

05

출제예상

데이터 전송 방식 중 패킷 교환 방식에 대한 설명으로 옳지 않은 것은?

① 패킷 교환은 저장–전달 방식을 사용한다.
② 패킷 교환은 데이터그램 방식과 가상 회선 방식으로 구분된다.
③ 데이터그램은 연결형 서비스 방식으로 패킷을 전송하기 전에 미리 경로를 설정해야 한다.
④ 가상 회선은 패킷이 전송되기 전에 논리적인 연결 설정이 이루어져야 한다.

바로 보는 해설

01

| 해설 |
③ 회선 교환 방식(Circuit Switching): 음성 전화망과 같이 메시지가 전송되기 전에 발생지에서 목적지까지의 물리적 통신 회선 연결이 선행되어야 하는 교환 방식으로, 접속에는 긴 시간이 소요되지만 전송 지연은 짧다.

02

| 해설 |
② 회선 교환 방식(Circuit Switching): 전용 회선 방식이라고도 하며, 음성 전화망과 같이 메시지가 전송되기 전에 발생지에서 목적지까지의 물리적 통신 회선 연결이 선행되어야 하는 교환 방식이다.

03

| 해설 |
② 데이터 교환 방식에는 메시지 교환 방식(Message Switching), 회선 교환 방식(Circuit Switching), 패킷 교환 방식(Packet Switching)이 있다.

04

| 해설 |
④ 패킷 교환 방식은 메시지를 일정한 길이의 전송 단위인 패킷으로 나누어 전송하는 방식으로 대량의 패킷 데이터를 전송하는 데 가장 적합하다.

05

| 해설 |
③ 데이터그램 방식: 데이터를 패킷 단위로 나누어 특정 경로의 설정 없이 전송되는 방식으로, 패킷마다 전송 경로가 달라 도착 시간의 차이나 패킷들의 순서를 재구성해야 한다. 네트워크의 상황에 따라 적절한 경로로 전송이 되므로 융통성이 좋다.

| 정답 | 01 ③ 02 ② 03 ② 04 ④ 05 ③

EXIT 개념끝

45 경로 제어 및 트래픽 제어

1 경로 제어(Routing)

① **정의**: 각 메시지에서 목적지까지 갈 수 있는 여러 경로 중 한 가지 경로를 설정해 주는 과정

② **경로 설정 요소(Parameter)**: 성능 기준, 경로의 결정 시간과 장소, 네트워크 정보 발생지 등

2 경로 설정 프로토콜 2번 출제

구분	특징
RIP (Routing Information Protocol)	• IP 통신망의 경로 지정 통신 규약의 하나로, 경유하는 라우터의 대수(Hop의 수량)에 따라 최단 경로를 동적으로 결정하는 거리 벡터 알고리즘을 사용함 • 버전 1은 인터넷, 인트라넷에 널리 사용되고 있으며 유닉스의 routed가 유명함 • 버전 1은 RFC 1058, 버전 2는 RFC 1723으로 각각 규정되어 있음 • 버전 2는 CIDR에 대응될 수 있도록 기능이 확장되어 있음 • 두 버전 모두 일반 기업의 구내 정보 통신망(LAN)에 이용되는 경우가 많음
OSPF (Open Shortest Path First protocol)	• 링크 상태 라우팅 프로토콜로, IP 패킷에서 프로토콜 번호 89번을 사용하여 라우팅 정보를 전송하여 안정되고 다양한 기능으로 가장 많이 사용되는 IGP(Interior Gateway Protocol)임 • 자신의 경로 테이블에 대한 정보를 LSA라는 자료 구조를 통하여 주기적으로 혹은 라우터의 상태가 변화되었을 때 전송함 • 라우터 간에 변경된 최소한의 부분만을 교환하므로 망의 효율을 저하시키지 않음 • 도메인 내의 라우팅 프로토콜로서 RIP가 가지고 있는 여러 단점을 해결하고 있음 • RIP(Routing Information Protocol)의 경우 홉 카운트가 15로 제한되어 있지만 OSPF는 이런 제한이 없음

3 트래픽 제어(Traffic Control) 5번 출제

(1) 흐름 제어(Flow Control)

① **정의**: 네트워크의 원활한 흐름을 위해 송신 측과 수신 측의 전송 패킷의 양이나 속도를 조절하는 것

② **종류**

정지-대기 (Stop-and-Wait)	• 수신 측으로부터 ACK를 받은 후 다음 패킷을 전송하는 방식 • 한 번에 하나의 패킷만 전송 가능
슬라이딩 윈도우 (Sliding Window)	• 한 번에 여러 개의 프레임을 나누어 전송할 경우 효율적인 방식 • 수신 측으로부터 이전에 송신한 프레임에 대한 ACK를 받으면 송신 윈도우가 증가하고, NAK를 받으면 송신 윈도우의 크기가 감소함

(2) 혼잡 제어(Congestion Control): 네트워크 측면에서 패킷의 흐름을 제어하여 오버플로우(Overflow)를 방지하는 것

(3) 교착상태 방지(Deadlock Avoidance): 교환기 내의 기억 공간에 패킷들이 꽉 차서 다음 패킷이 들어오지 못하는 현상(Deadlock)을 방지하는 것

4 네트워크 구성 형태(Network Topology) 3번 출제

성형 (Star)		• 중앙에 호스트 컴퓨터(Host Computer)가 있고 이를 중심으로 터미널(Terminal)들이 연결되는 중앙 집중식의 네트워크 구성 형태 • 중앙 컴퓨터와 직접 연결되어 응답이 빠르고 통신 비용이 적게 소요되지만, 중앙 컴퓨터에 장애가 발생되면 전체 시스템이 마비되는 분산 시스템의 위상 구조
링형 (Ring)		• 데이터는 한쪽 방향으로만 흐르고 데이터가 정체되는 현상이 드물지만, 두 노드 사이 채널이 고장 시 전체 네트워크가 손상될 수 있음 • 한 노드가 절단되어도 우회로를 구성하여 통신이 가능
버스형 (Bus)		• 한 개의 통신 회선에 여러 개의 사이트가 연결된 형태 • 한 사이트의 고장은 나머지 사이트들 간의 통신에 아무런 영향을 주지 않음

계층형 (Tree)	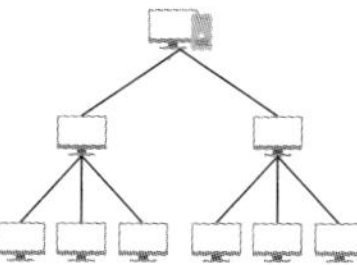	트리(Tree) 형태이며, 분산 처리 시스템을 구성하는 방식
망형 (Mesh)	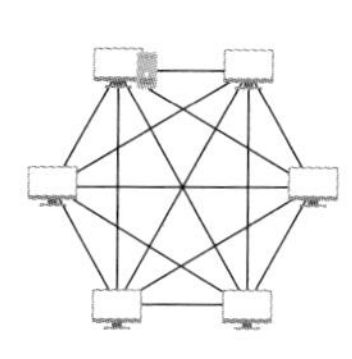	• 각 사이트는 시스템 내의 모든 사이트들과 직접 연결된 형태 • 통신 회선의 총 경로가 다른 네트워크 형태에 비해 가장 길게 소요 • 많은 단말기로부터 많은 양의 통신을 필요로 하는 경우에 유리 • n개의 구간을 망형으로 연결하면 n(n−1)/2개의 회선이 필요

최빈출 기출 모음.ZIP

01

11년 4회

다음 중 트래픽 제어에 해당하지 않는 것은?

① 흐름 제어 ② 교착 회피 제어
③ 오류 제어 ④ 폭주 제어

02

22년 3회, 20년 1회, 18년 3회, 10년 2회

회선망 구성에 있어서 10개의 스테이션(국)을 전부 망형으로 구성하려면 몇 회선이 필요한가?

① 85 ② 65
③ 45 ④ 25

03

21년 2회, 18년 2회, 13년 2회, 10년 5회

분산된 터미널 또는 여러 컴퓨터들이 중앙의 호스트 컴퓨터와 집중 연결되어 있는 정보 통신망의 구성 형태는?

① 루프형 ② 스타형
③ 그물형 ④ 트리형

바로 보는 해설

01

| 해설 |

③ 트래픽 제어(Traffic Control)에는 흐름 제어, 폭주 제어, 교착 상태 방지 기법이 있다.

02

| 해설 |

③ 망형(그물형, Mesh) 구조: 각 사이트가 시스템 내의 모든 사이트들과 직접 연결된 형태로, n개의 구간을 망형으로 연결하면 n(n−1)/2개의 회선이 필요하다.

03

| 해설 |

② 성형(Star) 구조: 중앙에 호스트 컴퓨터(Host Computer)가 있고 이를 중심으로 터미널(Terminal)들이 연결되는 중앙 집중식의 네트워크 구성 형태로, 중앙 컴퓨터 장애 시 모든 사이트 간의 통신이 불가능하다.

| 정답 | 01 ③ 02 ③ 03 ②

개념끝

46 LAN

> 개념 돋보기
>
> **규모에 따른 통신망**
> - LAN(Local Area Network): 근거리 통신망
> - MAN(Metropolitan Area Network): 도시 지역 통신망
> - WAN(Wide Area Network): 광역 통신망

1 LAN(Local Area Network, 근거리 통신망)

① **정의**: 정보 통신 기술 발전에 의해 출현한 정보화의 한 형태로서, 한 건물 또는 공장, 학교 구내, 연구소 등의 일정 지역 내에 설치되어 각종 기기 사이의 통신을 실행하는 통신망

② **특징**

- 고속의 정보 전송이 가능하다.
- 자원의 공유가 가능하다.
- 방송 형태로 서비스 이용이 가능하다.
- 외부 통신망의 제약을 받지 않는다.
- 제한된 지역 내의 통신을 의미한다.
- 망에 포함된 자원을 공유한다.
- 경로 선택이 필요하지 않다.
- 비교적 좁은 영역의 통신으로 인해 오류 발생률이 낮다.

③ LAN의 계층 구조

OSI 7 계층
데이터 링크 계층
물리 계층

▲ OSI 7 계층

LAN의 계층
LLC (논리 링크 제어)
MAC (매체 접근 제어)
물리 계층

▲ LAN의 계층

④ IEEE 802의 표준 규격 (3번 출제)

구분	기능
802.1	상위 계층 인터페이스
802.2	논리 링크 제어(LLC)
802.3	CSMA/CD
802.4	토큰 버스(Token Bus)
802.5	토큰 링(Token Ring)
802.6	MAN
802.8	고속 이더넷(Fast Ethernet)
802.11	무선 LAN
802.15	블루투스

2 LAN의 표준안

(1) 이더넷(Ethernet)

① **정의:** 제록스사에서 개발한 후 DEC와 인텔사가 연합하여 확장한 LAN의 표준안

② **특징**

- IEEE에 의해 802.3이 표준안으로 채택되었다.
- 대부분 버스형에 많이 사용된다.

③ **CSMA/CD를 MAC 프로토콜로 사용하는 LAN의 종류**

구분	10 BASE 5 Ethernet	10 BASE 2 CheaperNet	1 BASE 5 StarLAN	10 BROAD 36	10 BASE T
전송 매체	동축 케이블 (50Ohms)	동축 케이블 (50Ohms)	이중 나선	동축 케이블 (75Ohms)	이중 나선
신호 전송	베이스밴드	베이스밴드	베이스밴드	브로드밴드	베이스밴드
전송 속도	10Mbps	10Mbps	1Mbps	10Mbps	10Mbps
세그먼트	500m	185m	500m	1800m	1000m

(2) 고속 이더넷(Fast Ethernet)

① **정의:** 100 BASE T라고도 불리는 이더넷의 고속 버전으로서, 100Mbps의 전송 속도를 지원하는 LAN의 표준

② CSMA/CD 방식 기반이다.

(3) 기가비트 이더넷(Gigabit Ethernet)

① 1Gbps의 속도를 제공한다.

② 기존 이더넷 방식을 그대로 채택하고 있어 호환성이 높아 효율적이다.

(4) FDDI(Fiber Distributed Data Interface)

① **정의:** LAN 간의 트래픽 폭증 문제를 해결할 수 있는 고속 LAN의 대표적인 표준

② **특징**

- 미국 표준협회(ANSI)와 ITU-T에 의해 표준화되었다.
- 100Mbps의 속도를 갖는 두 개의 링으로 구성되어 있다.

3 네트워크 관련 장비 (7번 출제)

① **리피터(Repeater):** 디지털 신호의 장거리 전송을 위해 전송 신호를 새로 재생시키거나 전압을 높여주는 물리적 계층(1계층)의 기능만을 수행한다.

② **브리지(Bridge):** 두 개의 LAN이 데이터 링크 계층(2계층)에서 서로 결합되어 있는 경우 이들을 연결하는 장비이다.

③ **라우터(Router)**: 서로 다른 형태의 네트워크를 상호 접속하는 네트워크 계층(3계층) 장비로, 적절한 전송 경로를 선택하고 이 경로로 데이터를 전달한다.
④ **게이트웨이(Gateway)**: 서로 다른 프로토콜을 사용하는 망을 연결한다.

3번 출제

4 ISDN(Integrated Service Digital Network, 종합 정보 통신망)

① **정의**: 음성 및 비음성 통신 서비스를 통한 종합 정보 통신망으로 발신 가입자로부터 수신자까지의 모든 전송, 교환 과정이 디지털 방식으로 처리되며, 음성과 비음성, 영상 등 서비스를 종합적으로 처리하는 통신망
② **특징**
- 데이터베이스나 정보 처리 기능의 이용 범위가 넓어지게 되어 통신의 이용 가치를 높인다.
- 기존의 회선 교환망이나 패킷 교환망도 이용 가능하다.
- 서비스 기능은 하위 계층인 베어러 서비스와 상위 계층인 텔레 서비스를 모두 포함한다.

5 ATM(Asynchronous Transfer Mode)

① **정의**: B-ISDN의 핵심 기술로, 회선 교환과 패킷 교환의 장점을 결합한 교환 및 다중화 기술
② **특징**
- 비동기식 전달 모드로 멀티미디어 서비스에 적합하다.
- Header는 5Byte, Payload는 48Byte이다.
- 정보는 셀(Cell) 단위로 나누어 전송된다.
- **셀(Cell)의 구성**: 헤더 5옥테드(octet), 페이로드(Payload) 48옥테드
- **ATM의 프로토콜 구조**: 사용자 평면, 제어 평면, 관리 평면

6 VAN(Value Added Network, 부가가치 통신망)

① **정의**: 공중 통신 사업자로부터 회선을 대여받아 통신 처리 기능을 이용, 부가적인 정보 서비스를 제공하는 서비스로, 단순한 정보의 수집 및 전달 기능뿐만 아니라 정보의 저장, 가공, 관리 및 검색 등과 같이 정보에 부가가치를 부여하는 통신망

01

23년 1회, 18년 4회, 16년 2회, 13년 2회, 10년 4회

디지털 신호의 장거리 전송을 위해 전송 신호를 새로 재생시키거나 전압을 높여주는 물리적 계층의 기능만을 수행하는 것은?

① 게이트웨이 ② 라우터
③ 리피터 ④ 브리지

02

23년 3회, 20년 4회, 19년 2회, 16년 2회, 10년 2회

인터넷에서 패킷의 경로 설정 역할을 주로 하는 것은?

① 라우터 ② 랜카드
③ 리피터 ④ 브리지

03

21년 2회, 19년 4회, 09년 4회

LAN의 표준에 대한 관계가 잘못 짝지어진 것은?

① IEEE 802.2: 논리적 링크 제어
② IEEE 802.3: CSMA/CD
③ IEEE 802.5: 토큰링
④ IEEE 802.10: 무선 LAN

04

22년 3회, 20년 2회, 19년 4회, 17년 2회, 15년 2회, 11년 5회

LAN의 특성이라고 볼 수 없는 것은??

① 고속의 정보 전송이 가능하다.
② 자원의 공유가 가능하다.
③ 외부 통신망의 제약을 받지 않는다.
④ 방송 형태로 서비스 이용이 불가능하다.

바로 보는 해설

01

| 해설 |

③ 리피터(Repeater): 네트워크에서 디지털 신호를 일정한 거리 이상으로 전송시키면 신호가 감쇠되므로 디지털 신호의 장거리 전송을 위해 수신한 신호를 재생하거나 출력 전압을 높여 전송한다.

02

| 해설 |

① 라우터(Router): 서로 다른 형태의 네트워크를 상호 접속하는 3계층 장비로, 적절한 전송 경로를 선택하고 이 경로로 데이터를 전달한다.

03

| 해설 |

④ 무선 LAN은 IEEE 802.11이다.

04

| 해설 |

④ LAN(Local Area Network)은 방송 형태로 서비스 이용이 가능하다.

| 정답 | 01 ③ 02 ① 03 ④ 04 ④

개념끝

EXIT

47 인터넷

1 인터넷

① **정의**: TCP/IP 프로토콜을 기반으로 전 세계 수많은 컴퓨터와 네트워크가 연결된 광범위한 통신망

② **인터넷 서비스(TCP/IP 상에서 운용됨)**

- WWW(World Wide Web)
- E-Mail(SMTP, POP3, MIME)
- FTP(File Transfer Protocol)
- Telnet

③ **IPv4 인터넷 주소 체계**: IP 주소(Internet Protocol Address) 

A class	• 대형 기관 및 기업에서 사용 • 2^{24}(=16,777,216) 중 16,777,214개의 호스트 사용 가능
B class	• 중형 기관 및 기업에서 사용 • 2^{16}(=65,536) 중 65,534개의 호스트 사용 가능
C class	• 소형 기관 및 기업에서 사용 • 2^{8}(=256) 중 254개의 호스트 사용 가능
D class	멀티캐스트용, netid와 hostid가 없다.
E class	실험용

개념 돋보기

- IPv6(Internet Protocol version 6): 128비트로 구성된 차세대 주소 체계로 128비트(16비트씩 8개)로 구성된다.
- DNS(Domain Name System): 문자로 된 도메인 네임을 숫자로 된 IP 주소로 변환하는 시스템

2 IPv4 → IPv6 전환 전략

종류	설명
듀얼 스택 (Dual Stack)	하나의 시스템(호스트 또는 라우터)에서 IPv4와 IPv6 프로토콜을 동시에 개별적으로 처리하는 기술
터널링 (Tunneling)	전송하고자 하는 프로토콜의 정보가 다른 프로토콜 패킷 내에 캡슐화되어 전송되는 방식
변환 (Translation)	IPv6 패킷 헤더를 IPv4 패킷 헤더로 변경하거나 그 반대로 변환하는 방식

3 서브넷 마스크

컴퓨터가 속한 네트워크를 나타내는 네트워크 식별자를 추출하는 것으로, IP 주소를 네트워크 주소 부분과 호스트 주소 부분으로 구분하기 위해서 사용한다.

구분	기본 서브넷 마스크
A 클래스 서브넷 마스크	255.0.0.0
B 클래스 서브넷 마스크	255.255.0.0
C 클래스 서브넷 마스크	255.255.255.0

4 무선 매체 통신 (9번 출제)

(1) 위성 통신

① **정의**: 지구 적도 상공 약 35,800km 높이의 통신 위성(정지 위성)을 중계하여 행하는 무선 통신

② **특징**

- 광대역 통신이 가능하여 대용량, 고속 통신이 가능하다.
- 광범위한 지역에 서비스 제공이 가능하다.
- 오류율의 감소로 고품질 정보 전송이 가능하다.
- 전파 지연이 발생한다.

(2) 이동 통신의 다원 접속 방식

① **정의**: 공통의 통신 전송로 용량을 물리적으로 위치가 다른 복수의 무선국이 공동 사용할 수 있게 하기 위한 다중화 접속 방법

② **종류**: FDMA, TDMA, CDMA

FDMA (주파수분할)	• 여러 개의 주파수로 분할하여 전송하는 방식 • 전송로에 할당되어 있는 주파수 대역 중에서 통신에 필요한 최소한의 주파수 대역을 각 지구국에 할당하여 우주국에 접속할 수 있는 방식
TDMA (시분할)	• 여러 개의 시간으로 분할하여 전송하는 방식 • 전송로에 할당되어 있는 시간대역을 주기적으로 일정한 시간 간격으로 나누어서 각 지구국에 할당하여 우주국에 접속할 수 있는 방식
SDMA (공간분할)	한 개의 우주국이 여러 개의 지구국이 있는 통신 지역을 분할하여 한정된 주파수 자원을 이용하는 방식
CDMA (코드분할)	• 지구국당 동일한 시간과 주파수를 사용하면서 각 지구국마다 특정한 PN코드를 삽입하여 보내는 방식 • 스펙트럼 확산 기술을 응용한 다원 접속 방식으로 보내고자 하는 신호를 그 주파수 대역보다 넓은 주파수 대역으로 확산시켜 전송하는 방식

개념 돋보기

핸드오프(Hand Off)

이동 통신 가입자가 통화 중인 이동국(Mobile Station)이 현재의 셀(Cell)에서 벗어나 다른 셀로 진입하는 경우, 신호의 세기가 작아지거나 간섭이 발생하여 통신 품질이 떨어지므로, 현재 사용 중인 채널을 끊고 다른 채널로 전환하여 셀이 바뀌어도 중단 없이 통화를 계속할 수 있게 한다.

5 유선 매체 통신

(1) 트위스트 페어(Twisted Pair Wire)

① **정의:** 전기적 간섭 현상을 줄이기 위해서 서로 감겨 있는 형태의 케이블

② **특징**

- 하나의 케이블에 여러 쌍의 꼬임선들을 절연체로 피복하여 구성한다.
- 가격이 저렴하고 설치가 간편하나 신호 잡음에 민감하다.

(2) 동축 케이블

① **정의:** 구리선을 싸고 있는 피복으로 인해 외부 간섭을 덜 받는 케이블

② **특징**

- 전력 손실이 적어 고속 통신 회선으로 많이 이용되며, 아날로그와 디지털 신호 전송에 모두 이용 가능하다.
- 광대역의 높은 주파수를 전송할 수 있고 CATV, LAN 등에 사용된다.

(3) 광섬유 케이블(Optical Fiber Cable)

① **정의:** 지름이 0.1mm 정도인 유리 섬유를 케이블 안에 여러 가닥을 넣어 전반사 현상을 이용하는 케이블

② **특징**

- 대역폭이 크고 신호의 보안성이 우수한 전송 매체이며, 분기나 접속이 쉽지 않다.
- 원료인 유리는 절연성이 좋아 전자 유도의 영향을 받지 않아 누화 방지가 가능하다.
- LAN의 전송 매체에 좋다.
- 빛의 굴절 특성상 회선 설치 시에 접속과 연결에 고난이도 기술이 요구된다.

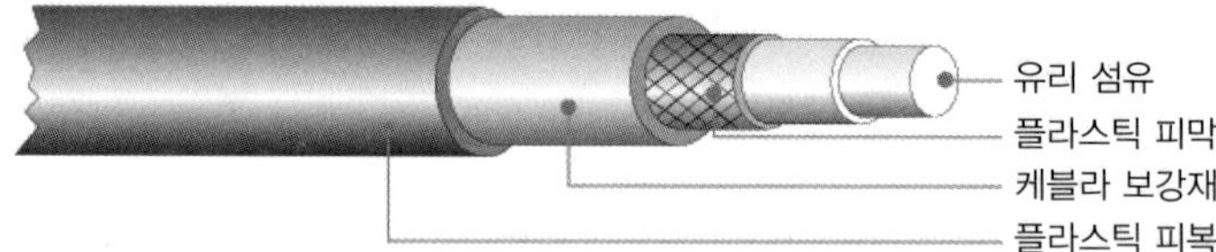

▲ 광섬유 케이블

③ **광섬유 케이블에서 발생되는 손실 종류**

구분	내용
레일레이 산란 손실	광이 미소한 입자에 부딪힐 때 광이 여러 방향으로 산란하는 현상에 의해 발생하는 손실
흡수 손실	광이 광섬유 재료 자체에 의해 흡수되어 열로 변환되어 발생하는 손실

> **개념 돋보기**
>
> **전반사**
> - 빛과 같은 파동이 특정 면에서 굴절되는 대신에 100% 반사되는 현상이다.
> - 광섬유는 가느다란 유리실로 만들어져 있어서, 빛은 밖으로 나가지 못하고 내부 전반사를 통해 손실 없이 전달된다.

> **개념 돋보기**
>
> **FDDI(Fiber Distributed Digital Interface)의 특징**
> - 토큰 링 프로토콜을 개선한 방식을 사용한다.
> - 주로 backbone 네트워크로 사용된다.
> - 광섬유를 이용한 LAN으로 전송로의 속도가 100[Mbps]의 전송이 가능한 통신 기술이다.
> - 물리 계층에 해당하는 프로토콜에는 PHY, PMD가 있다.
> - 토큰 매체 액세스 제어 방법으로 작동한다.
> - 매체로 광섬유 케이블을 사용한다.

구조 불완전에 의한 손실	코어와 크래드 경계면의 불균일로 인한 빛의 반사에 의해 발생하는 손실
마이크로 벤딩 손실	광섬유 측압에 의한 코어와 크래드 경계면 요철로 인한 빛의 반사에 의해 발생하는 손실
휨 손실(코어 손실)	광섬유가 굽혀질 때 빛이 코어와 크래드 경계면에 입사하는 광의 각도가 임계각보다 크게 되어 빛이 클래드로 누설되어 발생하는 손실
접속 손실	광섬유 접속 시 코어의 상호 불일치에 의해 발생하는 손실

6 초고속 정보 통신망

① 종류

- ADSL(Asymmetric Digital Subscriber Line, 비대칭 디지털 가입자 회선)
- B-ISDN(Broadband-ISDN, 광대역 종합 정보 통신망)
- ATM(Asynchronous Transfer Mode, 비동기 전송 모드)

최빈출 기출 모음.ZIP

01

22년 2회, 19년 4회, 18년 3회, 15년 2회, 11년 5회

인터넷에 연결되어 있는 수많은 컴퓨터의 주소는 일정한 규칙에 따라 지어진다. 210.103.4.1과 같이 4개의 필드로 끊어서 (.)으로 분리하여 나타내는 컴퓨터 주소는?

① 개인 ID
② 전자 우편 ID
③ IP 주소
④ 도메인 주소

02

22년 3회, 15년 3회, 11년 4회

B 클래스에서 사용되는 기본 서브넷 마스크는?

① 255.255.255.0
② 255.255.0.0
③ 255.0.0.0
④ 255.255.255.255

03

15년 2회, 12년 3회, 10년 1회

다음 통신 회선 중 가장 큰 대역폭을 가지는 것은?

① 폼스킨 케이블
② UTP 케이블
③ 광섬유 케이블
④ 동축 케이블

04

21년 3회, 15년 3회, 11년 1회

위성 통신의 다원 접속 방법이 아닌 것은?

① 주파수분할 다원 접속
② 코드분할 다원 접속
③ 시분할 다원 접속
④ 신호분할 다원 접속

05

17년 1회, 12년 3회, 10년 2회, 08년 3회

무궁화위성과 같은 정지형 통신 위성의 위치로 적합한 것은?

① 지상 약 15,000[km] 상공
② 지구 북회귀선상 약 25,000[km] 상공
③ 지구 적도 상공 약 36,000[km]
④ 지구 극점 상공 약 45,000[km]

바로 보는 해설

01
| 해설 |
③ IP 주소: 인터넷 상에서 단말을 식별할 수 있는 주소를 의미하며, OSI 7계층 네트워크 계층을 담당한다.

02
| 해설 |
② B 클래스 서브넷 마스크는 255.255.0.0이다.

03
| 해설 |
③ 광섬유 케이블(Optical Fiber Cable): 대역폭이 크고 신호의 보안성이 우수한 전송 매체이며, 분기나 접속이 쉽지 않다.

04
| 해설 |
④ 다원 접속 방식에는 FDMA(주파수분할), TDMA(시분할), CDMA(코드분할), SDMA(공간분할)가 있다.

05
| 해설 |
③ 위성 통신: 지구 적도 상공 약 35,800km 높이의 통신 위성(정지 위성)을 중계하여 행하는 무선 통신으로, 광대역 통신이 가능하여 대용량, 고속 통신이 가능하다.

| 정답 | 01 ③ 02 ② 03 ③ 04 ④ 05 ③

EXIT

개념끝

48 통신 프로토콜과 OSI 7계층

1 프로토콜(Protocol)

(1) 정의: 둘 이상의 컴퓨터 사이에 데이터 전송을 할 수 있도록 미리 정보의 송·수신 측에서 정해둔 통신 규칙

(2) 프로토콜의 기본 요소 6번 출제

① **구문(Syntax)**: 전송 데이터의 형식, 부호화, 신호 레벨 등을 규정한 것이다.

② **의미(Semantic)**: 효율적, 정확한 전송을 위한 개체 간의 전송 제어와 오류 제어를 담당한다.

③ **타이밍(Timing)**: 두 개체 간의 통신 속도를 조정하거나 메시지의 전송 및 순서도에 대한 특성을 가리킨다.

(3) 프로토콜의 기능: 단편화/재결합, 캡슐화, 흐름 제어, 오류 제어, 동기화, 순서 제어, 주소 지정, 다중화, 경로 제어

2 OSI 참조모델

① 통신 기능의 확장 또는 통신 기술의 도입이 용이하도록 프로토콜을 몇 개의 계층으로 나누는 것으로 대표적으로 OSI 7계층(OSI 7Layer)이 있다.

② **구성 요소**: 개체(entity), 데이터 단위(date unit), 접속(connection), 프로토콜(Protocol), 서비스 접근점(Service Access Point), 서비스(Service), 식별자(Identifier)

3 OSI(Open Systems Interconnection) 7계층 (17번 출제)

상위 계층	응용 계층	• 사용자에게 서비스 제공 • HTTP, FTP, E-mail
	표현 계층	• 코드 변환, 암호화, 압축, 구문 검색 • ASCII, MPEG, JPEG
	세션 계층	• 프로세스 간에 대한 연결을 확립, 관리, 단절시키는 수단 • NetBIOS, SAP, SDP, PIPO, SSL, TLS
	전송 계층	• 통신 양단 간의 실제 데이터 송·수신, 오류 제어 및 흐름 제어 • TCP, UDP, OSPF
하위 계층	네트워크 계층	• 경로 설정 및 네트워크 연결 관리 • X.25, IP, ARP, RARP
	데이터 링크 계층	• 두 노드 간을 직접 연결하는 링크 • HDLC, LLC, LAPB, PPP, LLC
	물리 계층	• 전기적, 기능적, 절차적 기능 정의 • RS-232C

개념 돋보기

X.25

패킷 교환망에 대한 ITU-T의 권고안

- DTE와 DCE의 인터페이스를 규정
- 흐름 및 오류 제어 기능 제공
- 패킷형 단말기를 패킷 교환망 접속을 위한 인터페이스 프로토콜
- 물리 계층, 링크 계층, 패킷 계층 3개의 계층으로 구성
- 가상 회선을 영구 가상 회선과 교환 가상 회선으로 구분

4 OSI 7계층의 기능 (9번 출제)

(1) 물리 계층(Physical Layer)

① 전기적, 기능적, 절차적 기능을 정의한다.

② **표준 프로토콜**: RS-232C

(2) 데이터 링크 계층(Data Link Layer)

① 흐름 제어, 오류 제어를 제공한다.

② 두 노드 간을 직접 연결하는 링크 상에서 프레임의 전달을 담당한다.

③ 흐름 제어와 오류 복구를 통하여 신뢰성 있는 프레임 단위의 전달을 제공한다.

④ **표준 프로토콜**: HDLC, LLC, LAPB, LAPD, ADCCP, PPP, LLC

⑤ **데이터 링크 계층의 2서브 계층**: 상위 서브 계층(LLC), 하위 서브 계층(MAC)

(3) 네트워크 계층(Network Layer)

① 경로 설정 및 네트워크 연결을 관리한다.

② 통신망을 통한 목적지까지 패킷 전달을 담당한다.

③ **표준 프로토콜**: X.25, IP

(4) 전송 계층(Transport Layer)

① 통신 양단(End-to-End) 간의 오류 제어 및 흐름 제어, 다중화/역다중화

② **표준 프로토콜**: TCP, UDP

(5) 세션 계층(Session Layer)

① 회화 구성, 동기 제어, 데이터 교환 관리, 프로세스 간에 대한 연결을 확립, 관리, 단절시키는 수단을 제공한다.

② 통신 단말기 사이의 세션을 구축하고 유지하며 종료시키는 역할을 한다.

(6) 표현 계층(Presentation Layer): 코드 변환, 암호화, 압축, 구문 검색 등의 기능을 수행한다.

(7) 응용 계층(Application Layer)

① 실제 사용자에게 서비스 제공하는 계층이다.

② 네트워크 가상 터미널(network virtual terminal)이 존재하여 서로 상이한 프로토콜에 의해 발생하는 호환성 문제를 해결한다.

최빈출 기출 모음.ZIP

01

21년 1회, 20년 3회, 17년 3회, 15년 2회, 12년 1회

프로토콜의 기본적인 요소가 아닌 것은?

① 구문 ② 의미
③ 타이밍 ④ 처리

02

22년 4회, 19년 1회, 14년 2회, 10년 2회

OSI 7계층에 대한 설명으로 옳지 않은 것은?

① 다른 시스템 간의 원활한 통신을 위해 ISO(국제표준화기구)에서 제안한 통신 규약(Protocol)이다.
② 개방형 시스템(Open System) 간의 데이터 통신 시 필요한 장비 및 처리 방법 등을 7단계로 표준화하여 규정했다.
③ 서로 다른 시스템 간을 상호 접속하기 위한 개념을 규정한다.
④ 9개의 계층으로 구성된다.

03

17년 3회, 15년 1회, 11년 5회

데이터의 암호화와 압축을 수행하는 OSI 참조 모델의 계층은?

① 응용 계층 ② 표현 계층
③ 세션 계층 ④ 전송 계층

04

17년 2회, 14년 2회, 05년 3회

ITU-T X 시리즈 권고안 중 공중 데이터 네트워크에서 패킷형 터미널을 위한 DCE와 DTE 사이의 접속 규격은?

① X.3 ② X.21
③ X.25 ④ X.45

바로 보는 해설

01

| 해설 |

④ 프로토콜의 기본 요소
- 구문(Syntax): 전송 데이터의 형식, 부호화, 신호 레벨 등을 규정한 것이다.
- 의미(Semantic): 효율적, 정확한 전송을 위한 개체 간의 전송 제어와 오류 제어를 담당한다.
- 타이밍(Timing): 두 개체 간에 통신 속도를 조정하거나 메시지의 전송 및 순서도에 대한 특성을 가리킨다.

02

| 해설 |

④ OSI 7계층은 7개의 계층으로 구성된다.

03

| 해설 |

② 표현 계층(Presentation Layer): 코드 변환, 암호화, 압축, 구문 검색 등의 기능을 수행한다.

04

| 해설 |

③ X.25의 특징
- 패킷 교환망에 대한 ITU-T의 권고안
- DTE와 DCE의 인터페이스를 규정한다.

| 정답 | 01 ④ 02 ④ 03 ② 04 ③

개념끝

49 TCP/IP

1 TCP/IP(Transmission Control Protocol/Internet Protocol) 

(1) TCP/IP 개요

① **정의**: TCP 프로토콜과 IP 프로토콜의 결합적 의미

② TCP가 IP보다 상위층에 존재한다.

(2) TCP(Transmission Control Protocol)

① OSI 7계층의 전송 계층에 해당한다.

② **특징**: 접속형 서비스, 전이중 전송 서비스, 신뢰성 서비스

③ **기능**: 패킷 다중화, 오류 제어, 흐름 제어, 순서 제어

(3) IP(Internet Protocol)

① OSI 7계층의 네트워크 계층에 해당하며, 비신뢰성 서비스를 제공한다.

② 비연결성이기 때문에 송신지가 여러 개인 데이터그램을 보내면서 순서가 뒤바뀌어 도달할 수 있으며 IP 프로토콜의 헤더 길이는 최소 20~60byte이다.

③ 데이터그램이라는 데이터 전송 형식을 가진다.

④ 신뢰성이 부족한 비연결형 서비스를 제공하기 때문에 상위 프로토콜에서 이러한 단점을 보완해야 한다.

> **개념 돋보기**
>
> **IP의 기능**
>
> 패킷 분해/조립, 호스트 주소 지정, 경로 선택

2 TCP/IP의 구조

OSI 7계층
응용 계층 표현 계층 세션 계층
전송 계층
네트워크 계층
데이터 링크 계층 물리 계층

▲ OSI 7계층

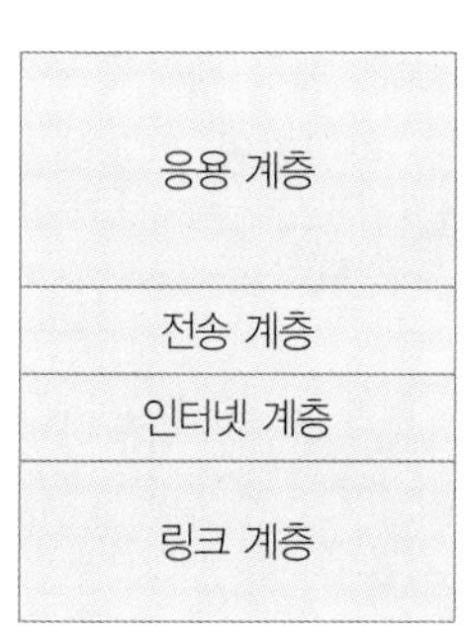

▲ TCP/IP

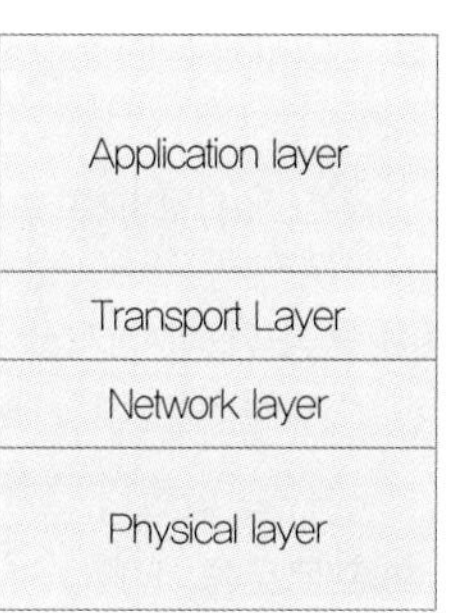

▲ TCP/IP(RFC 정의)

(1) 링크 계층(Link Layer)

① 프레임(실제 데이터)을 송·수신한다.

② **프로토콜**: Ethernet, IEEE 802, HDLC, X.25, RS-232C

(2) 인터넷 계층(Internet Layer)

① 주소 지정, 경로 배정, 폭주 제어 기능을 수행하는 비연결형 패킷 전달 서비스를 제공한다.

② IP(Internet Protocol): 신뢰성 없는 비연결형 서비스로 데이터의 순서 무시, 손실, 중복이 발생할 수 있다. 오류 검사 및 추적을 제공하지 않는다.

개념 돋보기

전송 계층(Transport Layer)

호스트(End to End) 간 데이터 전송을 제공한다.

개념 돋보기 인터넷 계층 프로토콜 (5번 출제)

RARP (Reverse Address Resolution Protocol)	호스트의 물리 주소를 통하여 논리 주소인 IP 주소를 얻어오기 위해 사용되는 프로토콜
ICMP (Internet Control Message Protocol)	• IP 프로토콜에서 오류 보고와 오류 수정 기능, 호스트와 관리 질의를 위한 제어 메시지를 관리하는 네트워크 계층 프로토콜 • 메시지는 하위 계층으로 가기 전에 IP 프로토콜 데이터그램 내에 캡슐화됨
IGMP (Internet Group Management Protocol)	• 멀티캐스트 통신 방식에서 멀티캐스트 그룹에 참여하고 정보를 전송하기 위해 사용되는 프로토콜 • IGMP는 RFC 1112로 정의되며, 멀티캐스팅을 제공하는 인터넷 라우터와 호스트에 사용되고 ICMP와 유사함

(3) 전송 계층(Transport Layer)

① 송·수신 호스트들 간의 패킷 전송을 제어하여 신뢰성 있는 데이터 전송을 보장한다.

② TCP(Transmission Control Protocol): 정확한 패킷 전송을 위해 패킷 헤더 부분에 일련 번호 등의 추가 정보를 포함하며 연결 확인 후 데이터 전송이 이루어지는 신뢰성 서비스이다. UDP 보다 속도가 느리다.

③ UDP(User Datagram Protocol): 패킷 헤더에 추가적인 정보가 없어 정확한 전송을 못하는 비 신뢰성 전송 방식이며, TCP에 비해 속도가 빠르고 대형 미디어 파일 전송에 주로 사용된다.

(4) 응용 계층(Application Layer)

① 응용 프로그램 간의 데이터 송·수신을 담당하며, OSI의 세션, 표현, 응용 계층을 통합한다.

② <u>프로토콜</u>: FTP, SMTP, SNMP, Telnet

3 표준안 제정 기관

① ISO(International Organization for Standardization, 국제표준화기구)
② ITU(International Telecommunication Union, 국제전기통신연합)
③ IEC(International Electrotechnical Commission, 국제전기표준협회)
④ IEEE(Institute of Electric and Electronic Engineers, 전기전자기술자협회)
⑤ IAB(Internet Activities Board, 인터넷아키텍처위원회)

최빈출 기출 모음.ZIP

01 21년 3회, 15년 2회

TCP/IP의 응용 계층에 속하지 않는 것은?

① IP ② FTP
③ SNMP ④ SMTP

02 22년 1회, 12년 3회, 10년 1회

IP 주소를 MAC 주소로 변환하는 프로토콜은?

① IGMP ② ARP
③ FTP ④ RS-232C

바로 보는 해설

01
| 해설 |
① IP는 인터넷 계층의 프로토콜이다.

02
| 해설 |
② ARP(Address Resolution Protocol): 논리 주소(IP 주소)를 물리 주소(MAC 주소)로 변환하는 프로토콜이다.

| 정답 | 01 ① 02 ②

개념끝

50 뉴미디어와 멀티미디어

1 뉴미디어(New Media)

① **특징**: 쌍방향성, 분산적, 네트워크화, 특정 다수자
② **분류**: 유선계, 무선계, 패키지계
③ **종류**

구분	내용
CATV (Cable Television)	• 공동 시청 안테나를 이용하는 텔레비전 방식으로 난시청 지역에 고감도 안테나를 설치하여, 이를 통해 수신한 양질의 TV 신호를 일정한 전송로를 통하여 수요자에게 제공하는 뉴미디어 • 기존 TV와 방송 방식이 동일하며, 기존 TV를 단말기로 사용 가능함
비디오텍스 (Videotex)	• 정보 센터로부터 필요한 정보를 선택하여 공중 전화망을 통해 일반 TV로 수신 가능한 뉴미디어 • 쌍방향 통신이 가능함
텔레텍스트 (Teletext)	TV 전파를 이용하여 필요한 문자나 도형 정보를 텔레비전 수상기의 화면상에서 볼 수 있는 뉴미디어
IPTV	초고속 인터넷 망을 이용하여 제공되는 양방향 텔레비전 서비스로 시청자가 자신이 편리한 시간에 보고 싶은 프로그램을 시청 가능

2 멀티미디어 6번 출제

(1) 비디오 데이터

구분	내용
AVI	• Windows의 표준 동영상 파일 형식 • 별도의 하드웨어 장치 없이 재생 가능
MOV	• Apple사에서 개발한 동영상 압축 기술로, JPEG의 압축 방식을 사용 • Windows에서도 재생 가능
ASF/WMV	마이크로소프트(MS)사의 통합 멀티미디어 형식으로, 스트리밍을 위한 표준 기술 규격

DivX	• 동영상 압축 고화질 파일 형식으로, 비표준 동영상 파일 형식 • MPEG-4와 MP3를 재조합한 것으로, 이 형식의 동영상을 보려면 소프트웨어와 코덱이 필요함 • 비표준 동영상 파일 형식이기 때문에 확장자는 AVI를 사용
MPEG	• MPEG = Moving Picture Experts Group • 동영상 전문가 그룹에서 제정한 동영상 압축 기술에 관한 국제 표준 규격 • 동영상뿐만 아니라 오디오 데이터도 압축 가능 • CD, HDTV 등에서 동영상을 표현하기 위한 국제 표준 압축 방식 • 프레임 간의 연관성을 고려하여 중복 데이터를 제거함으로써 압축률을 높이는 손실 압축 기법을 사용 • MPEG-Video, MPEG-Audio, MPEG-System으로 구성

개념 돋보기 MPEG 규격

① MPEG-1: CD와 같은 고용량 매체에서 동영상을 재생하기 위한 것으로, CD나 CD-I에서 사용한다.
② MPEG-2: 디지털 미디어 전송 방식으로 MPEG-1의 화질 개선을 위한 것으로 HDTV, 위성 방송, DVD 등에서 사용한다.
③ MPEG-4: 통신·PC·방송 등을 결합하는 양방향 멀티미디어 서비스의 구별을 통해 화상 통신이 가능한 것으로, MPEG-2의 압축률을 개선하였다. 특히 IMT-2000 환경에서 영상 정보 압축 전송 시 필수적인 요소로 인정받고 있다.
④ MPEG-7: 멀티미디어 정보 검색이 가능한 동영상, 데이터 검색 및 전자상거래 등에 사용하도록 개발되었다.
⑤ MPEG-21: 위의 MPEG 기술들을 통합해 디지털 콘텐츠의 제작·유통·보안 등 전 과정을 관리할 수 있는 기술이다.

(2) 이미지 파일 형식의 분류 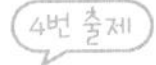

구분	내용
비트맵 (Bitmap, 래스터) 방식	• 실물 사진이나 복잡하고 세밀한 이미지 표현에 적합 • 비트맵 방식의 이미지를 확대하면 테두리가 거칠어지는 계단 현상이 발생 • 픽셀(Pixel) 단위의 매트릭스로 구성되어 있는 이미지를 표현하는 방식 • 벡터(Vector) 방식보다 많은 메모리를 차지 • 파일 형식: BMP, TIF, GIF, JPEG 등
벡터 (Vector) 방식	• 점과 점을 연결하는 직선이나 곡선을 이용하여 이미지를 표현하는 방식으로, 계단 현상이 없으며 저장 용량이 적음 • 파일 형식: WMF, AI 등 • 이미지를 확대하거나 축소하여도 계단 현상이 발생하지 않음

개념 돋보기

BMP

Windows의 표준 비트맵 파일 형식으로 고해상도의 이미지를 표현할 수 있지만 압축을 하지 않으므로 파일의 크기가 크다.

(3) 이미지 파일 형식의 종류

구분	내용
JPEG	• JPG(Joint Photographic coding experts Group) • 정지 영상을 표현하기 위한 국제 표준 압축 방식으로, 24비트 컬러 사용, 손실 압축 기법과 무손실 압축 기법을 사용할 수 있는 비트맵 방식 이미지 • 사용자가 압축률을 지정해서 이미지를 압축하는 압축 기법을 사용할 수 있음 • 저장 시 사용자가 임의로 압축률을 조정할 수 있음
PNG	• Portable Network Graphics • GIF를 대체하여 인터넷에서 이미지를 표현하기 위해 제정한 그래픽 형식, 배경 투명화, 애니메이션은 표현이 불가능함

개념 돋보기

GIF(Graphics Interchange Format)

- 인터넷 표준 그래픽 형식이며 bitmap 표현 방식
- 애니메이션 표현 가능한 무손실 압축 기법, 8비트 사용으로 256가지 색 표현

(4) 오디오 데이터

구분	내용
WAVE	• MS와 IBM이 개발한 PC용 오디오 파일 형식으로 낮은 레벨의 모노에서부터 CD 수준의 스테레오에 이르기까지 다양한 수준으로 저장할 수 있지만 용량이 커짐 • 60분: 650MB
MP3	• MPEG(Audio Layer 3) • 고음질 오디오 압축의 표준 형식으로 1/12 정도까지 압축 가능 • 인터넷 P2P 음악 서비스에서 주로 사용되는 파일 형식 • 60분: 65MB • 크기 결정 요소: 표본 추출률(48kHz), 샘플 크기(320Kbit), 재생 방식(Mono, Stereo)
FLAC	• Free Lossless Audio Codec • MP3는 가청 주파수 외의 영역을 삭제하여 파일 용량을 줄이는 방식이나 FLAC은 음원은 삭제하지 않고 파일만 압축하여 용량을 줄이는 방식 • 원본 오디오와 비교하여 음원 손실이 없음

개념 돋보기

MIDI(Musical Instrument Digital Interface)

- 전자악기 간의 디지털 신호에 의한 통신이나 컴퓨터와 전자악기 간의 통신규약으로, 음성이나 효과음의 저장은 불가능하고, 연주 정보만 저장되므로 크기가 작다.
- 시퀀싱 작업을 통해 작성되며, 16개 이상의 악기를 동시에 연주할 수 있다.

(5) 스트리밍(Streaming) 기술

① **정의**: 멀티미디어 데이터 파일을 완전히 다운로드하지 않고도 오디오 및 비디오 파일을 재생할 수 있는 기술

② **재생 가능 형식**: *.ram, *.asf, *.wmv, *.mp4(h264) 등

③ 데이터 수신 속도가 느린 경우 데이터의 표현이 매끄럽지 않으며, 수신한 데이터는 일반적으로 컴퓨터에 저장할 수 없다. 스트리밍 기술을 적용한 것으로는 인터넷 방송이나 원격 교육 등이 있다.

(6) 멀티미디어 활용

① **VOD(주문형 비디오)**: 다양한 영상 정보 데이터베이스를 구축하여 사용자가 요구하는 영상 정보를 원하는 시간에 볼 수 있도록 하는 서비스

② **가상 현실(VR)**: 다양한 장치를 통해 컴퓨터가 만들어 낸 가상 세계에서 여러 다른 경험을 체험할 수 있도록 한 모든 기술

③ **증강 현실(AR)**: 사용자가 눈으로 보는 현실 화면이나 실제 영상에 문자나 그래픽과 같은 가상의 3차원 정보를 실시간으로 겹쳐 보여주는 새로운 멀티미디어 기술

④ **원격 진료**: 초고속 통신망을 이용하여 의료 활동 등을 할 수 있는 서비스

3 주파수와 대역폭 (3번 출제)

(1) 주파수

① **정의**: 단위 시간당 사이클을 반복하는 횟수

② **단위**: Hz(헤르쯔)

- 고주파: 파형의 가로 폭이 좁은 것으로, 고속 전송에 사용한다.
- 저주파: 파형의 가로 폭이 넓은 것으로 저속 전송에 사용한다.

대역폭별 분류	주파수
HF(High Frequency)	3 ~ 30MHz
VHF(Very High Frequency)	30 ~ 300MHz
UHF(Ultra High Frequency)	300 ~ 3000MHz
SHF(Super High Frequency)	3000 ~ 30000MHz

(2) 대역폭(Bandwidth): 최고 주파수와 최저 주파수 사이 간격을 의미(신호 속도)

최빈출 기출 모음.ZIP

01

22년 5회, 15년 1회, 09년 3회

초고속 인터넷 망을 이용하여 제공되는 양방향 텔레비전 서비스로 시청자가 자신이 편리한 시간에 보고 싶은 프로그램을 볼 수 있는 뉴미디어는?

① IPTV ② DMB
③ 블루투스 ④ 유비쿼터스

02

15년 3회, 07년 3회

다음 중 디지털 미디어 전송 방식에서 동영상을 만족하는 기법은?

① JPEG ② MPEG－Ⅱ
③ WAV ④ MP3

03

08년 4회, 10년 5회

다음 중 동영상 압축을 위한 것은?

① JPEG ② MPEG
③ MIDI ④ CD－R

04

09년 1회, 06년 1회

다음 중 정지 영상 부호화 표준은?

① IEEE.802 ② TCP/IP
③ MPEG ④ JPEG

바로 보는 해설

01

| 해설 |
① IPTV: 초고속 인터넷 망을 이용하여 제공되는 양방향 텔레비전 서비스로 시청자가 자신이 편리한 시간에 보고 싶은 프로그램을 볼 수 있는 뉴미디어이다.

02

| 해설 |
② MPEG－II: 디지털 미디어 전송 방식으로 MPEG－1의 화질 개선을 위한 것으로 HDTV, 위성 방송, DVD 등에서 사용한다.

03

| 해설 |
② MPEG(Moving Picture Experts Group): 동영상 전문가 그룹에서 제정한 동영상 압축 기술에 관한 국제 표준 규격으로, 동영상뿐만 아니라 오디오 데이터도 압축할 수 있다.

04

| 해설 |
④ JPG(Joint Photographic coding experts Group): 정지 영상을 표현하기 위한 국제 표준 압축 방식으로, 24비트 컬러 사용, 손실 압축 기법과 무손실 압축 기법 사용할 수 있는 비트맵 방식 이미지이다.

| 정답 | 01 ① 02 ② 03 ② 04 ④

MEMO

에듀윌이
너를
지지할게

ENERGY

내가 꿈을 이루면
나는 누군가의 꿈이 된다.

– 이도준

여러분의 작은 소리
에듀윌은 크게 듣겠습니다.

본 교재에 대한 여러분의 목소리를 들려주세요.
공부하시면서 어려웠던 점, 궁금한 점,
칭찬하고 싶은 점, 개선할 점, 어떤 것이라도 좋습니다.

에듀윌은 여러분께서 나누어 주신 의견을
통해 끊임없이 발전하고 있습니다.

EXIT 합격 서비스 exit.eduwill.net
- 부가학습자료 및 정오표: EXIT 합격 서비스 → 자료실 / 정오표 게시판
- 교재문의: EXIT 합격 서비스 → 실시간 질문답변 게시판(내용) / Q&A 게시판(내용 외)

에듀윌 EXIT 정보처리기능사 필기 한권끝장

발 행 일 2024년 1월 7일 초판
편 저 자 강재영
펴 낸 이 양형남
펴 낸 곳 (주)에듀윌
등록번호 제25100-2002-000052호
주 소 08378 서울특별시 구로구 디지털로34길 55
코오롱싸이언스밸리 2차 3층

www.eduwill.net
대표전화 1600-6700

베스트셀러 1위 2,420회 달성
에듀윌 취업 교재 시리즈

공기업 NCS | 100% 찐기출 수록!

NCS 통합 기본서/봉투모의고사
피듈형 | 행과연형 | 휴노형 봉투모의고사
PSAT형 NCS 수문끝

매1N
매1N Ver.2

한국철도공사 | 부산교통공사
서울교통공사 | 국민건강보험공단
한국전력공사 | 한국가스공사

한국수력원자력+5대 발전회사
한국수자원공사 | 한국수력원자력
한국토지주택공사 | 한국도로공사

NCS 6대 출제사
공기업 NCS 기출 600제

대기업 인적성 | 온라인 시험도 완벽 대비!

대기업 인적성 통합 기본서

GSAT 삼성직무적성검사
통합 기본서 | 실전모의고사 | 봉투모의고사

LG그룹 온라인 인적성검사

SKCT SK그룹 종합역량검사
포스코 | 현대자동차/기아

농협은행
지역농협

영역별 & 전공

이해황 독해력 강화의 기술
석치수/박준범/이나우 기본서

공기업 사무직 통합전공 800제
전기끝장 시리즈 ❶, ❷

취업상식 1위!

다통하는 일반상식

공기업기출 일반상식

기출 금융경제 상식

* 에듀윌 취업 교재 누적 판매량 합산 기준(2012.05.14~2023.10.31)
* 온라인 4대 서점(YES24, 교보문고, 알라딘, 인터파크) 일간/주간/월간 13개 베스트셀러 합산 기준(2016.01.01~2023.11.07 공기업 NCS/직무적성/일반상식/시사상식 교재, e-book 포함)
* YES24 각 카테고리별 일간/주간/월간 베스트셀러 기록

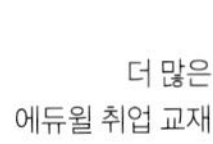
더 많은
에듀윌 취업 교재